BIBLIOTHÈQUE PROUSTIENNE
sous la direction de Luc Fraisse
27

Proust, une langue étrangère

Ouvrage publié avec le soutien du département de sciences linguistiques
et de littératures étrangères de l'université catholique du Sacré-Cœur de Milan

Marisa Verna

Proust, une langue étrangère

PARIS
CLASSIQUES GARNIER
2020

Marisa Verna est professeur de littérature française à l'université catholique du Sacré-Cœur de Milan, où elle dirige le département de sciences linguistiques et de littératures étrangères. Spécialiste de Marcel Proust et du théâtre symboliste français, elle a notamment publié une traduction commentée de *La Dame aux camélias* de Dumas fils ainsi que diverses études sur la poésie et le théâtre français du XIXe siècle.

ISBN 978-2-406-09399-2 (livre broché)
ISBN 978-2-406-09400-5 (livre relié)
ISSN 2117-3494

À Maria.

ABRÉVIATIONS

CS, I ; JF, I et II ; CG, II ; SG, III ; P, III ; AD, IV ; TR, IV :
Marcel Proust, *À la recherche du temps perdu*, Paris, Gallimard, 1987, éd. critique par J.-Y. Tadié, 4 vol.

CSB	Marcel Proust, *Contre Sainte-Beuve*, précédé de *Pastiches et Mélanges* et suivi de *Essais et Articles*, éd. P. Clara et Y. Sandre, Paris, Gallimard, 1971.
CSB 1954	Marcel Proust, *Contre Sainte-Beuve* [1954], Préface de Bernard de Fallois, Paris, Gallimard, 1998.
JS	Marcel Proust, *Jean Santeuil*, éd. P. Clara et Y. Sandre Paris, Gallimard, 1971.
Corr.	Marcel Proust, *Correspondance*, éd. Philip Kolb, Paris, Plon 1970, 21 vol.
LT	Marcel Proust, *Lettres (1879-1922)*, éd. Françoise Leriche, Paris, Plon, 2004.
BA	J. Ruskin, *La Bible d'Amiens*, Traduction, notes et préface par M. Proust, Paris, Mercure de France, 1904.
SL	J. Ruskin, *Sésame et les Lys. Des Trésors des Rois. Des Jardins des Reines*, Traduction, notes et préface par M. Proust, Paris, Mercure de France, 1906.
DMP	*Dictionnaire Marcel Proust*, éd. A. Bouillaguet et B. G. Rogers, Paris, Champion, 2014.
TLF	*Trésor de la langue française*, version informatisée.
TOB	*Traduction œcuménique de la Bible*, Torino, Elledici, 1992.

AVERTISSEMENT

Sont entièrement inédits les chapitres suivants : « Contre la clarté. Proust et l'idéologie de la langue » et « Corps connaissant(s) et pensée matérielle chez Proust. Les sens du Temps ».

D'autres chapitres, déjà édités, sont réédités ici pour l'essentiel. La bibliographie est actualisée et les propos sont complétés, le cas échéant, à la lumière des recherches menées ultérieurement, par nous-même ou par d'autres chercheurs. Nous signalons de suite les premières éditions, en remerciant les éditeurs Vita e Pensiero, EduCatt, Wilhelm Fink, l'édition de Université de la Savoie dans la personne de Dominique Lagorgette, le « Bulletin Marcel Proust » dans la personne de Mireille Naturel, « Quaderni Proustiani » dans la personne de Geneviève Henrot, pour en avoir autorisé la republication.

– *Proust et l'art de la langue. La synonymie comme idolâtrie linguistique*, in *La sinonimia tra* langue *et* parole *nei codici francese e italiano*, éd. S. Cigada et M. Verna, Milano, Vita e Pensiero, 2008, p. 231-254.
– « "Le lac inconnu du langage". Le rôle des registres linguistiques dans la *Recherche du temps perdu* », in *I registri linguistici come strategia comunicativa e come struttura letteraria. Atti del Congresso (Milano, 6-8 novembre 2008)*, éd. M. Modenesi, M. Verna et G. L. Di Bernardini, Milano, EduCatt, 2010, p. 93-117.
– « La synesthésie comme véhicule d'extase dans le *Côté de chez Swann* », in *Littérature et linguistique : diachronie/synchronie. Autour des travaux de Michèle Perret*, éd. Dominique Lagorgette et Marielle Lignereux, CD ROM, Chambéry, Université de la Savoie, 2006, vol. 2, p. 510-524.
– « Jouir des aubépines : sur quelques pages de Proust et la synesthésie », *Correspondance des sens et perception esthétique : aspects intermédiaux dans l'œuvre de Marcel Proust. Die Korrespondenz der Sinne. Wahrnehmungsästetische und intermediale Aspekte im Werk von Proust*, éd. Ute Felten, Leipzig, Wilhelm Fink, 2008, p. 269-283.

- « D'une chevelure odorante au temps de l'extase : sur des synesthésies proustiennes », *Simbolismo e Naturalismo tra lingua e testo*, éd. Sergio Cigada et Marisa Verna, Milano, Vita e Pensiero, 2010, p. 477-494.
- « Diversité des sens, unité sensible », *Bulletin Marcel Proust*, 63, 2013, « 2013. Centenaire De *Du Côté De Chez Swann* », J. Milly éd., p. 83-95.
- Des mots mangeables : la gelée comme synecdoque du style dans le roman proustien, *Quaderni Proustiani*, 7, février 2013, p. 287-300.

Les chapitres : « Proust Talmudique », « *Melting in translation.* Les mots du style de Marcel Proust en italien et en anglais » et « Pour une langue sensible : écrire comme Baudelaire » ont été édités dans une précédente version. Les textes ici publiés sont modifiés et enrichis de façon significative par rapport à la première édition, aussi bien pour la structure que pour l'agencement aux autres chapitres. Nous remercions les éditeurs Cives Universi, EduCatt, Garnier, Vita e Pensiero.

- « Proust Talmudique », d'abord présenté en italien dans le cadre des séminaires de "Giustizia e Letteratura, Law and Literature", organisés par le CSGP "Centro Studi Federico Stella" de l'Università Cattolica del Sacro Cuore de Milan en 2010, ensuite édité sous le titre « Proust e il caso Dreyfus : ideologia linguistica e teoria dello stile », in *Giustizia e Letteratura I*, éd. G. Forti – C. Mazzuccato – A. Visconti, *Giustizia e Letteratura*, Milano, Vita e Pensiero, 2012, p. 92-113).
- « *Melting in translation.* Les mots du style en italien et en anglais », sous le titre « Transporter des lampes à huile. Les mots du "style" de Proust en italien et en anglais », *Traduire* À la recherche du temps perdu, éd. G. Henrot Sostero et F. Lautel-Ribstein, *Revue d'études proustiennes*, 1, 2015, 3. p. 409-423.
- « Pour une langue sensible : écrire comme Baudelaire » : « Pour une langue sensible : l'héritage symboliste dans l'écriture proustienne », in *La littérature symboliste et la langue*, éd. Olivier Bivort, Paris, Garnier, 2012, p. 201-227.

Le chapitre « Le vortex de l'espace dans l'écriture de Proust » a été édité partiellement, en italien. Il est enrichi ici d'une nouvelle perspective critique. D'abord présenté au cours de la journée d'études *Proust e lo spazio*, organisée par Alberto Frigerio et nous-même et, de l'Association Cives

Universi, qui s'est tenue à la Biblioteca Sormani de Milan le 15 octobre 2009, le texte a paru dans une première version en italien sous le titre « Finestre, serre, telescopi, acquari : lo sguardo dall'esterno nella descrizione proustiana », in *Proust e lo spazio*, éd. M. Verna et A. Frigerio, Atti della giornata di studi, 15 ottobre 2009, Milano, Cives Universi / EduCatt, 2009, p. 39-54.

Sauf différente indication, les traductions et les soulignements dans les citations sont de notre fait.

INTRODUCTION

Dans le *Portrait souvenir* réalisé par Roger Stéphane et Gérard Herzog, Jean Cocteau se souvient de Proust comme d'un « capitaine Némo, dans sa chambre qui ressemblait pas mal au Nautilus ». Mystérieux et quelque peu inquiétant, cet explorateur des profondeurs avait, en effet, inventé son sous-marin pour aborder des régions inconnues de la vie, et parlait une langue nouvelle. Le « rythme respiratoire majestueux[1] », que Malcolm Bowie retrouve dans l'écriture de Proust, sortait en effet, non par hasard, de la plume d'un asthmatique, se déclarant « un peu concierge » (le souvenir est de Philipe Soupeau), et dont la conversation ressemblait à ses phrases écrites, comme celle de Bergotte[2]. À l'instar de celui-ci, Marcel avait en effet « l'air de parler presque à contresens, psalmodiant certains mots et, s'il poursuivait au-dessous d'eux une seule image, les filant sans intervalle comme un même son, avec une fatigante monotonie[3] ».

L'"étrangeté" de la langue proustienne s'inscrit, comme celle de Bergotte, dans sa propre chair, dans la peine (« Ne te figure pas que ma "part" soit bonne. Elle est atroce. Je ne tisse rien du tout, que mon suaire, et si lentement, si péniblement »)[4], et dans la jouissance, car, comme son héros, l'écrivain *se* tisse « comme une chrysalide en voie de métamorphose[5] » tout au long de son roman. Langue de l'« autre monde », de « l'intercorporéité », se servant de « *prédicats somatiques*

---

1 M. Bowie, *Proust among the stars*, New York, Columbia University Press, 1999, p. XIV. Sur le rythme de la phrase proustienne *cf.* J. Milly, *La phrase de Proust : des phrases de Bergotte aux phrases de Vuinteuil*, Paris, Larousse, 1975 (Genève-Paris, Slatkine Reprints).

2 Vidéo "Marcel Proust", dans *Portraits souvenirs*, réal. Gérard Herzog, Roger Stéphane et Roland Darbois, prod., INA, 1993. La dernière citation est de Daniel Halévy. Sur la conversation de Marcel Proust *cf. infra*, le chapitre « Proust Talmudique. *Affaire Dreyfus et idéologie linguistique* », p. 76.

3 *JF*, p. 540.

4 Lettre à Daniel Halévy, peu avant la mi-août 1919, *Correspondance avec Daniel Halévy*, éd. A. Borrel et J.-P. Halévy, Paris, Éditions de Fallois, 1992, p. 143.

5 *CG*, II, p. 388.

qui témoignent du passage dans un autre univers, celui de la *phusis*[6] », la langue de Proust est bien "étrangère". En effet, cet attachement au tréfonds de l'expérience ne va pas sans conséquences : une fois qu'on s'attelle à faire parler le corps toute l'armature de la hiérarchisation de la pensée bascule, et on se retrouve exilés de son propre "territoire" linguistique. Georges Steiner le comprend très bien :

> Comme Nabokov, exilé linguistique pour raisons de barbarie politique, Proust semble travaill[er] tout près du seuil embrouillé de la syntaxe et expérimenter des formes linguistiques dans un état de potentialité multiple[7].

Cet état de signification potentielle, presque toujours à l'œuvre dans le texte de la *Recherche*, a en effet des contrecoups politiques, qui, n'étant pas soutenus par une idéologie précise, échappent souvent à l'analyse (mais c'est notamment leur refus d'une idéologie précise qui les rend si dangereusement politiques). C'est en raison de cette « circulation du sens » [qui introduit] dans le texte son « *manque* constitutif », que l'on a pu reprocher à Proust de ne pas se ranger du côté des juifs dans son roman. Mais ce sont justement ce manque et cette circulation, qui montrent jusqu'à quel point « la judéité affecte le texte proustien[8] ». La *Recherche* n'a pas fini de provoquer, car elle ne cesse de signifier et de se diriger en des "sens" différents. Corporelle, étrange, radicalement extraterritoriale : relire la *Recherche* comme telle, et relire notre lecture elle-même d'après ce point de vue, a été notre but dans ce livre.

En relisant nos précédents travaux sur Proust, il nous a paru en effet que ces deux dimensions du roman avaient toujours constitué l'ossature de notre réflexion sur la *Recherche*, même si, au moment où cette réflexion avait surgi, elles semblaient représenter deux chemins non communicants, comme les deux "côtés" proustiens. Rien n'éclaire le tracé comme une lumière en surplomb, et cette "signifiance" du corps

6 J.-C. Coquet, « Préface. Comment traduire l'expérience ? », in *Traduire* À la recherche du temps perdu, éd. G. Henrot Sostero et F. Lautel-Ribstein, *Revue d'études proustiennes*, 1, 2015, p. 15-22, cit. p. 19. L'auteur souligne. Coquet emprunte à Merleau-Ponty le concept de *phusis*.

7 G. Steiner, *Extraterritorialité. Essai sur la littérature et la révolution du langage* [*Extraterritorial. Papers on language and the language revolution*, New York, Athenaeum, 1971], trad. P.-E. Dauzat, Paris, Hachette, 2002.

8 J. Bem, « Le juif et l'homosexuel dans *À la recherche du temps perdu* : fonctionnements textuels », *Littérature*, n° 37, 1980 : « Le détail et son inconscient », p. 100-112, cit. à la p. 104.

(qui avait inauguré notre enquête sur l'écriture proustienne) nous a paru dans toute son organicité intrinsèque avec l'extranéité de la langue que Proust a attaquée et défendue.

De cette relecture est née la nécessité non seulement de placer ces travaux déjà publiés en un ordre significatif (non chronologique, par conséquent), qui en relève la hiérarchisation, mais aussi de les retravailler comme une matière nouvelle, souvent de les reécrire, enfin de les placer dans le contexte inédit de leur interconnexion, lequel ouvrait d'autres voies à l'enquête. Les chapitres nouveaux sont nés de cette exigence, et de cette ouverture.

Les deux parties qui partagent l'ouvragent correspondent au parcours qui nous a paru s'imposer de lui-même dans le trajet de(s) sens que nous avons identifié dans l'écriture proustienne : son "étrangeté", son opposition à toute idéologie nationaliste (« Contre la clarté »); le fondement organique, corporel, de cette même étrangeté (« La langue et les sens »). Le livre se clôt par une première ébauche du parcours nouveau ouvert par cette perspective, que nous nommerons de l'étrangeté organique, et aborde les dimensions du temps (encore) et de l'espace, dont le vortex linguistique et corporel n'a pas fini de nous dérouter, et de déraciner nos certitudes.

PREMIÈRE PARTIE

CONTRE LA CLARTÉ

Proust servait. Il Servait sa ruche. Il obéissait à des lois de miel et de nuit. Le dix-huit novembre il a quitté son corps sans accepter la médecine, comme une ruche se vide le jour de l'essaimage, en pleine gloire. Il faut y reconnaître, sans le comprendre, un acte analogue au sacrifice des abeilles.
Jean COCTEAU, « La voix de Marcel Proust », *La Nouvelle Revue Française*, « Hommage à Marcel Proust », 112, 1er Janvier 1923, p. 92.

PROUST ET L'IDÉOLOGIE DE LA LANGUE

Contre la clarté

LE MYSTÈRE EST DANS LES LETTRES
Proust contre la clarté

Entre « l'obscurité[1] », contre laquelle s'érige le jeune Proust en 1896, et la « brume naturelle[2] », qu'en revanche prise le traducteur de Ruskin en 1906, se joue à notre avis un paradoxe crucial de l'esthétique proustienne du langage littéraire, dont l'étrangeté radicale n'a rien du « langage conventionnel[3] » que représentent pour Proust les – véritables – langues étrangères[4]. S'il est vrai, en effet, que *"[i]t is by their very obscurity that Mallarmé's poems magically restore the utopian moment when la* langue maternelle *hovered between the familiar and the strange, the native and the foreign"*[5], Proust est beaucoup plus proche de Mallarmé que ne l'ont cru les lecteurs de son article. C'est effectivement pour sauvegarder les « affinités anciennes et mystérieuses entre notre langage maternel et notre

1 M. Proust, « Contre l'obscurité », in *La Revue Blanche*, juillet 1896. Aujourd'hui in *Essais et Articles*, *CSB*, p. 390-395.

2 M. Proust, Note du traducteur, in *SL*, p. 5n.

3 M. Proust, « Contre l'obscurité », *op. cit.*, p. 393.

4 Sur la notion de « langue étrangère » dans la réflexion de Proust sur le style *cf.* G. Philippe, French Style. *L'accent français de la prose anglaise*, Bruxelles, Les Impressions Nouvelles, 2016.

5 « [C]'est par leur obscurité même que les poèmes de Mallarmé rétablissent, comme par magie, ce moment utopique où la langue maternelle hésite entre le familier et l'étrange, le natif et l'étranger », M. Lydon, « Skirting the issue : Mallarmé, Proust, and the Symbolism », in *Yale French Studies*, n. 74, *Phantom Proxies : Symbolism and the Rhetoric of History*, 1988, p. 157-181, cit. p. 178. Sauf différente indication, toutes les traductions dans ce chapitre sont de notre fait. Ici l'auteure reprend une position de Octave Mannoni, « Un Mallarmé pour les analystes », in *Travail de la métaphore*, Paris, Éditions Denoël, 1984, p. 17-45.

sensibilité » que l'auteur de *Contre l'obscurité* attaquait l'emploi du mot rare et du néologisme, dont l'extranéité nous empêcherait d'entendre « la musique latente que le poète peut faire résonner en nous avec une douceur incomparable[6] ». Il est clair que pour Proust, pas plus que pour Mallarmé, la langue littéraire n'a jamais été vouée (pas même en 1896) à décrire un soi-disant "réel" dont on aurait la clé rationnelle, mais bien plutôt notre relation à ce même réel. Pour le dire avec les mots de Mallarmé, elle est vouée à « peindre non la chose, mais l'effet qu'elle produit[7] ». Comme Mary Lydon l'observe très justement à propos de Mallarmé, et du rapport de Proust à celui-ci :

> *Our nostalgia no doubt is for that barely imaginable moment this side of the symbolic [...], before language had crystallized into sense, before the chance for poetic error had been effectively ruled out : the utopia inhabited by the* infans *and* "la Chose", *the mother as primordial Other. One might say that* "la Chose" *itself being irremediably lost with the acquisition of language, poetry, and signally poetry as Mallarmé's, artificially and artfully restores* its effects [...] *by making la* langue maternelle *strange to the native ear. The archaic pleasure that results is produced by a loosening of syntax, a rediscovered flexibility in* la tournure[8].

Ce que le jeune Proust reproche à l'école Symboliste – et non certes à Mallarmé – est justement de s'éloigner de ce murmure profond, de ce babillement où le sens n'en est pas encore un, ce même

6 M. Proust, « Contre l'obscurité », *op. cit.*, p. 393. Dans un article très fin sur la polysémie et la polyvalence du mot « cygne/signe » dans l'œuvre de Proust, Adam Watt relève aussi la proximité de Proust et de Mallarmé dans la conception de la langue. En commentant ce passage précis, il y voit en effet : "the associative, polysemic quality of language thanks to which words, in their inter-relations, endlessly disseminate meaning" (A. Watt, « The sign of the Swan in Proust's *À la Recherche du Temps Perdu* », *French Studies*, vol. 59, 2016, n. 3, p. 326-337, cit. p. 327 (« la qualité associative, polysémique du langage, grâce à laquelle les mots, dans leurs infinies inter-relations, disséminent une signification sans fin »).

7 S. Mallarmé, Lettre à Henri Cazalis, 30 octobre 1864, in *Œuvres complètes*, éd. critique par B. Marchal, Paris, Gallimard, 1998, 2003, 2 t., t. 1, p. 663.

8 « Nous avons sans aucun doute nostalgie de ce moment à peine imaginable qui se situe en-deçà du symbolique [...] avant que le langage ne se soit cristallisé en un sens, avant que toute chance d'erreur poétique ne soit effectivement exclue : l'utopie habitée par le bébé et "la Chose", la mère comme Autre primordial. On pourrait dire que "la Chose" étant irrémédiablement perdue avec l'acquisition du langage, la poésie, spécialement la poésie de Mallarmé, rétablit par l'art et par l'artifice ses *effets* [...] en rendant la langue maternelle étrange à l'oreille native. Le plaisir archaïque qui en résulte est produit par un relâchement de la syntaxe, une redécouverte de la flexibilité *dans la tournure* », M. Lydon, *op. cit.*, p. 78.

babillement que le narrateur de *Jean Santeuil* compare au « sommeil [qui] mêle de son eau aveugle et montante un mot dépourvu de son sens avec le sens d'un mot déjà englouti[9] ». L'idée de clarté est donc déjà en partie étrangère à l'auteur de *Contre l'obscurité*, qui s'attache, justement, aux vertus de la sensibilité, on ne peut plus lointaines de l'idéal classique, tel qu'il est décrit très succinctement dans ce célèbre passage de Jules Lemaître :

> « Qualités classiques, forme classique », cela est bientôt dit. Qu'est-ce que cela signifie au juste ? Cela emporte une idée d'excellence ; cela implique aussi la clarté, la sobriété, l'art de la composition ; cela veut dire enfin que la raison, avant l'imagination et la sensibilité, préside à l'exécution de l'œuvre et que l'écrivain domine sa matière[10].

S'il est vrai que quelques vestiges de cette idée de "langue française" subsistent dans l'article de 1896 (comme l'éloge à Anatole France, par exemple), l'idée de « sensibilité » de la langue maternelle (qui ici est la langue de la mère, beaucoup plus que la langue nationale), situe déjà le jeune Proust sur ce côté phénoméniste qui contribuera à faire percevoir son œuvre comme "étrangère" au public français. Quand il aborda la traduction de John Ruskin, Proust avait en tout cas déjà élaboré une idée que Gilles Philippe définit très bien comme l'« altérité des idiolectes personnels » plutôt que celle des idiomes : une langue est étrangère en tant que personnelle, inscrite dans une chair singulière et non définie par des structures sociales et culturelles préétablies. Il avait donc déjà entrepris ce parcours de « désinscription nationale de la perspective langagière » qui fera de lui un "étranger", un barbare, un anglais[11].

---

9 *JS*, p. 418.

10 J. Lemaître, *Les Contemporains : études et portraits littéraires*, 1re série, Paris, H. Lecène et H. Oudin, 1888, p. 303. Jules Lemaître, contre lequel, justement, Proust écrira *Sur le style de Flaubert* de là à quelques années, se réfère ici à Maupassant.

11 G. Philippe, *French Style*, *op. cit.*, p. 181 et 182.

UN VIEUX BAVARD RÉACTIONNAIRE
Ruskin et l'idolâtrie du langage

Dans les notes du traducteur de *Sésame et les lys* Proust met en scène un véritable « dialogue entre le traducteur et lui-même[12] », en entamant en même temps une réflexion sur la langue littéraire qui lui servira de base pour ses ouvrages critiques de la maturité. La dialectique entre "clarté" et "obscurité" en parcourt le texte presque entier, lequel s'articule comme une "réponse" à Ruskin, en même temps que comme une enquête sur l'idée de style et de langue littéraire. L'une des notes du traducteur nous paraît particulièrement pertinente à ce propos. Proust y commente un passage où Ruskin invite son lecteur à se soumettre à l'Auteur, lequel exprime sa pensée « d'une manière cachée et par paraboles, de façon qu'il puisse savoir que vous avez besoin d'elle[13] ». C'est la note où Proust élabore l'idée de « brume naturelle » que nous avons citée plus haut, et elle vaut d'être citée en entier. Proust y nie l'idée de clarté aussi bien que celle d'une obscurité artificieuse, pensée pour "protéger" le texte de l'assaut de la « tribu » :

> Car donner à sa pensée une forme brillante, plus accessible et plus séduisante pour le public, la diminue, et fait l'écrivain facile, l'écrivain de second ordre. Mais envelopper sa pensée pour ne la laisser saisir que par ceux qui prendraient la peine de lever le voile, fait l'écrivain difficile qui est aussi un écrivain de second ordre. L'écrivain de premier ordre est celui qui emploie les mots mêmes que lui dicte une nécessité intérieure, la vision de sa pensée à laquelle il ne peut rien changer, – et sans se demander si ces mots plairont au vulgaire ou « l'écarteront » [...]. [Cet écrivain supérieur] n'est que le lieu où se forment ces pensées qui élisent elles-mêmes à tout moment, fabriquent et retouchent la forme nécessaire et unique où elles vont s'incarner[14].

Plutôt que d'être dicté par « la clarté, la sobriété, l'art de la composition », le "mot juste" tire sa nécessité d'un autre ordre de valeurs :

---

12 I. Serça, « La note de bas de page "mise en vedette" : Proust traducteur de Ruskin », *La Licorne*, 67, 2004, « L'Espace de la note », éd. J. Dürrenmatt et A. Pfersmann, p. 157-176, cit. p. 163.

13 J. Ruskin, *Sésame et les Lys*, *op. cit.*, p. 85.

14 *Ibid.*, p. 85n. Il n'est peut-être pas inintéressant de remarquer que c'est Maupassant qui est ici targué d'« écrivain de second ordre », le même auquel Jules Lemaître accordait le mérite, sinon la décence, du "style des classiques".

c'est souvent le corps lui-même qui l'engendre, qui en dessine les contours "sensibles". L'équilibre et la mesure tant prisés par les défenseurs des classiques constituent en fait la principale faiblesse que Proust relève dans l'écriture de Ruskin, voulant dans la *Bible d'Amiens* « balancer ses phrases en un équilibre qui semble imposer à la pensée une ordonnance symétrique plutôt que de le recevoir d'elle[15] ». En commentant cette page de son introduction, Proust élargit la réflexion à sa traduction en tant que telle, qui acquiert de ce fait le caractère d'une véritable herméneutique :

> Je n'ai pas le temps de m'expliquer aujourd'hui sur ce défaut, mais il me semble qu'à travers ma traduction, si terne qu'elle soit, le lecteur pourra percevoir comme à travers le verre grossier mais brusquement illuminé d'un aquarium, le rapt rapide mais visible que la phrase fait de la pensée, et la déperdition immédiate que la pensée en subit[16].

Comme le remarque Chiara Nifosi, « *non è tanto la traduzione in sé ad essere oggetto della similitudine, quanto il modo in cui "ci si vede attraverso"*[17] ». Quoi qu'on ait dit de sa connaissance de l'anglais, Proust considère sa traduction de Ruskin comme un travail sur le texte, qui en révèle les ressorts cachés et les noyaux de pensée : car écrire, c'est se traduire, et bien traduire, c'est savoir regarder à travers la vitre, même embuée, de la pensée d'un autre[18]. D'après son témoignage, l'écriture de Ruskin avait acquis pour lui « ce degré d'assimilation complète, de transparence absolue, où se voient seulement les nébuleuses qui tiennent non à l'insuffisance de notre regard, mais à l'irréductible obscurité de la pensée contemplée[19] ». L'ordonnance symétrique de la syntaxe peut donc être, en fin de compte, obscure : un simple stratagème pour des écrivains de second ordre. Déjà en 1904 Proust avait donc pris ses distances par

15 M. Proust, *Introduction*, in J. Ruskin, *La Bible d'Amiens*, traduction, notes et préface par M. Proust, Paris, Mercure de France, 1904. Nous citons d'après l'édition établie, présentée et annotée par Y.-M. Ergal, Paris, Barillet, 2007, p. 85-86.

16 *Ibid.*, p. 86n.

17 « Ce n'est pas tant la traduction en elle-même qui est l'objet de la similitude, c'est plutôt ce que l'on peut voir y voir à travers », C. Nifosi, « Proust e Ruskin : il complesso ipoteso della coscienza », *L'analisi linguistica e letteraria*, 2012, n. 1, p. 31-52, cit. p. 46.

18 Sur Proust traducteur de Ruskin *cf.* C. Gamble, *Proust as interpreter of Ruskin. The seven Lamps of Translation*, Birmingham (AL), Summa Publications, 2002 ; *cf.* aussi L. Persice Nogueira, « Proust et sa vision de Ruskin : rétrospections et passage entre les "côtés" », *Cahiers de l'Association Internationale des Études Françaises*, n. 66, mai 2014, p. 279-305.

19 M. Proust, Lettre à Constantin de Brancovan, janvier 1903, in *Corr.*, t. 3, p. 219-222, cit. p. 220-221.

rapport au modèle de l'écrivain anglais, dont l'écriture et la pensée formeront un hypotexte complexe et contradictoire dans l'œuvre romanesque à venir. Selon Chiara Nifosi, la permanence de Ruskin dans la *Recherche* s'explique justement par la nature indigeste et inassimilable de certains de ces traits, "*che non possono essere ammess[i] nell'impasto dello stile*"[20]. Nous allons en rencontrer certains qui ont été assimilés, ou que Proust partage peut-être avec Ruskin, à un niveau si profond qu'il n'en fait pas mention. Dans l'ensemble, toutefois, l'idée de langue littéraire et de style que Proust est en train d'élaborer dans les années cruciales qui précèdent la rédaction de la *Recherche* est on ne peut plus lointaine de celle de Ruskin. La critique qu'il adresse à l'auteur de *Stones of Venice* mérite que l'on s'y attarde.

Dans une lettre à Daniel Halévy, qui demandait son aide pour la diffusion des *Cahiers de la Quinzaine*, Proust exprime sans ambiguïtés son mépris pour Péguy, qu'il compare, notamment, à Ruskin :

> Quant à mon opinion sur M. Péguy dont j'ai reçu deux Cahiers ce serait trop long de te le dire et peut-être cela ne te plairait-il pas beaucoup. En tout cas, si Monsieur Péguy n'a jamais lu de Ruskin, conseille-lui d'en lire, il aura une grande joie, il trouvera là un vieux bavard dans son genre, et aussi réactionnaire, et pensant aussi que Berthelot est dans Parménide, et aimant les allitérations, et ne pouvant dire frimousse sans ajouter fripure, friperie, fripouillerie[21].

Toutes les formes d'idolâtrie que Proust reproche à Ruskin sont mentionnées ici, et pourraient se résumer finalement en une accusation de parti pris idéologique. Si Péguy retrouve Berthelot dans Parménide[22], comme Ruskin trouvait « des recettes de cuisine dans Homère[23] », et s'il aime tant les "paronomases philologiques", vénérant ses mots comme Ruskin les siens dans *Sésame et les Lys*, c'est qu'il vise à imposer à l'Histoire – et à la langue – une idée de beauté et de justesse

---

20 C. Nifosi, « Proust e Ruskin », *op. cit.*, p. 51.

21 M. Proust, Lettre à Daniel Halévy, entre la mi-octobre et la mi-décembre 1907, in *Correspondance avec Daniel Halévy*, éd. A. Borrel et J.-P. Halévy, Paris, Éditions de Fallois, 1992, p. 95. Les citations de Péguy sont tirées de : « De la situation faite au parti intellectuel dans le monde moderne devant les accidents de la gloire temporelle », *Les Cahiers de la Quinzaine*, IX, 1, 1907-8.

22 Berthelot était pour Péguy l'incarnation de la « gloire temporelle » à cause des obsèques d'État qu'il avait reçu, M. Proust, *Correspondance avec Daniel Halévy*, *op. cit.*, p. 95.

23 *SL*, p. 142n.

dont le fondement est moral et non linguistique ou littéraire. Cette promiscuité entre éthique et esthétique est subrepticement présente dans l'idéal classique lui-même, qui superpose un modèle rationnel (et politique) à l'idée de beauté, et les objections de Proust à cet idéal sont analogues à celles qu'il adresse à Péguy et à Ruskin. Car le style est pour Proust « le rythme caché – d'autant plus vital que nous ne le percevons pas nous-mêmes – de notre âme », un mouvement intérieur dont le tempo est celui de « notre sang ». Or il faut pour cela, pour montrer les « tracés sysmographiques[24] » de son propre cœur, le courage de « traverser les fautes », de ne pas rester en deçà d'une correction linguistique qui n'est en tout cas qu'illusoire[25]. Proust ne voit pas ce courage chez Ruskin, et encore moins chez Péguy, en qui il voit une adoration de la langue en elle-même, en tant qu'objet intellectuel extérieur à l'âme – et au corps – de l'écrivain, alors que « [c]haque écrivain est obligé de se faire sa langue, comme chaque violoniste est obligé de se faire son "son"[26] ».

L'INTELLIGENCE CACHÉE

D'un style barbare

Dans un célèbre compte-rendu du *Côté de chez Swann*, Paul Souday exprimait son désarroi face à une langue qui, à son avis, « se décompose, se mue en un patois informe et glisse à la barbarie[27] ». Or, par une apparente coïncidence, Harold Nicolson affirmait en 1936 que « *whatever the influence of Ruskin on Proust's intelligence, his ethics, his aesthetics may have been, there is no doubt that the influence of the English barbarian was disastrous on the style of Proust*[28] ». S'il y a du Ruskin dans Proust, c'est probablement

24 *Ibid.*, p. 93.

25 Nous paraphrasons ici un paragraphe de la célèbre lettre de Proust à Madame Straus, dont il sera encore question p. 45-46 : M. Proust, Lettre à Madame Straus, 6 novembre 1908, in *Corr.*, t. 8, p. 276-278, cit. p. 277.

26 *Ibid.*, p. 276.

27 L'article fut publié dans *Le temps*, Décembre 1913. Nous citons d'après l'édition électronique Project Gutenberg Canada, 2009, et soulignons.

28 « Quelle qu'ait pu être l'influence de Ruskin sur l'intelligence de Proust, son éthique, son esthétique, sans aucun doute l'influence de l'anglais barbare sur le style de Proust

dans cette "barbarie", ressentie comme inassimilable et indigeste par tous les cultivateurs de clarté "à la française", même étrangers. Comme l'observe Nathalie Mauriac-Dyer :

> *The national language is endangered. Decomposition is a well-known mark of decadence. Patois is, literally, a tongue that escalates, and potentially threatens, the authority of the major, dominant language, and even jeopardizes national unity. [The subtext here might be, of course, the unutterable half-Jewishness of the author]*[29].

Cynthia Gamble, qui a soigneusement étudié les traductions proustiennes de Ruskin – et relativisé de manière convaincante le rôle prépondérant que l'on a toujours attribué à Madame Proust et à Marie Nordlinger dans la rédaction de celles-ci – identifie dans une page de *The Lamp of Memory*, traduite par Olivier Georges Destrée pour la *Revue Générale* de 1895, le « *epiphanic text* » qui aurait déclenché l'immersion du jeune Proust dans l'écriture de l'esthéticien anglais[30]. Il s'agit d'une page où la description de la nature est intensément sensorielle, réalisée par touches successives de différents niveaux perceptifs, que Gamble décrit comme un « *act of seeing, both sensuous and spiritual, [that] presented in shifting, metaphorical language* [...] *an integral part of Ruskin narrative*[31] ». Or, une telle écriture, « sensuelle et spirituelle » à la fois, avait beaucoup de chances de résonner chez le jeune Proust comme une « réminiscence anticipée[32] » du style qu'il était lui-même en train de chercher. Nous allons par la suite tenter de montrer comment certains des traits stylistiques de l'écrivain anglais peuvent avoir contribué à l'élaboration

---

fut désastreuse », cit. in *Marcel Proust. An exhibition of manuscripts, books, pictures and photographs*, Exhibition Catalogue, Manchester, Withworth Art Gallery, 1956, p. 5.

29 « La langue nationale est en danger. La décomposition est une marque bien connue de décadence. Le patois est, littéralement, une langue qui attaque, et potentiellement menace, l'autorité de la langue majeure, de la langue dominante, et même compromet l'unité nationale [le sous-entendu étant, bien entendu, l'indicible presque-judéité de l'auteur] », N. Mauriac Dyer, « "Minor tongues" in Proust's drafts and the problem of editing », in *Variants. The Journal of European Society for Textual Scholarship*, n° 9, « Texts without borders. Multilinguism and Textual Scholarship », éd. C. Macé et D. Van Hulle, 2012, p. 149-162, cit. p. 154 et 154n.

30 « Texte épiphanique », C. Gamble, *Proust as interpreter of Ruskin*, *op. cit.*, p. 45. Proust ne lut la traduction de Destrée qu'en 1899, et reconnut une page déjà traduite par Robert de La Sizeranne, mais qu'il n'avait pas pu identifier.

31 « Un acte de vision, qui est en même temps sensuel et spirituel, un langage au constant mouvement métaphorique [...] une partie intégrante de la narration ruskinienne », *Ibid.*, p. 48.

32 *CSB* [1954], p306.

de ce « patois informe » qui tisse la *Recherche*. Nous avons choisi deux pages de Ruskin, qui nous paraissent particulièrement appropriées à montrer cette "solidarité stylistique" que le jeune Proust peut avoir trouvée en lisant cette œuvre immense (qu'il connaît, on s'en souvient, « entièrement par cœur »)[33].

Dans un passage de *Modern Painters*, par exemple, Ruskin décrit l'habilité de Turner dans le "rendu" de la lumière et des phénomènes de réflexion, de manière à ce que les yeux du lecteur (du spectateur) puissent suivre le même parcours de compréhension de l'image qu'il a lui-même adopté. Grâce à de nombreuses techniques d'adjonction (les relatives en *which*, les nombreuses adversatives débutant par *but*, les nombreuses conjonctions) et d'inclusion (les parenthèses, les incidentes, et parfois les subordonnées entre parenthèses et en incidente), Ruskin nous plonge dans l'observation lente et perceptive du tableau. Plutôt que dans un résultat, nous entrons dans un processus. Le paysage peint par Turner est décrit en un premier temps comme une image "positive" (comme on dirait d'une image argentique) :

> *On the left-hand side of his Nottingham, the water* (a smooth canal) *is terminated by a bank fenced up with wood,* on which, *just at the edge of the water, stands a white sign-post. A quarter of a mile back,* the hill on which *Nottingham Castle stands rises steeply nearly to the top of the picture. The upper part of this hill is in bright golden light, and the lower in very deep gray shadow,* against which *the white board of the sign-post is seen entirely in light relief,* though, being turned from the light, *it is itself in delicate middletint, illumined only on the edge.*

L'image est ensuite représentée comme elle se montre dans le reflet aquatique du canal, dans lequel elle apparaît confuse et difficile à comprendre :

> But *the image of all this in the canal is very different. First, we have the reflection of the piles of the bank, sharp and clear,* but *under this we have not what we see above it, the dark base of the hill,* (for this being a quarter of a mile back, we could not see over the fence if we were looking from below,) but *the golden summit of the hill, the shadow of the under part having no record nor place in the reflection.* But *this summit, being very distant, cannot be seen clearly by the eye while its focus is adapted to the surface of the water, and accordingly its reflection is entirely vague and confused; you cannot tell what it is meant for, it is mere playing golden light.* But

33 M. Proust, Lettre à Constantin de Brancovan, Janvier 1903, in *Corr.*, t. 3, p. 219-222, cit. p. 220-221.

> *the sign-post, being on the bank close to us, will be reflected clearly, and accordingly its distinct image is seen in the midst of this confusion.*

Les effets de la perception, que le peintre a "traduit" en son son œuvre, sont retraduits par l'écriture dans la conclusion du passage :

> But *it now is relieved, not against the dark base,* but *against the illumined summit of the hill, and it appears, therefore, instead of a white space thrown out from blue shade, a dark gray space thrown out from golden light*[34].

Si on traduit ce texte en français, on s'aperçoit que la structure linguistique n'est pas sans rappeler l'écriture proustienne, avec ses parallélismes et ses rythmes symétriques, ses reprises, ses vas-et-viens dont le but est celui de créer une "relation" ou « trame[35] » entre l'objet et soi :

> « Maintenant un seul exemple va être suffisant pour montrer l'attention extrême de Turner à cet égard. Sur le côté gauche de son Nottingham, l'eau (un canal tranquille) se termine par une berge clôturée par un enclos en bois, *sur laquelle*, justement au bord de l'eau, s'élève un poteau indicateur blanc. Un quart de mille en arrière, *la colline sur laquelle* se trouve le château de Nottingham monte abruptement presque jusqu'à l'extrémité supérieure du tableau. La partie supérieure de cette colline est illuminée d'une lumière dorée et brillante, tandis que la partie inférieure est immergée dans une ombre grise et profonde, *contre laquelle* le panneau blanc du poteau indicateur est entièrement visible en pleine lumière, *quoique, étant tourné du côté opposé à la lumière*, il soit lui-même en une demi-teinte délicate, illuminé uniquement sur les bords. *Mais* l'image de tout cela dans le canal est très différente. Premièrement, nous avons le reflet des pilots de la berge, aigu et clair, mais en dessous nous n'avons pas ce que nous voyons au-dessus d'elle, la base foncée de la colline (*celle-ci étant un quart de mille en arrière, nous ne pourrions pas voir au-delà de la clôture si nous étions en train de regarder d'en dessous*), *mais* le sommet doré de la colline, l'ombre de la partie inférieure ne laissant pas de trace dans le reflet. *Mais* ce sommet, étant lui-même très éloigné, ne peut pas être vu clairement par l'œil tant que le point focal de celui-ci est adapté à la surface de l'eau, et par conséquent son reflet est entièrement vague et confus ; vous ne pouvez pas dire ce que cela signifie, ce n'est qu'un jeu de lumière dorée. *Mais* le poteau indicateur, étant sur la berge proche de nous, sera reflété clairement, et par conséquent son image est nette et visible au milieu de cette confusion. *Mais* il est maintenant relevé, non pas contre la

34 J. Ruskin, *Modern Painters*, in *The Works of John Ruskin*, éd. E. T. Cook et A. Wedderburn, London, George Allen, 39 vol., 1903-12, vol. 3, « Library Edition », p. 542-543.

35 *TR*, p. 77.

> base foncée, *mais* contre le sommet illuminé de la colline, et il a l'air, partant, au lieu que d'un espace blanc produit par l'ombre bleue, d'un espace gris foncé produit par la *lumière dorée*[36]. »

Comme le remarque Anne Simon, Proust place la description – l'objet décrit et par conséquent la description elle-même – dans le flux du temps et de la conscience. Les reprises et amplifications descriptives montrent, en effet, que « le monde et le moi n'ont de réalité que dans leur rapport[37] ». Or, il nous paraît que la technique descriptive de John Ruskin n'est pas loin de ce modèle. Sans parler d'influences, on peut reconnaître ici ce que j'appellerais un "miroir stylistique" dans lequel Proust se serait retrouvé.

Encore, dans une page de *The lamp of Memory* la dimension stylistique est profondément façonnée par la dimension temporelle, qui en devient, comme ce sera le cas chez Proust, une structure totalisante résumant et charpentant le texte entier. Le tout début du texte nous plonge dans une dimension où le temps, comme chez Proust, n'est qu'épaisseur d'un vécu humain :

> *The greatest glory of a building is not in its stones, nor in its gold. Its glory is in its Age, and in that deep sense of voicefulness, of stern watching, of mysterious sympathy, nay, even of approval or condemnation, which we feel in walls that have been washed by the passing waves of humanity.*

La relation entre les deux écrivains est loin, toutefois, de n'être que thématique, car c'est surtout dans la syntaxe et dans l'ordonnancement de la phrase que ce temps s'incarne :

> *It is in their casting witness against men* [...] *in the strength which, through the lapse of seasons and times, and the decline and birth of dynasties, and the changing of the face of the earth, and of the limits of the sea, maintaining its sculptured shapeliness for a time insuperable, connects forgotten and following ages with each other, and half constitutes the identity, as it concentrates the sympathy, of the nations; it is in that*

36 Dans cette traduction, nous avons choisi de respecter le rythme de la syntaxe ruskinienne, sans tenter de simplifier la structure linguistique, ni de la "franciser". Notre traduction vise en effet, comme celle de Proust selon Gilles Philippe, à être un « calque » de l'original, car notre but se borne à une meilleure compréhension des "affinités" repérables entre le style de Proust et l'écriture de Ruskin (G. Philippe, *French Style*, *op. cit.*, p. 185).

37 A. Simon, « Proust et la superposition descriptive », *Bulletin d'informations proustiennes*, n. 25, 1994, p. 151-166, cit. p. 152.

> *golden stain of time, that we are to look for the real light, and colour, and preciousness of architecture; and it is not until a building has assumed this character, till it has been entrusted with the fame, and hallowed by the deeds of men, till its walls have been witnesses of suffering, and its pillars rise out of the shadows of death, that its existence, more lasting as it is than that of the natural objects of the world around it, can be gifted with ever so much as these possess, of language and of life*[38].

L'idée de l'épaisseur de la Mémoire, représentée par les monuments, est constamment "renvoyée" par des parallélismes et des structures conjonctives (*and*, *and*), ainsi que par des incidentes, lesquelles sont d'ailleurs souvent des circonstancielles de temps ("*in the strengh which, through the lapse of seasons and time*"). Le présentatif initial mis à part (sans véritable valeur sémantique et par conséquent concentrant l'attention sur ce qui suit), la longue période se déploie de manière sinueuse dans un constant mouvement de relance et d'adjonction de syntagmes nominaux, où l'équilibre n'est maintenu que grâce à deux principales fortes ("*connects forgotten and following ages*" ; "*can be gifted*"), séparées l'une de l'autre par un vertigineux emboîtement de subordonnées (nous avons compté une relative, deux circonstancielles de temps, une causale et une finale), lesquelles renvoient la chute syntaxique de la période jusqu'à sa limite de rupture, où le comparatif d'égalité final est rendu encore plus choquant par une ponctuation incongrue : la virgule séparant la quantité comparée "*ever so much as these possess*") de l'élément quantifié ("*of language and of life*") vise à mettre en lumière ce dernier, car justement, la langue et la vie sont le don que nous lèguent les monuments. Difficile d'être plus proustiens[39]. En effet, la traduction de ce passage montre encore plus clairement le fonctionnement du "miroir stylistique" dont nous avons parlé plus haut :

> La plus grande gloire d'un édifice n'est pas dans ses pierres, ni dans son or. Sa gloire est dans son Âge, et dans cette sensation profonde d'une voix puissante, de vigilance sévère, de sympathie mystérieuse, même d'approbation ou de

---

38 J. Ruskin, *The Lamp of Memory*, I, in *The Seven Lamps of Architecture*, London, Smith Elder & Co., 1849, p. 42.

39 Une similarité du même ordre est relevée par Gilles Philippe entre Proust et Henry James, souvent associés par la critique anglophone, soit un « "style parenthétique", qui ne se limite pas à un fréquent recours à la parenthèse proprement dite, mais consiste principalement dans l'apparition parfois intempestive de groupes de mots qui interrompent le développent syntaxique et rythmique des propositions » (G. Philippe, *French Style*, *op. cit.* p. 177).

blâme, que nous ressentons dans ses murs, qui ont été lavés par des vagues successives d'humanité. C'est *dans leur durable témoignage* contre les hommes [...] *dans la force* qui, à travers l'intervalle des saisons et des temps, *et le déclin* et *la naissance* des dynasties, *et le changement* de la face de la terre, *et des bornes de la mer*, en maintenant leur belle forme sculptée *pour un temps immuable*, relie des âges oubliés et successifs les uns aux autres, *et par moitié* constitue l'identité, comme il concentre la sympathie, des nations ; c'est *dans la patine dorée du temps*, que nous devons chercher pour trouver la vraie lumière, *et la couleur, et la préciosité de l'architecture ; et ce n'est que lorsqu'un édifice* a pris ce caractère, *lorsque la gloire* des hommes lui a été confiée, *et qu'il a été sanctifié* par leurs actions, *que ses murs ont été les témoins* de leur souffrance, *et que ses piliers surgissent* de l'ombre de la mort, que leur existence, plus durable, comme elle l'est, que celle des objets naturels du monde qui l'entourent, peut être dotée d'autant *de langage et de vie, que ceux-ci*[40].

La répétition des syntagmes prépositionnels en agencements parallèles (« dans leur ») renforcés par la structure en polysyndète qui suit, reproduit un mouvement en spirale inversée, qui conduit le lecteur vers le centre de la proposition : le langage et la vie, véritables attributs du monument. Par ailleurs, aussi bien les syntagmes prépositionnels que le polysyndète visent à la métaphorisation du temps à travers l'espace, en créant de cette manière l'épaisseur spirituelle que les monuments sont censés posséder. Enfin, le dernier, mais non le moindre des éléments stylistiques que Proust a certainement reconnus chez Ruskin, c'est

40 Voir aussi la traduction de George Elwall, qui réussit certainement à rendre ce texte beaucoup plus clair ; il nous paraît toutefois que de cette manière une bonne partie du style de John Ruskin est gommée : « La plus grande gloire d'un édifice ne réside en effet ni dans ses pierres, ni dans son or. Sa gloire est toute dans son âge, dans cette sensation profonde d'expression, de vigilance grave, de sympathie mystérieuse, d'approbation même ou de blâme qui pour nous se dégage de ses murs, longuement baignés par les flots rapides de l'humanité. C'est dans leur témoignage durable devant les hommes[...] dans la force qui, au milieu de la marche des saisons et du temps, du déclin et de la naissance des dynasties, des modifications de la face de la terre et des bornes de la mer, conserve impérissable la beauté de ses formes sculptées, relie successivement l'un à l'autre les siècles oubliés et constitue en partie l'identité des nations, comme elle en concentre la sympathie ; c'est dans cette patine dorée des ans, qu'il nous faut chercher la vraie lumière, la couleur et le prix de son architecture. Ce n'est que lorsqu'un édifice a revêtu ce caractère, lorsqu'il s'est vu confier la renommée des hommes et qu'il est sanctifié par leurs exploits, lorsque ses murs ont été les témoins de nos souffrances et que ses piliers surgissent des ombres de la mort, que son existence, plus durable ainsi que les objets naturels de ce monde qui l'enveloppent, se voit tout autant que ceux-ci douée de langage et de vie », traduction de G. Elwall, in J. Ruskin, *La couronne d'olivier sauvage. Les sept lampes de l'architecture*, Paris, Société d'Édition Artistique, 1900, p. 251-252.

l'image de la « patine dorée du temps », qui deviendra dans la *Recherche* l'une des marques les plus récurrentes du style[41].

Mettant de côté les différentes formes d'idolâtrie qu'il reproche au « vieux bavard réactionnaire » qu'il est en train de traduire, le futur écrivain a donc probablement reconnu dans son écriture le bourdonnement d'un « rythme caché » qui lui était familier. Une fois cette cadence reconnue, il fallait se débarrasser de ce bruit "allogène" qu'était la musique ruskinienne et trouver son propre tempo : comme le rappelle Marie Nordlinger, "*Proust, while revealing Ruskin, had revealed Proust unto himself; the transmutation had been consummated*"[42]. Ce qui restera à Proust des œuvres de l'esthéticien anglais n'est donc pas à chercher dans les "idées", ou moins encore dans l'« intelligence », dont on sait que Proust se méfiait (du moins de cette intelligence qui prétend précéder et gouverner la perception)[43]. Une fois l'œuvre immense digérée, seule sa tournure restera dans la *Recherche* : une langue sensuelle et spirituelle à la fois.

« *I DO NOT SPEAK FRENCH* » : UNE LANGUE ÉTRANGÈRE Retourner à Mallarmé[44]

Finalement, il paraît que Souday et Nicolson n'avaient pas tout à fait tort : le français de Proust, comme l'anglais de Ruskin, étaient de quelque manière des langues barbares, étrangères aux traditions de « ce qui se conçoit bien », car conçues dans les profondeurs de la

41 Voir à ce propos E. Sparvoli, « Un "Rembrandt" di Proust : analisi di un passo del *Côté de Guermantes* », *L'Analisi Liguistica e Letteraria*, 2002, n. 1-2, p. 461-480. Voir aussi le chapitre « Melting in translation. Les mots du style en italien et en anglais », *infra*, p. 103, 114-115.

42 « En révélant Ruskin, Proust s'est révélé à lui-même ; la transmutation a été consommée », M. Nordlinger, *[« Proust and Ruskin »]*, in *Marcel Proust. An exhibition of manuscripts, books, pictures and photographs*, *op. cit.*, p. 10.

43 « Chaque jour j'attache moins de prix à l'intelligence », *CSB*, p. 211.

44 La réplique est du Duc de Châtellerault, qui tente de ne pas se faire identifier par le huissier des Guermantes (qu'il ne connaît d'ailleurs pas comme tel), *SG*, IV, p. 35. Nous devons au beau livre de Daniel Karlin d'avoir attiré notre attention sur ce passage, et nous l'en remercions (D. Karlin, *Proust's English*, Oxford, Oxford University Press, 2007).

conscience, dont les chemins ne sont pas toujours équarris. Pour le dire avec les mots de Deleuze, Proust introduit dans la langue française « une grammaire du déséquilibre », qui force la langue vers une limite « qui n'est plus elle-même syntaxique ou grammaticale, même quand elle semble encore l'être formellement[45] ». Proust était surpris, dès sa jeunesse, de ce que l'on préférât, parmi ses écrits, ceux qui étaient façonnés et coupés dans cette clarté et cette "élégance" de conversation tant prisées par les puristes. Dans une lettre à Daniel Halévy, qui lui demandait une copie de son article *Sentiments filiaux d'un parricide*, il avouait :

> À mon avis de tous les articles que j'ai donnés au *Figaro* c'est de beaucoup le moins bon. Je ne dis pas qu'il n'y ait pas là des idées assez vraies. Elles font tellement partie de ma pensée qu'elles peuvent avoir pour moi une sorte de banalité qu'elles n'ont pas pour un autre. Mais tout de même je les ai dites là *comme dans la conversation, c'est mal écrit, froid, déclamatoire*. Ailleurs dans d'autres articles je suis arrivé quelquefois [...] *à faire boire ma pensée aux mots*, à les en remplir, *les colorer*, cela n'a frappé personne. Je suis étonné de voir qu'on est sensible à l'intelligence exprimée, tandis qu'elle ne devrait être que *le support caché quoique nécessaire* d'une œuvre où elle serait absente[46].

Faire boire sa pensée aux mots, les colorer de l'intérieur : l'"obscurité" qui découle d'un tel programme – nécessairement, car la pensée se déploie, ne se coupe pas – ne peut que s'apparenter, pour les puristes et les amateurs de « certitudes grammaticales[47] », à un « patois informe » : c'est une langue impure. Comme le rappelle Daniel Karlin dans son livre sur le rôle de l'anglais dans l'œuvre de Proust, en effet, "*[o]nly an impure language, the "langage intermédiaire" to which he jokingly refers while dictating* Du Côté de chez Swann *to an English typist, will taste of*

45 G. Deleuze, *Critique et clinique*, Paris, Éditions de Minuit, 1993, p. 141. Comme le remarque Jean-Michel Adam dans son commentaire de ce passage, Proust ne fait que revenir à la conception aristotélicienne du style, qui assimilait l'effet du style à « l'impression que les hommes éprouvent à l'égard des étrangers et de leurs concitoyens [...] ainsi faut-il donner à son langage une couleur étrangère, car on est admirateurs de ce qui est éloigné, et ce qui excite l'admiration est agréable » (Aristote, *Rhétorique*, III, 1404 b 5). *Cf.* J.-M. Adam, *Le style dans la langue. Une reconvention de la stylistique*, Lausanne, Delachaux et Niestlé, 1997, p. 74.

46 M. Proust, Lettre à Daniel Halévy du début de février 1908, in *Correspondance avec Daniel Halévy*, *op. cit.*, p. 113.

47 Allusion de Proust à Louis Ganderax, dans la Lettre à Madame Straus déjà citée, in *Corr.*, t. 8, p. 278.

something true"[48]. L'exercice de la traduction, comme celui des pastiches, aide Proust à contaminer sa propre langue, à en faire l'instrument composite et "bâtard" qui seul peut aspirer à reproduire la vie. Le pastiche de Henri de Régnier nous paraît, à cet égard, particulièrement significatif. Publié en 1909, il avait été rédigé plus ou moins en même temps que les lettres à Daniel Halévy où Proust critiquait, notamment, Ruskin[49]. Dans ce pastiche la fabrication du diamant cède la place à une matière bien moins noble (et moins froide), dans laquelle Proust cache, à notre avis, une allusion à la théorie du style qu'il était en train d'élaborer. Le diamant (auquel le faussaire du faux Régnier préfère les opales, « emblématiques et doubles »)[50], se forme uniquement à partir de la morve qui découle du nez de Lemoine :

> Son noyau visqueux et tiède avait glissé sur le linge de l'un, mais avait adhéré au drap de l'autre et tenait en suspens au-dessus du vide la frange argentée et funeste qui en dégouttait. Le soleil en les traversant confondait la mucosité gluante et la liqueur diluée. On ne distinguait plus qu'une seule masse juteuse, convulsive, transparente et durcie ; et dans l'éphémère éclat dont elle décorait l'habit de Lemoine, elle semblait y avoir immobilisé le prestige d'un diamant momentané, encore chaud, s'il on peut dire, du four dont il était sorti, et dont *cette gelée instable, corrosive et vivante* qu'elle était pour un instant encore, semblait à la fois, par sa beauté menteuse et fascinatrice, présenter la moquerie et l'emblème[51].

Or, comme Hannah Freed Thal l'observe justement, l'écriture des pastiches de la part de Proust est une activité de création à part entière, où Proust retrouve le « tracé sysmographique » du cœur d'un autre écrivain, le « rythme caché de [son] âme » : "*Proust's pastiche reproduces the* habitus *of other writers – Proust gets inside those writers' tastes, reproducing*

48 « Seulement une langue impure, le "langage intermédiaire" auquel il faisait allusion par plaisanterie, en se référant à sa dactylo anglaise, à laquelle il était en train de dicter *Du côté de chez Swann*, aura le goût de quelque chose d'authentique », D. Karlin, *Proust's English*, *op. cit.*, p. 202.

49 Entre 1907 et 1909 Proust et Daniel Halévy échangèrent plusieurs lettres dont le sujet était d'une manière ou d'une autre le style. Dans la majeure partie des cas, c'est Proust qui porte la conversation sur le style, à partir des divers sujets soulevés par Halévy : comme par exemple la défense de Péguy, que nous avons vu plus haut, ou la critique à Ruskin, ou encore le commentaire à certaines tournures vieillies que Halévy affectionne.

50 M. Proust, *L'Affaire Lemoine par Henri de Régnier*, in *Pastiches et Mélanges*, Paris, Éditions de la Nouvelle Revue Française, 1921, p. 32.

51 *Ibid.*, p. 35.

their dispositions, their habits of perception and interpretation, the quasi-corporeal rhythms they cultivate, *their manner of orienting the reader through time and space*"[52].

Ce pastiche fonctionne, selon Jean Milly, comme « un masque et l'instrument d'une captation[53] » : captation de ce que Proust retrouve dans l'écriture d'un autre, masque de ce qu'il y glisse de sa propre écriture à lui, qu'il est en train de façonner. Dans ce texte, en effet, au-delà de l'imitation de Régnier (dont le style et les thèmes sont fidèlement reproduits), l'auto-référence et l'ironie cachent une allusion à l'idée même de style, dont il est d'ailleurs indirectement question dans tous les pastiches (qui en tant que tels attirent l'attention sur les structures profondes de l'écriture). Milly y retrouve une allusion à la scène d'autoérotisme dans Swann, mais la gelée est une matière autrement plus significative dans l'œuvre de Proust, où elle fonctionne comme un marqueur du style[54]. Ce « diamant momentané » nous paraît définir en effet une idée d'écriture littéraire, que Proust conçoit comme une matière « corrosive et vivante ». Au-delà du clin d'œil parodique au goût affiché par Henri de Régnier pour les images scatologiques, il y a dans celle-ci un caractère charnel et "composite" qui en fait une parfaite image proustienne. Ce que le futur écrivain est en train d'élaborer est en effet une écriture corporelle, un fluide dense où tous les déchets du vivant pourront être charriés et métamorphosés en « opales *emblématiques* et doubles ». Dans son roman, Proust ne craindra pas de changer son « pot de chambre en un vase de parfums[55] », ou de situer l'une des « expériences privilégiées[56] » dans un petit pavillon « à la fraîche odeur de renfermé », dans lequel « étaient depuis peu installés ce qu'on appelle en Angleterre un lavabo, et en

---

52 « Le pastiche de Proust reproduit l'*habitus* d'autres écrivains, – Proust entre dans les goûts de ces écrivains, en reproduisant leurs dispositions, leurs habitudes de perception et d'interprétation, *le rythme quasi corporel qu'ils cultivent*, leur manière d'orienter le lecteur à travers le temps et l'espace », H. Freed Thal, « "Prestige of a momentary diamond" : economies of distinction in Proust », in *New Literary History*, vol. 43, n° 1, Winter 2012, p. 159-178.

53 J. Milly, « Proust et Henri de Régnier : modes proustiens de l'intertextualité », in *Revue d'histoire littéraire de la France*, « Marcel Proust », janvier-février 2000, p. 27-44, cit. p. 32.

54 Voir « Des mots mangeables : la gelée comme synecdoque du style dans le roman proustien », *infra*, 213-225.

55 *CS*, p. 119.

56 Nous empruntons cette définition à Jean-Marc Quaranta, *Le Génie de Proust. Genèse de l'esthétique de la* Recherche, *de* Jean Santeuil *à la madeleine et au* Temps retrouvé, Paris, Champion, 2011.

France, par une anglomanie mal informée, des water-closets[57] ». Dans le pastiche que nous venons de citer s'annoncent donc bien des pages du roman futur, cette *"gloriously impure, lumberfilled rhapsody"*, dans laquelle *"Proust's art reveals art, lays bare its inner workings, comes clean about its insecurities and low motives, and pins snapshots of the production process on to the finished product"*[58].

Une « rapsodie glorieusement impure » et pleine de déchets n'a évidemment rien d'une clarté qui façonnerait la pensée avant de la représenter. Plutôt, comme la langue absconse de Mallarmé, elle vise à « tendre le nuage, précieux, flottant sur l'intime gouffre de chaque pensée[59] », à en reproduire le procès. Selon Jean Roudaut, d'ailleurs, c'est la réflexion sur Mallarmé, et notamment l'article *Contre l'obscurité*, qui aurait amené un développement décisif dans l'esthétique du jeune Proust, soit « la transition du monde de la grâce au monde du travail[60] ». Travail sur la langue, notamment, qu'il sera dorénavant question de rendre de plus en plus « vitale », comme le « rythme caché de notre âme[61] » que le style est censé reproduire. Dans la réponse de Mallarmé à l'article de Proust l'attaque à la "clarté à la française" n'est, du reste, pas si loin des arguments – et de l'écriture – de Proust lui-même[62] :

> Un parler, le français, retient une élégance à paraître en négligé et le passé témoigne de cette qualité, qui s'établit d'abord, comme don de race foncièrement exquis : mais une littérature dépasse le genre, correspondance ou mémoires. Les cas abrupts, hauts jeux d'aile, se mireront, aussi : qui les traite, perçoit une extraordinaire appropriation de la structure, limpide, aux primitives foudres de la logique. Un balbutiement, que semble la phrase, ici

57 *JF*, p. 483.

58 « Une rapsodie glorieusement impure et pleine de déchets [...] l'art de Proust révèle l'art, dévoile ses rouages internes, crache le morceau sur ses insécurités et ses motifs les plus bas, et épingle sur le produit fini une instantanée de son procès de production », M. Bowie, *Proust among the stars*, New York, Columbia University Press, 1999, p. 86.

59 S. Mallarmé, « "Variations sur un sujet", – Le mystère, dans les lettres », *La revue Blanche*, 1er septembre 1896, p. 214-218 ; aujourd'hui in *Œuvres complètes* (« La syntaxe »), éd. B. Marchal, Paris, Gallimard, t. 2, 2003, p. 229-234, cit. p. 232.

60 J. Roudaut, « Mallarmé et Proust », *Nouvelle revue française*, n. 490, 1993, p. 47-59, cit. p. 53.

61 Voir *supra*, p. 29.

62 Sur la discussion autour de la clarté pendant les années du Symbolisme, on peut voir les actes du colloque réunis par Olivier Bivort, *La littérature symboliste et la langue*, Paris, Classiques Garnier, 2012.

> refoulé dans l'emploi d'incidentes multiple, se compose et s'enlève en quelque équilibre supérieur, à balancement prévu d'inversions[63].

Ce « balbutiement » semble en quelque manière anticiper sur la syntaxe proustienne, qu'Isabelle Sera définit « une écriture sur le fil [dont le] cadre de la phrase étiré jusqu'à la rupture est dans le même temps écartelé par ces intercalages, qui mettent à mal sa linéarité[64] ». La langue française, dans laquelle Maupassant voit cette « eau pure que les écrivains maniérés [...] ne pourront jamais troubler[65] », est au contraire éminemment boueuse pour le futur auteur de la *Recherche*. Elle est hétérogène, comme l'anglais pour Mallarmé. Selon Daniel Karlin, en effet, la langue anglaise dont il est question dans *Les Mots anglais* est *"an emblem of Proust's novel"* en assumant l'"impureté" de l'anglais comme un trait de sa modernité (il définit la langue d'Outre-Manche « contemporaine peut-être par excellence »)[66], Mallarmé anticipe Proust, dont la langue est "allogène" dans son essence :

> *Deformation is at the origin of the words we use, none of which can claim of the pure descent ; the snobbery of language, one the profoundest forms this vice takes in the novel aligns the social value of aristocratic lineage and exclusivity with the philological value of "purity", an alignment which is without justification or merit [...]. All the images which Marcel assembles in the great final pages of* Le Temps retrouvé *to describe the novel which he is about to begin and which Proust is about to finish, from the Gothic cathedral to Françoise's* bœuf à la mode*, are* "composite" *in one sense or another; none lays claim to a* "noblesse authentique de race"*, which is the sign of death in life*[67].

63 S. Mallarmé, « La syntaxe », in « Le mystère, dans les lettres », in *Œuvres complètes*, *op. cit.*, p. 233.

64 I. Serça, « "Écrire le Temps". Phrase, rythme et ponctuation chez Proust », *Poétique*, n° 153, 2008, p. 23-39, cit. p. 29.

65 G. De Maupassant, « Préface », in *Pierre et Jean*, Paris, Gallimard, 1982, p. 13.

66 S. Mallarmé, *Les Mots anglais*, in *Œuvres complètes*, *op. cit.*, p. 1053.

67 « La déformation est à l'origine des mots que nous utilisons, aucun d'eux ne peut prétendre à la pure souche ; le snobisme du langage, l'une des formes les plus profondes que ce vice prend dans le roman, met les valeurs sociales de l'origine aristocratique et de l'exclusivité sur le même plan que la valeur philologique de la "pureté", un nivellement qui est sans mérite ni justification [...]. Toutes les images assemblées par Marcel dans les grandes dernières pages du *Temps retrouvé* pour décrire le roman qu'il va écrire, depuis la cathédrale gothique jusqu'au *bœuf à la mode* de Françoise, sont "composites" d'une manière ou de l'autre ; aucune ne clame une "noblesse authentique de race", laquelle est le signe de la mort dans la vie » (« Un emblème du roman proustien », D. Karlin, *op. cit.*, p. 194).

Comme la toilette de Madame Swann, dont le « beau style [...] superpose des formes différentes[68] », ou finalement comme un diamant de morve « instable, corrosif et vivant », l'écriture de Proust est donc étrangère, au sens de « combinée, complexe, compliquée, composée, géminée, mixte, organisée », comme le récite la proxémie du mot « composite[69] ». Ce n'est donc peut-être pas un hasard, si la seule phrase en anglais de la *Recherche* est "I do not speak French", et si elle est prononcée par un personnage qui tente de brouiller les pistes sur son identité, et, *last but not least*, sur son homosexualité[70].

68 *JF*, I, p. 608.

69 *Dictionnaire du Centre National des Ressources Textuelles*, www.cnrt.fr, outil « proxémie ».

70 Pour cette connexion entre langue et sexualité, nous renvoyons une nouvelle fois à l'article d'Adam Watt, « The sign of the Swan in Proust's "À la Recherche du Temps Perdu" », *op. cit.*, p. 330-331.

PROUST ET L'ART DE LA LANGUE

La synonymie comme idolâtrie linguistique

Dans une lettre à Léon Daudet de 1917, Proust affirmait à propos de Péguy :

> Je veux absolument vous dire ceci parce que c'est une question de doctrine, si je suis un peu injuste envers Péguy c'est surtout parce que dire trois fois à peu près la même chose me semble n'avoir aucun rapport avec la dire une fois telle qu'elle est. La vérité littéraire n'est pas le fruit du hasard et je crois que la vérité (littéraire) se découvre à chaque fois comme une loi physique. On la trouve ou on ne la trouve pas[1].

Cette assertion contient en raccourci toute l'esthétique littéraire de Marcel Proust, ce qui revient à dire une esthétique de la langue ; sans rentrer pour la énième fois dans un domaine tant fouillé, redisons au moins ceci, qui va nous servir de base ici : en littérature la vérité n'est pas, pour Proust, un "fond" qui serait revêtu d'une forme plus ou moins appropriée. Vérité et style coïncident, la langue est donc "substance" de cette vérité, et obéit dans l'art à des lois aussi rigoureuses que celles de la science. Or, s'il y a en musique des notes synonymes[2], il n'y a pas pour autant en physique des lois qui soient pareilles à d'autres, ou que l'on puisse remplacer par d'autres[3] : nous anticipons sur nos conclusions, en disant que deux des conditions de la synonymie sont déjà récusées ici, soit l'"équivalence" et l'"interchangeabilité"[4].

---

1 M. Proust, Lettre à Léon Daudet, s. d. [1917], in « Des lettres inédites de Marcel Proust », éd. H. Mondor, *Bulletin Marcel Proust*, n. 2, 1952, p. 15.

2 Les « notes synonymes » sont les notes enharmoniques, « qui diffèrent d'un comma ; de même hauteur pour les instruments à sons fixes (orgue, piano etc.) », *TLF*, *ad vocem*.

3 Voici la définition de loi physique : « Rapport nécessaire et constant entre des phénomènes naturels observés de façon répétée et énoncé sous forme de proposition ou de règle générale non impérative, mais sans possibilité pour l'homme de les modifier ou de s'y imposer par un acte de sa volonté », *TLF*, *ad vocem*.

4 « Synonyme : mot ou expression de même sens, ou, plus exactement, de sens équivalent ou approchant, c'est-à-dire substituable dans certains contextes à un autre mot, à une autre

Mais venons pour l'instant à la conception proustienne de la langue. À une telle considération de la dimension stylistique correspond en effet chez Proust une réflexion fouillée sur la langue elle-même, et il est notoire que toute son œuvre fourmille d'observations linguistiques, qui ont depuis longtemps attiré l'attention des linguistes, lesquels ont pu voir en lui « presque un confrère[5] ». La plupart des linguistes qui se sont intéressés à Proust et à sa théorisation du langage ont relevé la dimension tant psychologique que sociale de celle-ci. Nous choisissons deux critiques parmi d'autres : André Ferré, 1965 : « L'attention qu'il porte au langage est inséparable de celle qui l'attache à la vie mentale, cette vie que le langage traduit jusqu'en ses plus secrètes démarches – à la personnalité, dont il donne le plus fidèle reflet – à la mécanique sociale, aux lois subtiles de laquelle il se conforme constamment[6] ». Georges Matoré et Irène Mecz, 1968 :

> Proust ne considère l'étude linguistique à laquelle il se livre ni comme une fin en elle-même ni comme un dessin mélodique susceptible d'enrichir ou de prolonger son texte, mais comme un procédé opératoire destiné à expliciter des conduites individuelles et des comportements sociaux[7].

Certes le langage dans ses dimensions psychologique et sociale est un thème majeur dans la *Recherche*, et nous allons voir que cela n'est pas sans conséquences dans une prise en compte de la synonymie de la part de Proust. Mais là n'est pas l'essentiel : Proust va même très au-delà de considérations uniquement psycho- ou sociolinguistiques, et sa réflexion sur la langue vise plutôt à une théorisation du fait littéraire dans sa totalité[8]. Comme l'affirme Sylvie Pierron dans sa belle

---

expression », *TLF*, *ad vocem*). Encore, Sergio Cigada : « La synonymie/langue [est un phénomène linguistique] où on confronte deux signifiants différents qui couvrent deux signifiés (sémèmes) largement superposables. L'analyse componentielle nous permettra de décomposer tous les traits sémantiques en commun à l'intérieur des deux sémèmes et de mettre en évidence l'aire de la diversité [...] », S. Cigada, « Le concept de synonymie entre *langue* et *parole* », *Cahiers de l'Association internationale des études françaises*, 61, 2009, p. 13-29, cit. p. 26.

5 Pour les nombreuses études sur Proust et la linguistique nous renvoyons à la bibliographie, à la bibliographie de cet ouvrage.

6 A. Ferré, « Marcel Proust et la linguistique » (IIe partie), *Vie et Langage*, n. 158, mai 1965, p. 250-255, p. 255.

7 G. Matoré, « Proust linguiste », in *Festschrift Walther Von Wartburg zum 80. Geburtstag*, Tübingen, Max Niemayer Verlag, 1968, vol. I, p. 279-292, p. 292.

8 *Cf.* S. Chaudier, « Marcel Proust et la langue littéraire vers 1920 », in *La langue littéraire. Une histoire de la prose en France de Gustave Flaubert à Claude Simon*, éd. G. Philippe et G. Piat, Paris, Fayard, 2009, p. 411-449.

monographie sur *Proust et la langue*, « Proust opère pour lui-même, avant d'entamer l'œuvre, le passage conceptuel de toute une fin de siècle, de la langue idéologique à la langue des linguistes : non plus emblème identitaire mais matérialité des faits de langage sur laquelle repose la spécificité des œuvres littéraires[9] ». Refaire ce chemin à rebours n'est pas notre objectif, et c'est d'ailleurs ce que Pierron a déjà fait de manière concluante ; arrêtons-nous toutefois sur la relation à Bréal, qui est cruciale pour notre propos. Pour déblayer le terrain de toute objection philologique, disons tout de suite que Proust connaissait Bréal, l'avait lu et l'appréciait ; dans une lettre à Madame Straus où il est question de l'élection de l'historien Shlumberg à l'Académie Française, élection que Proust réprouve de manière presque violente, il dit : « il est *honteux* si l'on veut chercher dans les sciences à côté (comme s'il n'y avait pas assez d'écrivains), qu'on ne nomme pas [...] des savants qui soient l'honneur éclatant et incontesté de ces sciences voisines, un Boutroux, un Bergson, un Maspéro, un Bréal, un Alfred Croiset et tant d'autres[10]... ». Bréal représentait donc pour Proust un maître au même titre que Bergson et Boutroux[11], et les conceptions linguistiques qui parsèment la *Recherche* aussi bien que l'œuvre critique sont certainement en partie redevables à l'*Essai de sémantique*[12]. Nombreux sont les points de contact patents : en général, c'est l'idée de la mobilité du langage, du rôle psychologique dans son évolution, le goût pour la langue populaire, mais surtout l'idée de la langue comme « discours » que Proust partage avec le linguiste. Dans le chapitre « Élément subjectif » de sa *Sémantique*, Bréal insiste sur la créativité du locuteur dans la construction du sens :

> S'il est vrai, comme on l'a prétendu quelquefois, que le langage soit un drame où les mots figurent comme acteurs et où l'agencement grammatical reproduit le mouvement des personnages, il faut au moins corriger cette comparaison par une circonstance spéciale : l'imprésario intervient

9 S. Pierron, *Ce beau français un peu individuel. Proust et la langue*, Saint-Denis, Presses Universitaires de Vincennes, 2005, p. 63-64.

10 Lettre à Madame Straus 15 juin 1908, in *Corr.*, t. 8, p. 140.

11 On aura remarqué que parmi les sciences "voisines", Proust nomme uniquement la philosophie – Bergson et Boutroux, justement – la linguistique avec Bréal, la philologie et la critique littéraire, Maspéro ayant traduit une stèle égyptienne, Croiset étant un helléniste célèbre.

12 M. Bréal, *Essai de sémantique (Science des significations)*, Paris, Hachette, 1897.

> fréquemment dans l'action pour y mêler ses réflexions et son sentiment personnel, non pas à la façon d'Hamlet qui, bien qu'interrompant ses comédiens, reste étranger à la pièce, mais comme nous faisons nous-mêmes en rêve, quand nous sommes à la fois spectateur intéressé et auteur des événements[13].

Dans une lettre à Madame Straus, Proust expose de son côté une idée de la langue littéraire où l'innovation linguistique, la subjectivité du style des écrivains sont donnés comme inhérentes à la construction même du code. L'importance du document vaut qu'on s'y arrête un moment : le point de départ est la préface aux *Lettres de Georges Bizet* de Louis Ganderax, parue dans le *Figaro* du 3 novembre 1908, préface dans laquelle Ganderax se veut "Illustrateur et défenseur" de la langue française :

> Pour l'illustration, non. Pour la défense non plus. Les seules personnes qui défendent la langue française (comme l'Armée pendant l'Affaire Dreyfus) ce sont celles qui l'attaquent [...]. Chaque écrivain est obligé de se faire sa langue, comme chaque violoniste est obligé de se faire son "son" [...] la correction, la perfection du style existent, mais au-delà de l'originalité, après avoir traversé les fautes, non en deçà [...]. Parce que *son unité* [de la langue] *n'est faite que de contraires neutralisés, d'une immobilité apparente qui cache une vie vertigineuse et perpétuelle.* Cet homme plein de scepticisme [Ganderax] a des certitudes grammaticales. Hélas Madame Straus il n'y a pas de certitudes, même grammaticales[14].

L'exemple que Proust choisit pour démontrer que la "clarté" est souvent néfaste à la beauté (donc au sens, pour lui), est non par hasard un vers de Racine qu'au XVIIIe siècle le Chevalier de Jaucourt avait déjà choisi pour dénoncer l'étroitesse de l'idée de clarté, ennemie du style :

> Lorsqu'une langue a fait des progrès considérables, qu'elle s'est enrichie, qu'elle a acquis de la dignité, de la finesse, & de l'abondance, il faut savoir ajouter à la clarté du style plusieurs autres perfections qui entrent en concurrence avec elle, la pureté, la vivacité, la noblesse, l'harmonie, la force, l'élégance ; mais comme ces qualités sont d'un genre différent & quelquefois opposé, il faudroit les sacrifier les unes aux autres, suivant le sujet & les occasions. Tantôt il conviendroit de préférer la clarté à la pureté du style ; & tantôt l'harmonie, la force ou l'élégance, donneroient quelque atteinte à la régularité de la

13 M. Bréal, *Essai de sémantique*, *op. cit.*, p. 254.
14 M. Proust, Lettre à Madame Straus, 6 novembre 1908, in *Corr.*, t. 8, p. 276, 277 et 278.

construction ; témoin ce vers de Racine : Je t'aimois inconstant, qu'eussai-je fait fidèle[15] ! »

Trois considérations s'imposent : la première concerne le détachement définitif de Proust de tout académisme ou du purisme nationaliste que la plupart des critiques ont cru voir dans *Contre l'obscurité*[16]. La deuxième découle de la précédente, et pose la créativité linguistique de l'artiste comme condition pour la "défense" de la langue, qui n'existe pas comme système stable et inamovible, mais qui, et nous en venons à notre troisième considération, n'est faite que de contraires neutralisés – une idée qui n'est pas sans rappeler la théorie saussurienne du langage – et ne véhicule donc de sens qu'à condition d'être prise dans la mouvance et dans la dynamique de ses locuteurs, qui ne sont pas faits par elle, mais qui au contraire la font et la défont perpétuellement. Les mots n'ont pas "un" sens en eux-mêmes, mais seulement en relation les uns aux autres, et en tout cas leur sens est tout le temps nouveau, car en littérature, l'écrivain, et le lecteur avec lui, créent chaque fois une langue nouvelle, « les beaux livres » étant écrits « dans une sorte de langue étrangère[17] » . La réflexion de Michel Bréal va dans le même sens :

> Il n'a pas été donné de nom, jusqu'à présent, à la faculté que possèdent les mots de se présenter sous tant de faces. On pourrait l'appeler *polysémie* [...] le mot arrive préparé par ce qui le précède et ce qui l'entoure, commenté par le temps et le lieu, déterminé par les personnages qui sont en scène. Chose remarquable ! il n'a qu'un sens, non pas seulement pour celui qui parle, mais encore pour celui qui écoute, car il y a une manière active d'écouter qui accompagne et prévient l'orateur. Il suffit de tomber à l'improviste dans une conversation, pour voir que les mots sont des guides peu sûrs par eux-mêmes, et qu'ils ont besoin de cet ensemble de circonstances, lequel, comme la clé en musique, fixe la valeur des signes[18].

Le sens dépend du contexte, des locuteurs, du discours : il n'est pas déposé dans les dictionnaires, et pour le dire dans les termes qui seront ceux de Saussure, ce n'est pas dans la langue qu'il faut le chercher, mais dans la parole. En effet, si pour Bréal « nous avons dans notre tête

15 *Encyclopédie ou dictionnaire raisonné des sciences, des arts et des métiers*, entrée « Langue française », t. 9, p. 266. Version électronique, *ad vocem*.

16 *Cf.* « Contre la clarté. Proust et l'idéologie de la langue », *infra*, p. 23-25.

17 *CSB*, p. 305.

18 M. Bréal, *Essai de sémantique*, *op. cit.*, p. 314-315.

un dictionnaire des synonymes », ce dictionnaire « s'ouvre seulement en cas de besoin et sur l'appel du maître ». C'est un « dictionnaire latent », qui entre en fonction pour "créer" un sens toujours nouveau et toujours différent. Si l'esprit consiste « à voir la différence des choses semblables », aucun véritable synonyme n'est pensable, aucun mot n'est "juste" en soi[19].

Or pour Proust cette réflexion touche une question capitale, qui est celle du sens dans la parole littéraire. Ses remarques sur ce problème sont précoces, et remontent, on l'a vu, à ses traductions de Ruskin. Déjà dans les notes du traducteur à *La Bible d'Amiens* (1904), Proust reprochait en effet à Ruskin de vénérer les mots en eux-mêmes, comme si leur beauté était déposée dans les dictionnaires : « les ouvrages d'un grand écrivain sont le seul dictionnaire où l'on puisse contrôler avec certitude le sens des expressions qu'il emploie[20] ». En critiquant – sous couvert de louange – le choix du titre des conférences que Ruskin recueille dans *Sésame et les lys*[21], Proust reprend l'accusation d'idolâtrie linguistique qu'il avait déjà exprimée dans sa précédente traduction : « Je crois simplement que Ruskin, un peu pour cette idolâtrie dont j'ai souvent parlé, se complaisait ainsi à aller adorer un mot dans tous les beaux passages des grands auteurs où il figure[22] ». L'essentiel de sa critique à Ruskin vise toutefois la qualité des métaphores de l'esthéticien anglais, soit pour Proust le cœur du style, et par conséquent de l'art. En commentant l'invitation de Ruskin à « bavarder avec des rois et des reines » (les grands auteurs, dans la lecture), plutôt qu'avec « votre femme de chambre ou votre garçon d'écurie[23] », Proust donne une définition en négatif de la métaphore, et en paraphrasant Pascal il identifie la "métaphore sans vérité" :

> Quelle vanité que la métaphore quand elle attire l'admiration par la ressemblance des choses dont on n'admire pas les originaux. Quelle vanité que la métaphore quand elle donne de la dignité à l'idée précisément à l'aide

19 *Ibid.*, p. 41-42.
20 M. Proust, Note du traducteur, in *BA*, p. 1904, p. 261.
21 L'ouvrage de Ruskin *Sesame and Lilies* fut publié en anglais en 1893 et constitue un recueil de conférences dont l'objectif déclaré et celui de l'éducation de la jeunesse anglaise à la lecture. Le Sésame, le Trésor à découvrir est en effet l'œuvre des grands penseurs et des poètes, mais la polysémie du mot sert à Ruskin pour "ajouter" du sens, ce qui est l'origine de la critique de Proust.
22 M. Proust, Note du traducteur, in *SL*, p. 61, n. 1.
23 *Ibid.*, p. 78-79.

> des fausses grandeurs dont nous nions la dignité [...] si cela n'était pas une métaphore, il ne trouverait pas du tout qu'il vaut mieux causer avec un roi qu'avec une servante... Ainsi les mots rois, noblesse [...] sont employés, par des écrivains qui savent le néant de ces choses, pour donner à une idée plus de grandeur que ces choses ne peuvent pourtant pas donner puisqu'elles ne la possèdent pas en réalité[24].

La métaphore doit être fondée pour Proust sur la *réalité*, soit morphologique[25], soit perceptive ou plus largement existentielle de celui qui l'énonce et correspondre ainsi à la « vision » de l'artiste. Cela signifie que la métaphore ne peut en aucun cas être synonyme d'un mot ou d'une expression, car jamais une métaphore ne peut se répéter deux fois. Dans la même note Proust étend la critique à Maeterlinck, dont les œuvres foisonnent de métaphores usées et de symboles stéréotypés : lys, princesses, neiges, un vague absolu qui est dans les mots et ignore les choses, et d'où, surtout, l'artiste est absent. Une métaphore réussie est un acquis permanent de connaissance, définitif et unique, en aucun cas "interchangeable", comme le seraient au contraire facilement les expressions choisies par Ruskin dans celle que Proust considère comme une banalisation de l'idée de grandeur : « rois », « noblesse », « mots de vieille race », « armorial » des mots[26].... Sylvie Pierron relève donc à juste titre l'importance de ces notes aux traductions de Ruskin dans l'évolution de la pensée linguistique et esthétique de Proust :

> L'alternative de *Contre l'obscurité* est résolue dans ces notes par l'argument que, claire ou obscure, l'expression doit être "nécessaire" [...]. Avec le changement d'échelle, du mot à la phrase, on passe de la conception de "la langue" comme dictionnaire dépositaire de la langue de tous à la conception du "style", dont le terme *fondre* est toujours chez Proust un indicateur[27].

Or, si l'expression littéraire est nécessaire, elle ne peut jamais s'obtenir par le procédé assez simple qui gouverne dans la langue ordinaire l'identification des "synonymes" : soit « deux signifiants différents qui couvrent deux signifiés (sémèmes) largement superposables[28] ». Toutes les fois que ce procédé semble intervenir dans le texte proustien

24 M. Proust, Note du traducteur, *Ibid.*, p. 79.
25 *Ibid.*, p. 80n.
26 Toutes ces expressions sont issues de *SL*, p. 87-89.
27 S. Pierron, *Ce beau français un peu individuel*, *op. cit.*, p. 49.
28 S. Cigada, « Le concept de synonymie », *op. cit.*, p. 25.

– essentiellement dans la langue des personnages – nous sommes confrontés à de faux synonymes, où le langage se manifeste dans sa nature mensongère, ou alors, comme l'a si bien dit Gérard Genette, devient « indirect[29] ».

LA LANGUE DES PERSONNAGES
Les synonymes-indices

Le choix d'un synonyme dans la narration proustienne fonctionne toujours, en effet, comme un « indice » d'autre chose, et sert à démasquer les personnages plutôt qu'à varier leur discours. Un des exemples les plus significatifs de ce phénomène est le langage d'Albertine dans la visite qu'elle rend au héros dans le *Côté de Guermantes*, et à la suite de laquelle elle devient sa maîtresse. La "jeune fille en fleur" de Balbec n'intéresse plus guère Marcel, qui la reçoit par désœuvrement et ennui. Quelque chose en elle le convainc toutefois que ses espoirs de succès avec elle ont sensiblement augmenté depuis Balbec. Interrogé sur l'« hypothèse optimiste au sujet des complaisances possibles » d'Albertine, Marcel aurait « peut-être répondu que cette hypothèse était due (tandis que les traits oubliés de la voix d'Albertine redessinaient pour [lui] les contours oubliés de sa personnalité) à l'apparition de *certains mots* qui ne faisaient pas partie de son vocabulaire, au moins dans l'acception qu'elle leur donnait maintenant[30] ». Les mots en question sont apparemment anodins : « distingué », « une sélection », « laps de temps », « à mon sens ». Tous ces mots ont en commun uniquement le registre soigné, et pourraient être aisément remplacés par leurs synonymes : « brillant, célèbre, éminent, remarquable » pour « distingué[31] » ; « élégant » pour « une sélection » (c'est Proust lui-même qui nous fournit le synonyme : « Pour dire du golf de Fontainebleau qu'il était très élégant, elle déclara : "C'est tout à fait une sélection"[32] ») ; « un certain temps, beaucoup de temps » pour

29 G. Genette, « Proust et le langage indirect », in *Figures II*, Paris, Seuil, 1969, p. 223-294.
30 *CG* II, p. 650.
31 Ce sont les synonymes expressément indiqués par le *TLF*.
32 *CG* II, p. 650.

« laps de temps » ; « à mon avis », « selon moi » pour « à mon sens ». Ce choix de mots marque toutefois pour le héros – et pour le narrateur qui interprète le phénomène après coup – un changement profond dans la personne d'Albertine : incompatibles avec le milieu social d'où elle provient, ils marquent « une alluvion laissant soupçonner de si capricieux détours à travers des terrains jadis inconnus d'elle, que dès les mots "à mon sens", j'attirai Albertine, et à "j'estime" je l'assis sur mon lit[33] ». Si le choix de synonymes dans un registre trop élevé paraît « allogène » à Marcel, c'est un autre synonyme qui le décide à l'embrasser, mais choisi cette fois dans un registre argotique, et qui dessine pour Marcel tout le chemin que la jeune fille a parcouru depuis leur dernière rencontre. Tout en croyant n'être plus intéressé par la jeune fille, ce qui le décide à tenter de la séduire est le mot « mousmé », un "synonyme", en effet, mais situé dans un paradigme qui n'est pas que linguistique :

> je crois que ce qui me décida fut une dernière découverte philologique. [...]. De toute évidence, quand j'avais connu Albertine, le mot « mousmé » lui était inconnu. Il est vraisemblable que si les choses eussent suivi leur cours normal, elle ne l'eût jamais appris et je n'y aurais vu pour ma part aucun inconvénient, car nul n'est plus horripilant. À l'entendre on se sent le même mal de dents que si on a mis un trop gros morceau de glace dans sa bouche. Mais chez Albertine, jolie comme elle était, même « mousmé » ne pouvait m'être déplaisant. En revanche, il me parut révélateur si non d'une initiation extérieure, au moins d'une évolution interne[34].

Si l'apparition du mot « mousmé » est qualifiée de « découverte philologique », c'est qu'Albertine est elle-même un dictionnaire, comme d'ailleurs chacun de nous, et dans ce dictionnaire les traits qui décident le sens du discours ne sont pas les mêmes que l'on pourrait identifier dans une normale analyse componentielle. Le lexème « mousmé », du japonais « musume », jeune fille, est entré dans la langue française en 1887 grâce à Loti, avec le signifié général de « jeune femme, jeune fille japonaise », mais a très vite acquis le signifié second de « maîtresse, fille facile », cette seconde acception étant classée par le *TLF* comme argotique[35]. Or si l'acception choisie par Albertine existe dans un commun

33 *Ibid.*, p. 651.

34 *Ibid.*, p. 652-653.

35 La raison de ce glissement de sens est dans le roman même de Pierre Loti, *Madame Chrysanthème*, où la coloration raciste de la narration finit par attribuer aux femmes

dictionnaire linguistique, la conclusion qu'en tire le héros est au contraire à ranger dans une classe de phénomènes différente, soit dans ce « langage indirect » dont parle Gérard Genette, et où les synonymes indiquent des directions que seule une « rhétorique profonde » peut interpréter[36].

Parmi les conceptions de Bréal que l'on retrouve dans la *Recherche* il y a certainement celle de la "science de la langue" possédée par le peuple et méconnue par les linguistes. Les nombreuses analyses linguistiques du vocabulaire de Françoise auraient parfois gagné de revoir l'œuvre de Bréal, lequel affirme par exemple :

> La langue des paysans, celle des différents métiers, recèlent encore plus d'un mot de l'ancien français. Nul doute que des vocables marqués comme morts ne subsistent encore dans nos provinces. On rencontrera ici des innovations intéressantes, des métaphores bien imaginées, des tours ingénieux qui méritent d'être signalés parce qu'ils prennent sur le fait le génie populaire[37].

La langue de Françoise, avec ses tours "à la Madame de Sévigné", est pour beaucoup dans ce principe, que Proust fit sien et développa dans un vaste réseau stylistique, dont la complexité et la finesse vont très au-delà d'une question de sociolecte[38]. Comme Sylvie Pierron l'observe justement, il faut « considérer cet ensemble langagier [...] comme un système dynamique construit, qui, en soi-même et en relation avec les autres éléments du roman, produit du sens[39] ». Un cas assez complexe, car ses implications morales et psychologiques restent implicites et comme fondues dans la narration, est par exemple celui de l'expression régionale utilisée par Françoise « plumer les asperges ». L'expression a été l'objet de nombreuses études linguistiques, et l'on sait grâce à Chaurand qu'elle existe dans le parler d'Illiers, où Proust a pu l'entendre pendant ses vacances d'enfance[40]. Elle est évidemment synonyme de « éplucher

---

japonaises la qualification de "faciles".

36 G. Genette, « Proust et le langage indirect », *op. cit.*, p. 275. À propos de l'« apparition, proprement aphrodisiaque, du mot *mousmé* (...) », Gérard Genette conclut : « pouvoir des mots, pouvoir de la connotation » (p. 225).

37 M. Bréal, *Préface*, in É. Littré, *Comment les mots changent de sens*, Hachette, Paris, 1888, p. 5.

38 Pour le vocabulaire de Françoise voir par exemple J. Chaurand, « Quelques réflexions sur le vocabulaire de Françoise dans l'œuvre de Marcel Proust », *Cahiers de lexicologie*, n. 39, 1981, p. 25-34, et G. Starka, *La langue de Françoise dans « ARTP » de Marcel Proust*, in *Lorraine vivante. Hommage à Jean Laucher*, Nancy, Presses Universitaires de Nancy, 1993, p. 433-453.

39 S. Pierron, *Ce beau français un peu individuel*, *op. cit.*, p. 85.

40 *Cf.* J. Chaurand, « Quelques réflexions », *op. cit.*

les asperges », et c'est dans cette forme qu'elle paraît dans la narration matricielle ; elle caractérise bien-sûr le langage de Françoise, dont les « cuirs » choquent le héros dans sa jeunesse, mais elle caractérise davantage sa nature morale, que le jeune Marcel n'arrive pas encore à définir, mais que le narrateur dessine dans ses détours linguistiques avec plus d'efficacité que dans tout autre domaine. Revoyons brièvement le contexte narratif dans lequel l'expression est placée. Françoise bavarde avec la tante Léonie, à laquelle elle dit :

> « Madame Octave, il va falloir que je vous quitte, je n'ai pas le temps de m'amuser, voilà bientôt dix heures, mon fourneau n'est pas seulement éclairé, et j'ai encore à plumer mes asperges.
> – Comment Françoise, encore des asperges ! Mais c'est une vraie maladie d'asperges que vous avez cette année, vous allez en fatiguer nos Parisiens[41] !

La "manie" des asperges est venue à Françoise cette même année où la pauvre jeune fille de cuisine, la « Charité de Giotto », enceinte et souffrante, devient la cible préférée des rages de la bonne, qui la charge le plus souvent possible de les éplucher, car, on le découvrira plus tard, l'odeur de ces légumes lui provoque de violentes crises d'asthme ; or c'est dans le verbe « plumer » que Proust semble distiller toute la cruauté de la servante, dans une scène magnifique qui voit le jeune héros découvrir pour la première fois l'ambiguïté de la nature humaine. Marcel vient d'observer la « pauvre Charité de Giotto [...] » qui a auprès d'elle une corbeille d'asperges qu'elle est chargée de « plumer », et remarque son air douloureux, « comme si elle ressentait tous les malheurs du monde ». Quelques jours après – mais l'espace textuel occupé par cet intervalle est de quelques lignes seulement – la fille de cuisine est absente, malade de son accouchement récent :

> Françoise, n'étant plus aidée [...] était en train, dans l'arrière-cuisine qui donnait dans la basse-cour, de tuer un poulet, qui, par sa résistance désespérée et bien naturelle, mais accompagnée par Françoise hors d'elle, tandis qu'elle cherchait à lui fendre le cou sous l'oreille, des cris de « sale bête ! sale bête ! » mettait la sainte douceur et l'onction de notre servante un peu moins en lumière qu'il n'eût fait, au dîner du lendemain, par sa peau brodée d'or comme une chasuble et son jus précieux égoutté d'un ciboire[42].

41 *CS*, p. 58.
42 *Ibid.*, p. 120.

Le verbe « plumer » a été savamment introduit dans la narration précédente, et a déjà caractérisé, dans l'esprit du lecteur, le personnage de Françoise. Chacun a compris, aidé d'ailleurs du narrateur, qui utilise, lui, son synonyme non régional, qu'il signifie « éplucher ». Le verbe « plumer » est toutefois présent dans la conscience linguistique de tout francophone avec son sens premier, qui est celui d'« arracher les plumes d'un oiseau, généralement une volaille », et il est difficile de ne pas voir, dans le pauvre poulet coupable de ne pas vouloir mourir, cette même fille de cuisine que Françoise ne peut momentanément pas torturer : « sale bête » elle aussi, qu'elle « plume » en lui donnant des asperges à éplucher. Les exemples du même genre sont très nombreux, où un synonyme – ou du moins ce que le personnage croit être un synonyme – est mis par le narrateur dans la bouche d'un personnage pour relever non l'équivalence mais justement le glissement du sens, que ce glissement soit de type social, psychologique ou moral. Rappelons seulement au passage le plus célèbre de tous, le discours du liftier de Balbec, qui « appartenait à ce prolétariat moderne qui désire effacer dans le langage la trace du régime de la domesticité » et qui apprend au héros « que dans la "situation" où il allait "rentrer", il aurait une plus jolie "tunique" et un meilleur "traitement" ; les mots "livrée" et "gages" lui paraiss[ant] désuets et inconvenants », et qui appelle Françoise, à la grande surprise du héros, « cette dame qui est employée chez vous[43] ». Les "synonymes" choisis par le liftier ont ceci en commun : qu'ils attribuent, tous, une majeure dignité sociale et intellectuelle à la "domesticité"[44] : les traits sémantiques qui composent leur sens sont tous pertinents, sauf le trait relatif au niveau social de l'activité en question, ce qui révèle une ambition, mais cache en même temps un complexe et une souffrance. Comme le dit très bien Genette, « [...] c'est en cette ruse de la signification que consiste le langage révélateur, qui est par essence un langage indirect, langage qui "décèle" ce qu'il ne dit pas, et précisément parce qu'il ne le dit pas[45] ».

43 *JF*, II, p. 157.

44 Un employé est une « personne qui occupe un emploi sous les ordres de quelqu'un, dans les sphères non productives de l'économie (commerce, administration, etc.) et dont le travail est d'ordre plutôt intellectuel que manuel », alors qu'une situation est un « emploi rémunéré, stable, et généralement bien considéré ». La définition de traitement est la suivante : « rémunération principale des fonctionnaires publics, civils et militaires, payable par douzième mensuel et variable ». Toutes les définitions sont tirées du *TLF*, version informatisée, *ad voces*.

45 G. Genette, « Proust et le langage indirect », *op. cit.*, p. 267.

LA MÉTAPHORE DU SÉMÈME

C'est en tout cas au niveau de la métaphore que l'impossibilité théorique de la synonymie dans la langue littéraire se manifeste pleinement, car ce n'est que dans la métaphore que le langage peut produire cet accès à la vérité qui est pour Proust le but même de l'art. Il n'est évidemment pas question ici de décrire ou de définir le fonctionnement de la métaphore proustienne, que d'éminents critiques ont analysé et qui demeure le centre de l'intérêt dans les études sur cet auteur. Métonymique, narrative, sensorielle, syntaxiquement complexe, la métaphore proustienne constitue un défi permanent à toute tentative de définition exhaustive et généralisante[46]. Nous avons toutefois identifié pour notre propos un type spécifique de métaphore que nous appellerons la métaphore/sémème[47], et qui se caractérise par le développement, dans le processus de métaphorisation, de toutes les branches sémantiques du sémème, soit, du mot-langue, ce qui implique évidemment l'impossibilité de la synonymie (le signe langue étant « un agrégat de traits sémantiques souvent hétérogènes, et, de toute façon, sémantiquement différenciés[48] »). Dans son analyse de la comparaison en « comme » dans la *Recherche*, Ilaria Vidotto identifie ce phénomène comme une syllepse, et relève justement l'immense « coefficient imageant » de cette structure rhétorique chez Proust, qui réactive le potentiel figuratif d'un sens figuré indexé en langue, en en créant, de ce fait, un troisième qui est engendré par la mise en discours[49]. Nous allons proposer deux exemples où ce processus rhé-

46 Pour quelques titres de l'immense bibliographie sur la métaphore proustienne nous renvoyons à la bibliographie de cet ouvrage.

47 Nous utilisons la définition de sémème de la Rhétorique générale : « Nous considérons le mot, ou plus exactement le lexème [...] comme une collection de sèmes (unités minimales de sens), dont les uns sont nucléaires, les autres contextuels, le tout produisant un effet de sens ou sémème », Groupe Mu, *Rhétorique générale*, Paris, Larousse, 1970, p. 94. Nous nous servons de cette définition car elle s'adapte particulièrement bien au fonctionnement du phénomène que nous étudions dans l'écriture proustienne.

48 S. Cigada, « Le concept de synonymie », *op. cit.*, p. 25.

49 I. Vidotto, *Les comparaisons en « comme » dans* À la recherche du temps perdu. *Étude stylistique*, Thèse dirigée par les Professeurs Maria Chiara Gnocchi et Luc Fraisse (co-tutelle entre l'Università di Bologna et l'Université de Haute-Alsace), soutenue à l'Université de Bologne, le 20 avril 2018, p. 285-286.

torique se manifeste de manière plus patente, et qui montrent à notre avis que ce phénomène se trouve au fondement même de la formation de la métaphore telle que Prout la théorise.

LA BAIGNOIRE

Dans le *Côté de Guermantes* le héros a la possibilité d'assister une deuxième fois à une représentation de *Phèdre* avec la Berma dans le rôle de la protagoniste. C'est aussi en cette occasion qu'il pourra observer le monde magique des Guermantes, qui vont se métamorphoser en déités marines, tandis que les loges du théâtre deviendront leur règne ombrageux et aquatique. Le processus de la métamorphose est déclenché et entièrement gouverné par le mot « baignoire ». Dans l'entrée du théâtre, Marcel entend en effet un inconnu, « qui est peut-être le Prince de Saxe », prononcer ces mots : « Je ne sais pas le numéro de la loge, c'est sa cousine qui m'a dit que je n'avais qu'à demander sa loge… ». C'est cette phrase, et surtout le mot *baignoire*, prononcé par le contrôleur indiquant au visiteur le couloir où se trouve sa place, qui transforme, comme une baguette magique, le théâtre en un antre habité de nymphes marines :

> Du moins en disant cette phrase au contrôleur il embranchait sur une vulgaire soirée de ma vie quotidienne un passage éventuel vers un monde nouveau ; le couloir qu'on lui désigna après avoir prononcé le mot de *baignoire* et dans lequel il s'engagea, était *humide et lézardé et semblait conduire à des grottes marines, au royaume mythologique des nymphes des eaux*. Je n'avais devant moi qu'un monsieur en habit qui s'éloignait ; mais je faisais jouer auprès de lui, comme avec un réflecteur maladroit, et sans réussir à l'appliquer exactement sur lui, l'idée qu'il était le prince de Saxe et allait voir la duchesse de Guermantes[50].

Or le mot baignoire possède, dans la "langue", deux acceptions : « Cuve de métal ou d'émail de forme ovale dans laquelle on peut prendre des bains en position assise ou couchée » ; et, par analogie de forme, « loge de rez-de-chaussée saillante et arrondie située au bord de l'orchestre et

50 *CG*, II, p. 338.

sous le premier balcon[51] ». La rêverie aquatique est évidemment produite par le sens premier du mot, présent dans la langue et donc dans la conscience linguistique de tout francophone, à côté de celui qui serait le seul que le contexte permet d'activer. La rêverie donnera lieu à une fantasmagorie que nous ne pourrons pas suivre dans sa totalité, mais qui montrera assez comment le sémème entier reste actif dans le texte. Les loges des aristocrates sont en effet l'objet d'une contemplation curieuse et parfois malveillante de la part de nombreux spectateurs, qui sont venus là expressément pour les observer, et deviennent elles-mêmes une partie du spectacle :

> c'était parce que les gens du monde étaient dans leurs *loges* (derrière le *balcon* en terrasse), *comme dans de petits salons suspendus dont une cloison eût été enlevée*, ou dans de petits cafés, où l'on va prendre une bavaroise, sans être intimidé par les glaces encadrées d'or, et les sièges rouges de l'établissement du genre napolitain ; c'est parce qu'ils posaient une main indifférente sur *les fûts dorés des colonnes qui soutenaient ce temple de l'art lyrique*, c'est parce qu'ils n'étaient pas émus des honneurs excessifs que semblaient leur rendre *deux figures sculptées qui tendaient vers les loges des palmes et des lauriers*, que seuls ils auraient eu l'esprit libre pour écouter la pièce si seulement ils avaient eu de l'esprit[52].

La baignoire a repris ici son sens théâtral, elle est même devenue une scène (une scène "véridique", de laquelle on a enlevé la quatrième cloison pour observer de près une vie sous-marine et mystérieuse qui s'est trouvée un moment côtoyer le monde des humains). La frontière entre les deux mondes est parfois franchie quand les déesses et les nymphes se penchent vers l'orchestre et viennent :

> s'arrêter à la limite verticale et à la surface clair-obscur où leurs brillants visages apparaissaient derrière le *déferlement rieur, écumeux et léger* de leurs éventails de plumes, sous leurs chevelures de pourpre emmêlées de perles que semblait avoir courbées *l'ondulation du flux* ; après commençaient les fauteuils d'orchestre, le séjour des mortels à jamais séparé du *sombre et transparent royaume* auquel çà et là servaient de frontière, dans leur *surface liquide et plane*, les yeux limpides et réfléchissant des *déesses des eaux*[53].

---

51 *TLF*, *ad vocem*. Le *TLF* donne le signifié de « loge » comme sens figuré, mais désormais indépendant du sens premier.

52 *CG*, p. 338. En italique les parties relevant des champs sémantiques du théâtre et du monde sous-marin.

53 *Ibid.*, p. 340.

Les deux dimensions sémantiques activées par le mot « baignoire » se sont ici quasi complètement fondues, et restent présentes en même temps dans une métaphore extrêmement complexe, engendrée par la conscience – ou plutôt par le langage, qui de la conscience est le plus parfait révélateur – : aucun synonyme n'est donc possible, qui couvre toute l'étendue sémantique du sémème, et soit un remplaçant satisfaisant du mot.

DES AUBÉPINES ET DE LA NAISSANCE DES MÉTAPHORES

Véritable thème narratif de la *Recherche*, nœud rhétorique crucial pour la compréhension de l'esthétique qu'elle exprime, le passage des aubépines a déjà été l'objet de nombreuses études[54]. Il nous intéresse ici uniquement pour la lumière qu'il offre sur le mécanisme de formation de la métaphore, et ce n'est que dans cette perspective que nous allons nous en occuper. Le thème des aubépines revient comme un *leitmotiv* tout au long du roman occuper l'imagination et les rêves du héros ; ces fleurs printanières ont été rencontrées pour la première fois à Combray, au mois de Marie, et dès la première description qui nous en est offerte, elles sont impliquées dans une complexe métaphorisation où les domaines du religieux et du naturel se fondent l'un dans l'autre. L'association de départ qui permet cette progression métaphorique est celle entre les fleurs posées sur l'autel et de « blanches jeunes filles », entre la grâce juvénile et l'atmosphère mystique des fêtes dédiées à Marie :

> elles faisaient courir [...] leurs branches attachées horizontalement les unes aux autres en un *apprêt de fête*, et qu'enjolivaient encore les festons de leur feuillage sur lequel étaient semés à profusion, *comme sur une traîne de mariée, de petits bouquets de boutons d'une blancheur éclatante* [...]. Plus haut s'ouvraient leurs corolles çà et là avec une *grâce insouciante*, retenant si négligemment *comme un dernier et vaporeux atour le bouquet d'étamines, fines comme des fils de la Vierge*, qui les embrumait tout entières, qu'en suivant, qu'en essayant de mimer au fond de moi le geste de leur efflorescence, je l'imaginais comme

54 *Cf.* « Jouir des aubépines : sur quelques pages de Proust et la synesthésie », *infra*, p. 153-168.

> si ç'avait été *le mouvement de tête étourdi et rapide, au regard coquet, aux pupilles diminuées, d'une blanche jeune fille, distraite et vive*[55].

Dans les nombreuses *Esquisses* que nous possédons des morceaux consacrés aux aubépines, le narrateur nous fournit une clé de ce procédé rhétorique, où il paraît évident que la métaphore n'est pas un phénomène d'équivalence sémique, mais qu'elle naît plutôt par adjonctions et implications successives, et qu'elle concerne tout le sémème, tel qu'il est entré dans la conscience du héros, et que le narrateur reconstruit en tant qu'acquis de connaissance :

> C'était M. Vington [c'est le nom que Vuinteuil avait à ce moment de la rédaction] près de qui j'étais placé et qu'en sa qualité de naturaliste, j'avais élu pour l'interroger sur les aubépines, qui me murmura les mots d'étamine et de calice, que je connaissais déjà parce que Maman avait revêtu pour une grande soirée une robe d'étamine, et que je savais que pendant la messe le prêtre élevait le calice – et que sans leur donner un autre sens j'appliquai dès lors aux aubépines dont elles fixaient dans mon esprit l'image de ravissante élégance et de mysticité[56].

Or, si le mot « étamine » se développe dans toute son extension sémantique, si en d'autres termes ce qui est pris en considération n'est pas le signe au niveau parole (l'étamine de la fleur), mais le signe au niveau langue (l'organe mâle de la fleur *et* l'étoffe appelée « étamine »)[57], alors aucun dictionnaire ne pourra fournir son synonyme. Aucun, sauf celui que Proust considère comme la seule autorité pour comprendre le langage d'un écrivain : ses propres ouvrages, qui « sont le seul dictionnaire où l'on puisse contrôler avec certitude le sens des expressions qu'il emploie[58] ».

55 *CS*, p. 110-111. L'italique marque les niveaux sémantiques du cultuel et du naturel.
56 *CS*, p. 869 et *Esquisse* LXIV, Cahier 68, p. 1911.
57 Le *TLF* donne deux entrées séparées pour "étamine". Il s'agirait donc de deux homonymes.
58 M. Proust, Note du traducteur, in J. Ruskin, *Bible d'Amiens*, *op. cit.*, p. 299-300.

CONCLUSIONS

Dès ses premières réflexions théoriques sur la langue littéraire, Proust considère le sens comme le résultat d'une dynamique complexe et jamais établie une fois pour toutes. Dans les notes à ses traductions de John Ruskin, le futur auteur de la *Recherche* reproche à l'esthéticien anglais de chercher le sens là où il n'est pas : dans les dictionnaires, ou dans l'histoire des mots. Dans cette attitude il y a pour Proust ce péché d'idolâtrie que Ruskin partage avec Montesquiou, et qui pousse à confondre l'art et la vie, le sens et les mots :

> comme Ruskin [Montesquiou] s'enivre de trouver au fond de chaque mot son sens caché, antique et savoureux. Un mot est pour lui la gourde pleine de souvenirs, dont parle Baudelaire. En dehors même de la beauté de la phrase où il est placé (*et c'est là que pourrait commencer le danger*), il le *vénère* [...] les mots sont en effet beaux en eux-mêmes, mais nous ne sommes pour rien dans leur beauté. Il n'y a pas plus de mérite pour un musicien à employer un mi qu'un sol[59].

Sylvie Pierron observe très opportunément à ce propos que « le reproche d'idolâtrie [...] consiste à considérer qu'un sens existe *a priori* dans la langue, déposé dans les mots, avant même leur usage en discours[60] ». Cette conception du langage se retrouve dans la *Recherche* à plusieurs niveaux ; nous en avons analysé deux : la langue des personnages et la formation de la métaphore. Dans la langue des personnages sont relevables de nombreux “synonymes indices”, ou même des synonymes implicites, qui marquent un glissement du sens, où l'analogie de signifié au niveau “langue” n'en est que plus révélatrice de vérités psychologiques que le langage finit toujours par démasquer. Dans ce « langage indirect » étudié par Genette le synonyme n'en est évidemment pas un, et ne pourrait, sans grave perte de sens, être remplacé par son équivalent du dictionnaire.

Le cas de la métaphore est plus décisif pour une définition de l'impossibilité de la synonymie dans la conception proustienne de la langue littéraire. Nous avons choisi de présenter deux exemples

59 *Ibid.*, p. 102 et 103.
60 S. Pierron, *Ce beau français un peu individuel*, *op. cit.*, p. 48.

de "métaphores sémème", dans lesquelles le narrateur de la *Recherche* développe toutes les directions sémantiques du signe-langue, en métaphorisant ainsi le sémème entier. Le mot est lui-même source du procès de métamorphose du réel dont la métaphore est le résultat textuel, et c'est à partir du mot, en tant que signe "total", tel qu'il est déposé dans la conscience de l'artiste, que se départent les comparaisons : c'est de cet « effet d'architecture sémique[61] » que s'engendre la métaphore proustienne, dont le mot est le pivot, multipliable mais non sommable.

La métaphore ne marque partant pas un procédé d'équivalence sémantique, elle n'est pas synonyme d'un mot ou d'une expression, car elle naît d'une "évocation", d'une résonance mémorielle que les mots déclenchent dans l'esprit de celui qui l'énonce. L'écriture proustienne lance en effet sur le réel « des réseaux d'interrogation[62] », où toutes les virtualités du sens sont actives. Dans ces conditions, croire dans l'existence des synonymes est pour un écrivain une trahison de son devoir d'artiste, qui est de ne pas dire « trois fois à peu près la même chose », mais de trouver une vérité capable de donner lieu au voyage dans soi-même que chaque lecteur est censé commencer, une fois le livre fini.

61 *Ibid.*, p. 48.
62 J. Milly, « Préface », in Marcel Proust, *Du côté de chez Swann*, éd. J. Milly, Paris, Garnier-Flammarion, 1987, p. 29.

PROUST TALMUDIQUE

Affaire Dreyfus et idéologie linguistique

La clarté, et l'idéologie linguistique qu'elle recèle, sont au cœur de la prise de position de Proust dans l'Affaire Dreyfus, telle qu'elle est discutée par l'homme dans sa correspondance, et telle qu'elle est traitée par le narrateur dans l'écriture romanesque[1]. La langue était en effet au centre des attaques antisémites qui se poursuivaient dans la presse et dans le monde des lettres à la même époque. Comme la teinture de tournesol, qui vire au rouge sous l'effet d'un acide et redevient bleue sous l'effet d'une base, le style révèle ce que les mots ne disent parfois pas. Comme le rappelle Michaël Prazan, si l'antisémitisme ne peut pas être considéré comme un « genre à part entière », il n'en est pas moins « le révélateur d'une identité [...] collective[2] », qui ne correspond pas nécessairement à un groupe politique particulier, mais qui rassemble et brasse les différentes formes de nationalismes,

---

1 Pour l'analyse de la correspondance de Proust sur l'Affaire Dreyfus, voir L. Fraisse, *Proust au miroir de sa correspondance*, Paris, SEDES, 1996. La bibliographie sur Proust et l'Affaire Dreyfus est immense et nous n'aspirons certainement pas à l'exhaustivité. Les références qui suivent sont limitées à la dimension linguistique et stylistique du problème : [Edward Hugues], « Dreyfus, Affaire », *DMP*, *ad vocem* ; A. Compagnon, « Le Narrateur en procès », in *Marcel Proust 2. Nouvelles directions de la recherche proustienne*, Rencontres de Cerisy-la-Salle, 2-9 juillet 1997, éd. B. Brun, Paris/Caen, Minard, 2000, p. 309-334 ; A. Grésillon, *Éléments de critique génétique*, Paris, PUF, 1994 ; J. Kristeva, « Questions d'identité », in *Le Temps sensibile*, Paris, Folio Essais, 1994 ; J. Hassine, « L'écriture du discours antisémite dans la *Recherche* et ses sources bibliques et gréco-romaines », *Bulletin d'informations proustiennes*, 21, 1990, p. 83-100 ; M. Schmid, « The jewish question in *À la Recherche du Temps Perdu* in the light of the nineteenth-century discourses on race », *Neophilologus*, 83, 1999, p. 33-49 ; *Id.*, « Ideology and discourse in Proust : the making of "M. de Charlus" pendant la guerre », *The Modern Language Review*, n. 94, October 1999, p. 961-977 ; T.-V. Ton-That, « De la "chose vue" à la fiction romanesque : métamorphose et démystification de l'affaire Dreyfus dans *Jean Santeuil* », *Les Cahiers Naturalistes*, numéro spécial consacré au centenaire de « J'accuse », n. 72, 1998, p. 151-165. B. Brun, « Brouillons et brouillages, Proust et l'antisémitisme », *Littérature*, n. 70, 1988, p. 110-128.

2 M. Prazan, *L'écriture Génocidaire. L'antisémitisme, en style et en discours, de l'Affaire Dreyfus au 11 septembre 2001*, Paris, Calman-Lévy, 2005, p. 11.

quelle que soit la bannière sous laquelle ils se rangent. La langue sert à l'antisémitisme de droite et de gauche d'élément fédérateur, parfois de manière paradoxale : que ce soit sous l'enseigne de la clarté classique ou sous l'étendard de la langue populaire, dans les discours du racisme antisémite le français est menacé par un obscur ennemi intérieur, un "virus" qu'on ne saurait tolérer. La langue de Molière se judaïse, elle devient "étrangère". Proust n'est pas dupe de cette atmosphère culturelle, et sait pertinemment que pour défendre la langue, il faut l'attaquer, « comme l'armée pendant l'Affaire Dreyfus[3] ». Cette troublante identité linguistique va être le principal objet de notre étude, qui vise à mettre à jour les ressorts stylistiques de l'"outrage" accompli par Proust – car Proust a bel et bien attaqué la langue française en la rendant "étrangère", mêmes si ses finalités dépassaient de beaucoup un simple objectif politique. On se souvient en effet que pour Proust un écrivain ne peut servir sa patrie « qu'à condition [...] de ne pas penser à autre chose – fût-ce à la patrie – qu'à la vérité qui est devant lui », qui est une vérité artistique[4].

« EST-IL D'UN BIEN BON FRANÇAIS, DE PARLER DE "RACE" "FRANÇAISE" ? »

Jusqu'aux dernières années de sa vie, l'homme Marcel Proust fut un « dreyfusard ardent[5] ». Il se vantait d'avoir été parmi les premiers signataires du soi-disant *Manifeste des Intellectuels* en janvier 1898, pour lequel il aurait obtenu la signature d'Anatole France. En juillet 1906, une fois la réhabilitation de Dreyfus obtenue, son émotion s'affichait dans une lettre à Madame Straus, dans laquelle toutefois la satisfaction de la victoire était nuancée par l'insaisissabilité de la vérité :

3 M. Proust, Lettre à Madame Straus, 6 novembre 1908, in *Corr.*, t. 8, p. 276.
4 *TR*, p. 466.
5 M. Proust, Lettre à Rosny aîné, 1919, in *Corr.*, t. 18, p. 545. Pour un traitement de l'engagement de Marcel Proust dans l'Affaire nous renvoyons à J.-Y. Tadié, *Marcel Proust. Biographie*, Paris, Gallimard, 1996, 2 t., et spécialement aux chapitres « Comment Proust est devenu dreyfusard », p. 522-527, et « Le roman de l'Affaire Dreyfus. Proust et France », vol. 2, p. 527-533.

> Il est curieux de penser que [...]pour Dreyfus et pour Picquart [la] vie a été [...] "providentielle" à la façon des contes de fées et des romans feuilletons. C'est que nos tristesses reposaient sur des vérités, des vérités physiologiques, des *vérités humaines et sentimentales*. Pour eux les peines reposaient sur des *erreurs*. Bien heureux ceux qui sont victimes d'erreurs judiciaires ou autres ! Ce sont les seuls humains pour lesquels il y ait des revanches et des réparations. D'ailleurs je ne sais pas qui dans cette réparation est le metteur en scène des derniers "tableaux". Mais il est incomparable et même émouvant. Et il est impossible de lire le « dernier tableaux » de ce matin : « Dans la cours de l'École militaire, avec cinq cents figurants » sans avoir les larmes aux yeux[6].

Dans un texte non fictionnel, censé donc rendre compte du "réel" – une lettre à une amie très chère, qui raconte un fait vérifiable, dont les deux interlocuteurs sont également émus – Proust n'en brouille pas moins les cartes, en attribuant à la "vérité" de l'Histoire le caractère du « conte de fée » et du « roman feuilleton », alors qu'à la dimension individuelle et psychologique est assigné le caractère de « vérité » existentielle. La réhabilitation de Dreyfus et de Picquart corrige une « erreur », en établissant de ce fait une vérité seulement juridique, dont Proust voit clairement les limites. En effet, comme l'affirme Remo Danovi dans *Procès dans le noir*, du point de vue du droit,

> *non solo la sentenza accerta e dichiara la verità, ma la costituisce, perché il fatto dichiarato è quello vero e certo. In tal senso sono le formule che lapidariamente asseriscono che le sentenze possono fare del bianco il nero e del rotondo il quadrato [...]. Ma con ciò, purtroppo, si torna al punto di partenza perché questo sistema può essere celebrativo anche dell'errore*[7].

La vérité humaine sur l'Affaire est bien autrement difficile à cerner, comme la deuxième partie de la lettre l'affirme clairement :

> Où je sais que je vous agacerai [...] c'est sur le chapitre Mercier. Je n'aime pas que Barthou (dreyfusard depuis quelques semaines) se soit fait une réclame en insultant avec une violence qui fait mal, cette immonde crapule qui est

6 M. Proust, Lettre à Madame Straus, juillet 1906, in *Corr.*, t. 6, p. 159-163, cit. p. 159.

7 « Non seulement le jugement certifie et déclare la vérité, mais il la constitue. Les formules qui décrivent le jugement comme "changeant le blanc en noir" ou l'"e rond en carré" vont dans ce sens [...]. Mais avec ceci, on en revient au point de départ, car ce système peut célébrer l'erreur aussi bien que la vérité », R. Danovi, *Processo al buio*, Milano, Rizzoli, 2010, p. 15-16.

> tout de même un vieillard de soixante-quinze ans et qui avait eu le courage de monter à la tribune du Sénat devant une assemblée hurlante, sachant qu'il n'avait absolument rien à dire, pas un argument à donner que celui si impayable que la Cour de Cassation avait jugé à huis clos et que la procédure n'était pas régulière[8].

Le bon grain et l'ivraie ne sont pas faciles à séparer : ceux qui prennent parti pour notre cause n'en sont pas nécessairement dignes, et s'en servent à des fins personnelles ou politiques. Parfois, d'ailleurs, le coupable et son censeur finissent par s'identifier : traiter l'immonde crapule Mercier avec la même violence qu'il avait usée contre Dreyfus ne nous approche pas de la "justice", ni, à plus forte raison, de la vérité. Or, si l'écrivain Proust partira « à la recherche de la Vérité[9] », c'est que celle-ci ne se laisse pas situer *sic et simpliciter* d'un côté ou de l'autre de "l'erreur". Dans *Jean Santeuil*, le héros prend nettement et clairement position pour Dreyfus, mais n'en est pas moins fier d'être incapable d'ignorer les raisons de l'adversaire : « Juif, nous comprenons l'antisémitisme, et, partisan de Dreyfus, nous comprenons le jury d'avoir condamné Zola[10] ». L'attention à la complexité du réel empêche Proust de devenir l'adepte d'une doctrine, ou de s'attaquer à un "ennemi". Tout en restant dreyfusard, il ne saura donc consentir à la haine contre les catholiques qu'affichent ses propres amis, dans laquelle il reconnaît le même sectarisme qui s'en prenait aux juifs. Son opposition aux lois Combes ne se fonde en effet pas, comme on l'a souvent affirmé, sur un soi-disant conservatisme social ou religieux (comme il s'en plaint à Rosny aîné, les journaux le targuent en 1919 d'être « arrivé par le bénitier et la réaction »)[11]. En invitant les anticléricaux à visiter au moins, « avant d'y mettre la pioche, les grandes constructions sociales qu'ils veulent démolir », Proust les engageait à voir la part de vérité qui est toujours dans l'autre, et à ne pas commettre les mêmes erreurs que les antisémites :

---

8 M. Proust, Lettre à Madame Straus, *op. cit.*, p. 159-160.

9 Nous faisons référence à la célèbre lettre à Jacques Rivière : « J'ai trouvé plus probe et plus délicat comme artiste de ne pas laisser voir, de ne pas annoncer que c'était justement à la recherche de la Vérité que je partais, ni en quoi elle consistait pour moi » (7 février 1914, *Marcel Proust et Jacques Rivière. Correspondance* (1914-1922), éd. Philippe Kolb, Paris, Plon, 1955, p. 2).

10 M. Proust, *Jean Santeuil*, Paris, Gallimard, 2001, p. 597.

11 M. Proust, Lettre à Rosny aîné, 1919, *op. cit.*, p. 545.

> Les congrégations parties, le catholicisme éteint en France (s'il pouvait s'éteindre, mais ce n'est pas par les lois que les idées et les croyances dépérissent mais quand ce qu'elles avaient de vérité et d'utilité sociale se corrompt ou diminue) les cléricaux, les cléricaux incroyants, d'autant plus violemment antisémites, antidreyfusards, antilibéraux, seraient aussi nombreux et cent fois pires [...] mais nous-mêmes nous avons donc le droit de haïr[12] ?

Comme l'observe justement Edward Hugues :

> the political positions of the young Proust, then –pro-Dreyfus and, a few years later, culturally pro-Church – already suggests an independent-mindedness. In the longer term, the unavailability of tidy labels for the author of the *À la Recherche du temps perdu* derives substantially from Proust's capacity to identify with and assume the tribal mindset and to demonstrate a countervailing will to transcend and often disown group identities[13].

C'est cette volonté qui le pousse douze ans plus tard à refuser de signer le manifeste du soi-disant « Parti de l'Intelligence », où une cinquantaine d'écrivains et intellectuels de droite et d'extrême droite prônaient la supériorité de la culture française et la soumission à l'Église. Dans la lettre à Daniel Halévy, où l'irritation est à peine tempérée par l'amitié, perce une idée de la politique d'où la dimension linguistique n'est pas absente. Face à l'outrecuidant nationalisme du manifeste, où l'on proclame que la « France victorieuse » reprendra sa « domination légitime » de la civilisation entière, Proust ne manque pas de remarquer la troublante ressemblance de cet appel avec celui, maudit entre tous, du « *Deutschland über alles* » de l'ennemi allemand : « cette "hégémonie" née de la "Victoire" fait involontairement penser à "*Deutchland über alles*" [...]. Le caractère de notre "race" (est-il d'un bien bon français, de parler de "race" "française ?") était de savoir allier à tant de fierté plus de modestie[14] ».

---

12 M. Proust, Lettre à Georges de Lauris, 29 juillet 1903, in *Lettres* (1879-1922), éd. F. Leriche, Paris, Plon, 2004. Lettre 221 de l'édition Kolb de la Correspondance (*Corr.*, t. 3, p. 381-387).

13 « Les positions politiques du jeune Proust [...] suggèrent déjà son ouverture d'esprit. Dans le plus long terme, l'absence d'étiquettes claires pour l'auteur de *À la recherche du temps perdu* trouve son origine dans la capacité de Proust de s'identifier avec, et même d'assumer la mentalité tribale, en montrant en même temps une volonté opposée de transcender et souvent de désavouer toute identité collective », E. J. Hugues, *Proust, Class, and Nation*, Oxford, Oxford University Press, 2011, p. 4.

14 Le manifeste « Pour un parti de l'intelligence » fut publié dans le supplément littéraire du *Figaro* du 19 juillet 1919. La lettre de Proust à Halévy est de la même date (*Corr.*, t. 18, p. 334-335).

La “francité”, telle que Proust la conçoit, ne saurait se constituer en épithète du substantif « race », le mot d'ordre des *“organic nationalists like Barrès who peddled anti-Semitism and aggressively promoted the nation as an embodiment of ethnic homogeneity”*[15]. Le solécisme n'en est pas un, et ce n'est pas par inadvertance que les auteurs du manifeste se servent d'un style que Proust désavoue comme “non français”. Dans cette « défense de l'intelligence française », la jactance de l'élocution dissimule une idée précise de la langue, qui est elle aussi “organique” avec la Nation. La clarté (« une méthode intellectuelle qui hiérarchise et qui classe », comme il est dit quelques lignes plus loin) se veut un modèle universel d'expression, consubstantielle à la pensée en tant que telle. Se réclamer étranger à ce modèle, c'est s'exiler en dehors de la nation, de la civilisation, et en dernier ressort de l'humanité (« nous avons en vue l'avenir spirituel de la civilisation tout entière [...] c'est à tout ce qui subsiste d'humanité dans le monde que va notre sollicitude. L'humanité française en est la garantie souveraine »). La revendication de Proust était donc « autant stylistique que politique[16] ». N'étant pas sectaire, ni partisan, Proust a pu être considéré comme antisémite[17], et même comme un « antijuif[18] ». En effet, comme le rappelle Antoine Compagnon, « [t]oute une littérature, la plupart du temps pas très bonne, cherche à faire avouer au narrateur son orientation sexuelle [et sa judéité] en faisant parler le non-dit du roman. Elle confond fonction et existence, personnage et personne[19] ». Il y a certes dans le roman des antisémites au bon cœur, et des juifs vils et intéressés, ce qui correspond à un projet narratif dont la vastitude et la profondeur s'accommodent mal des idéologies. L'homme qui est à l'origine de cette narration n'aimait pas les idéologies, et comme le rappelle Jean-Yves Tadié, sa lutte « dans le siècle est proche de celle de Montaigne et de Voltaire, contre tout sectarisme, antisémite militariste, sexiste belliciste ou nationaliste[20]…. », ce qui rend malaisées les identifications simplistes de toute une critique soi-disant militante.

15 « Des nationalistes organiques comme Barrès, lequel propageait l'antisémitisme et défendait agressivement la nation comme l'incarnation de l'homogénéité ethnique », E. J. Hugues, *Proust, Class, and Nation*, *op. cit.*, p. 20-21.

16 *Ibid.*, p. 23.

17 *Cf.* A. Sonnenfeld, « Marcel Proust : Antisemite ? », *The French Review*, 62, 1988, 2, p. 275-282.

18 *Cf.* A. Piperno, *Proust antiebreo*, Milano, Franco Angeli, 2000.

19 A. Compagnon, *Le Narrateur en procès*, *op. cit.*, p. 310. Nous sommes désolée comme lui de devoir rappeler ce truisme critique.

20 J.-Y. Tadié, *Marcel Proust. Biographie*, *op. cit.*, p. 373.

LE DISCOURS ANTISÉMITE DANS L'ŒUVRE PROUSTIENNE

Si dans *Jean Santeuil* Proust adopte le point de vue de l'antisémitisme contemporain, qui identifie le juif au bourgeois capitaliste, dans la *Recherche* il choisit le point de vue médiéval du meurtre de Dieu, qui s'accompagne de tous les fantasmes historiques (et psychiques) de meurtres rituels et de profanations dont se nourrit le discours nationaliste pseudo-chrétien[21]. Le personnage de Charlus incarne ce lacis de haine et de désir inavoué, que la tirade sadique sur Bloch représente dans toute sa complexité :

> Oh quel comble de perversité, s'écria Monsieur de Charlus, en paraissant trouver, dans son propre cri d'ironique indignation, une satisfaction profonde. Rue des Blancs-Manteaux, répéta-t-il en pressant chaque syllabe et en riant. Quel sacrilège ! Pensez que ces Blancs-Manteaux pollués par M. Bloch étaient ceux des frères mendiants, dits serfs de la Sainte-Vierge, que saint Louis établit là. Et la rue a toujours été à des ordres religieux. La profanation est d'autant plus diabolique qu'à deux pas de la rue des Blancs Manteaux, il y a une rue dont le nom m'échappe et qui est tout entière concédée aux juifs ; il y a des caractères hébreux sur les boutiques, des fabriques de pain azymes, des boucheries juives, c'est tout à fait la *Judengasse* de Paris[22].

Le délire verbal de Charlus cache un fantasme érotique, dont la langue n'est que le support matériel, le "palimpseste"[23] sur lequel le baron écrit un texte second, le discours antisémite et le discours antihomosexuel se modulant dans un langage qui s'inscrit « entre le mythe et la démystification[24] ». En effet, cette « répulsion corporelle » qui se mue en « répulsion linguistique » fonctionne comme un ressort textuel, où les deux "différences" (la judéité et l'homosexualité) se confondant et

21 J. Hassine, « L'écriture du discours antisémite », *op. cit.*, p. 83-100.

22 *SG*, p. 491.

23 Nous utilisons ce mot au sens premier de « manuscrit sur parchemin d'auteurs anciens que les copistes du Moyen Âge ont effacé pour le recouvrir d'un second texte » (*TLFI*, *ad vocem*). Toutefois, il est clair que les théories critiques qui s'y rattachent sont parfaitement cohérentes avec notre propos. *Cf.* G. Genette, « Proust palimpseste », in *Figures I*, Paris, Seuil.

24 J. Hassine, « L'écriture du discours antisémite », *op. cit.*, p. 85.

se niant l'une l'autre, signalent ce que Jeanne Bem appelle le « code de l'indifférenciation[25] ». Le discours juif, dans la *Recherche*, se débarrasse en effet « de son réfèrent[26] » et, en gommant les différences, il finit par engloutir le racisme de la *doxa* antisémite, qui se perd ainsi dans le vortex de l'entropie. Dès lors, « l'idéologie qui se lit au premier degré, dans le désigné du texte, ne peut avoir d'effet nocif que sur un lecteur empêché, comme le dit Gérard Genette du docteur Cottard, "de traverser le sens littéral pour atteindre le figuré"[27] ».

L'"Affaire" sera à son tour engloutie dans ce vortex, dans le « kaléidoscope[28] » d'une *parole instable*, impossible à classer, un *discours flou* où les divisions traditionnelles (caste, idées politiques, morales) se mêlent et se confondent, comme se mêlent et se confondent les différents moi de chacun : « le thème juif se diffuse dans "l'Affaire", nébuleuse de particules sociales gravitant autour d'un centre vide qui est Dreyfus[29] ». Le principal "indice d'instabilité"[30] du réel est pour Proust justement la langue ; les personnages *se* révèlent à eux-mêmes, malgré eux-mêmes, dans la variation des registres et dans les tics verbaux qu'ils ne contrôlent pas[31], tandis que l'Histoire, qui se déroule et se déploie comme le « *trottoir roulant*[32] » du style de Flaubert, se révèle aussi dans la langue : celle de la politique, de la presse, des critiques, dans un rebondissement sans fin et sans direction apparente. En effet, le langage de la politique dans la *Recherche* est décrit comme un "remâchage" creux et inutile de clichés et de proverbes, s'enchaînant l'un l'autre sans autre logique que la mode et la faveur d'un public intoxiqué du venin de la haine : « "Qui sème le vent" » est remplacé par le proverbe japonais « "Celui qui sait souffrir un quart d'heure de plus" [...] Alors la tempête récoltée alla rejoindre dans l'oubli la caravane qui passe. C'est ainsi que les modes changent et marquent en changeant

25 J. Bem, « Le juif et l'homosexuel dans *À la recherche du temps perdu* : fonctionnements textuels », *Littérature*, n° 37, 1980 : « Le détail et son inconscient », p. 100-112, cit. p. 110.

26 *Ibid.*, p. 107.

27 *Ibid.*, p. 110, cit. de G. Genette, d'après « Proust et le langage indirect », in *Figures II*, Paris, Seuil, p. 231.

28 *Cf. JF*, p. 507-508.

29 J. Bem, « Le juif et l'homosexuel dans *À la recherche du temps perdu* », *op. cit.*, p. 103.

30 Nous faisons allusion à l'indice de stabilité de Showalter, utilisé en météorologie pour prévoir les orages et les tempêtes.

31 G. Genette, « Proust et le langage indirect », *op. cit.*

32 M. Proust, « À propos du style de Flaubert », in *CSB*, p. 587 (l'auteur souligne).

la fuite des années[33] ». Comme le remarque Marion Schmid, en effet, si l'intérêt de Proust pour la politique n'est pas moindre, ce qui le préoccupe davantage, dans l'optique de l'œuvre, est d'enregistrer les faits politiques comme « miroirs du comportement humain[34] ». Dans une "note de régie" du *Cahier* 57 Proust réfléchit sur la manipulation idéologique et sur ses conséquences :

> Toutes les idées politiques, sociales, religieuses qui se succèdent dans les cervelle des idéologues [...] mènent les nations, font les guerres [...] la révolution (af. Dreyfus) écartent les juifs des emplois etc. [...] le monde clame en chœur : la France aux Français, le Christianisme est contre nature [...] comme toutes les idéologies changent mais se succèdent sans interruption, l'homme intelligent qui ne donne pas dans elles a en réalité un perpétuel rocher de Sisyphe à remonter. Il croit avoir fini de l'anticléricalisme, alors l'antisémitisme commence ; il a fini de l'antisémitisme, c'est l'antigermanisme, à l'antiwagnérisme [...]. *Si on faisait de tout cela en trop [un] beau morceau*[35].

Le « beau morceau » est devenu dans le roman une parole dispersée, distribuée parmi les personnages, qui reproduisent à tour de rôle les lieux communs de la presse, ce qui selon Marion Schmid « peut être décrit comme le passage du *dire* (présenter ses propres idées de manière détachées à travers son narrateur) au *montrer* (céder la place aux personnages), soit de la *diégèse* à la *mimésis*[36] ». Ce choix narratologique vise à distribuer la *doxa*, à donner l'impression vive d'une parole insignifiante et dangereuse, une langue sans vérité à laquelle seul l'« homme intelligent » est à même de s'opposer. En effet, dans la *Recherche* le lecteur marche sur des sables mouvants, dans le flux ininterrompu de différents "discours" qui se contredisent et se superposent l'un à autre. La langue que l'on parle, les opinons que l'on soutient, sont en effet voués à être engloutis dans la vertigineuse incohérence de l'histoire. Personne n'est en sécurité, pas en dehors de l'art, du moins.

---

33 *CG*, p. 1645n. Le passage est une variante de la p. 541, réutilisé dans *JF*, I, p. 453-454, et dans *TR*, IV, *Esquisse* XIII, p. 780.

34 *"Mirrors of human behaviour"*, M. Schmid, « Ideology and discourse in Proust : the making of M. de Charlus *pendant la guerre* », *The Modern Language Review*, 94, October 1999, p. 961-977.

35 M. Proust, *La Matincée Guermantes*, Paris, Gallimard, p. 302-304.

36 "*This* note de régie *is symptomatic of a wider process in the manuscripts that in narratological terms can be described as a move from* telling *(presenting his ideas in a detached way through his narrator) to* showing *(ceding the floor to his characters), or, from* diegesis *to* mimesis", M. Schmid, « Ideology and Discourse », *op. cit.*, p. 972.

UN STYLE ANTIFRANÇAIS

La célèbre affirmation de Céline, selon qui Proust « n'écrit pas en français mais en franco-yiddish tarabiscoté absolument hors de toute tradition française[37] » a le mérite d'identifier le cœur même du projet artistique de l'auteur d'un roman « qui en est venu à signifier la quintessence de la culture française[38] ». Pour Proust, en effet, c'est dans l'art seul que la langue peut se constituer en vérité, mais pour atteindre cet objectif l'écrivain a le devoir, on l'a vu, de l'« attaquer ». Céline nourrissait un projet analogue (faire sortir les phrases « de leurs gonds [...] et forcer ainsi le lecteur à lui-même déplacer son sens »)[39], même si l'idéologie linguistique qui l'étayait se situait aux antipodes de celle de Proust. Selon Prazan c'est justement l'innocence de Dreyfus qui "oblige" la droite nationaliste à inventer un style : moins la théorie du traître juif trouve de fondements, plus il est nécessaire que la langue soit pourvue d'intensité émotionnelle – car il n'est plus possible d'argumenter. Comme Céline l'affirme clairement dans sa lettre à Pauhlan, « dans les Écritures, il est écrit : "Au commencement, était le Verbe". Non ! Au commencement était l'émotion[40] ». Le style est donc nécessaire à l'idéologie, *un* style est nécessaire à *une* idéologie :

> La Belle époque [...] devient, au-delà de la figure de l'intellectuel, le berceau d'une sémantique [et] l'extrême droite, née de l'Affaire Dreyfus [...] va, au fil des décennies, se forger une identité par la langue [...]. C'est donc à la Belle Époque et autour de l'Affaire Dreyfus que sont définis les éléments théoriques de l'antisémitisme doctrinal et littéraire. Pour ce qui est de la littérature et de la création d'un style à vocation antisémite, il nous faut d'abord poser qu'il n'y a pas naissance d'une écriture spontanée, mais de longues analyses, tant politiques et historiques qu'esthétiques, qui définissent les contours d'un "style militant"[41].

37 L.-F. Céline, Lettre à Jean Paulhan du 27 février 1949, cit. in M. Prazan, *L'écriture génocidaire*, *op. cit.*, p. 130.

38 M. Samuels, « Philosémitisme de Proust », Conférence prononcée au Collège de France le 3 juin 2013. Nous citons d'après le podcast disponible dans le site du Collège de France URL http://www.college-de-france.fr/site/antoine-compagnon/symposium-2013-06-13-15h30.htm.

39 L.-F. Céline, « Ma grande attaque contre le Verbe », in *Le style contre les idées : Rabelais, Zola, Sartre et les autres*, Paris, Éditions Complexe, 1987, p. 61.

40 L.-F. Céline, Lettre citée.

41 M. Prazan, *L'écriture génocidaire*, *op. cit.*, p. 65.

Le style théorisé par Céline, qu'il considère comme la matière même de sa vision du monde, est fondé sur l'oralité – qui représente la vie (l'émotion) – contre l'élément foncièrement écrit du style de Proust – une langue de mort d'après ce système idéologique ; Céline vise en effet à « une écriture du présent contre une écriture du passé[42] ». Si Zola est attaqué par Barrès pour son style, caractérisé par l'« abondance », l'« éclat », l'« encombrement » et la « précipitation[43] », prérogatives qui, toutes, renverraient à un style "étranger" et "antifrançais", le modèle du véritable style populaire, correspondant « aux cultures régionales de la France, à son terroir, à l'enracinement de la langue dans la terre, à la matérialité de la nation, pour tout dire au "pays réel" » serait celui théorisé par Léon Daudet, soit un style « animé, en mouvement [...] mimétique de la vie elle-même et de l'oralité[44] ». Ce "style grec" serait à même de rendre le rythme même de la vie, et ses racines se situent pour Daudet à la fois dans la langue parlée (le terroir) et dans la culture classique. L'éloge inconditionné que Léon Daudet rend à l'écriture de Maurras dit clairement la nature idéologique de cette théorie esthétique :

> Le style de Maurras est *naturel* et *improvisé*, mas d'après une constante méditation intérieure, où le mouvement prend sa chaleur, et *la syntaxe* – mêlée de latin et de grec – *sa précision* [...] toute la ductilité, toutes les circonvallations des inflexions de la *pensée athénienne* de la grande époque, et toutes les *fermetés de Rome*[45].

Les valeurs linguistiques de la "vraie France" seraient donc naturelles : en être exclus ne signifie pas uniquement sortir de la "Nation", mais être expulsés de la nature humaine. Prazan rappelle qu'à l'époque de l'Affaire une « parfaite symbiose terminologique » liait la critique littéraire à la réflexion sur la vie sociale ou politique[46]. Au style "naturel" (occidental) s'opposerait le style "artificiel" et "alambiqué" (oriental), ce dernier étant le signe d'une "extranéité" radicale à la culture française, aussi

42 *Ibid.*, p. 132.

43 M. Barrès, « Intellectuels et logiciens de l'absolu », in *Scènes et doctrines du nationalisme*, Paris, Juven, 1902, p. 41.

44 M. Prazan, *L'écriture génocidaire*, *op. cit.*, p. 71 et 72. Prazan cite et commente ici les *Souvenirs des milieux littéraires* de Daudet.

45 L. Daudet, *Mes idées esthétiques*, Paris, Fayard, 1939, p. 122.

46 M. Prazan, *L'écriture génocidaire*, *op. cit.*, p. 69.

bien en tant qu'académique (intellectuel)[47] qu'étranger (juif). L'Orient auquel font allusion Daudet et Céline est en effet « un lieu virtuel qui incarne la quintessence de l'Autre[48] », ce que Proust ne manque pas de représenter, dans un tour de force d'ironie et de profondeur, dans « le profil assyrien et sévère de Leroy-Beaulieu[49] ». En tout cas, que ce soit du point de vue "populaire" ou "doctrinal et argumentatif", l'antisémitisme de la Belle Époque, transversal à la droite nationaliste et à la gauche anticapitaliste, identifie dans le style, et dans la langue, son principal terrain de combat. Encore une fois, Proust pensait de même, mais son projet était bien autrement plus vaste, son "étrangeté" bien autrement radicale que ne le soupçonnaient les nationalistes de tout bord.

LA LANGUE HUMAINE

Or, l'« histoire même de [...] la langue élue [...] est une histoire politique[50] », et ce depuis la naissance même du mythe de la clarté et de la prééminence du français. Rivarol parlait déjà d'une « *probité* attachée à son génie », et n'hésitait pas à identifier le français à la « la langue humaine[51] ». La lutte des puristes pour garder intacte cette "perfection", la protégeant des "virus" venus d'ailleurs (des étrangers, mais aussi d'une idée de la politique et de l'état qui s'opposerait à la Nation conservatrice) se poursuivent tout au long des siècles, et n'ont pas complètement cessé depuis[52]. Sans entrer au cœur d'un sujet qui

---

47 « Ces aristocrates de la pensée tiennent à affirmer qu'ils ne pensent pas comme la vile foule » (M. Barrès, *Le Journal*, 1er février 1898.

48 *Ibid.* p. 95. *Cf.* A. Simon, *Proust et l'Orient*, Le Caire, Akhbar Aladab, 2007.

49 *CG* I, II, p. 523. *Cf.* A. Compagnon, « Le "profil assyrien" ou l'antisémitisme qui n'ose pas dire son nom : les libéraux dans l'affaire Dreyfus », in *Études de langue et littérature françaises* (Kyoto), n. 28, 1997, p. 123-150, republié dans *Nichifutsu Bunka* (Tokyo), n. 63, 1998, et A. Benhaïm, *Panims. Visages de Proust*, Villeneuve d'Ascq, Presses Universitaires du Septentrion, 2006.

50 H. Meschonnic, *De la langue française. Essai sur une clarté obscure*, Paris, Hachette, 1997, p. 99.

51 A. de Rivarol, *De l'universalité de la langue française*, Sujet proposé par l'Académie de Berlin, 1797, Paris, Cocheris, 1797, p. 37.

52 Les critiques à ce mythe ont aussi émaillé l'histoire de la langue française. Pour une histoire très informée et critique du contre-mythe de la langue parfaite *cf.* G. Philippe, *Le français, dernière des langues : histoire d'un procès littéraire*, Paris, PUF, 2010.

nous conduirait trop loin, rappelons seulement que le XIXe siècle fut particulièrement agressif sur ce point, pour la bonne raison que ce fut un siècle de revirements politiques importants. Francis Wey, dans ses *Remarques sur la langue française au XIXe siècle*, identifiait les causes d'une "maladie" progressive du français, soit la perte des « caractères natifs et imprescriptibles de notre langage [...] la précision [...] la clarté », qu'il était temps de soigner, peine la mort de l'idiome lui-même. À l'origine du mal seraient

> les *sectes philosophiques* du dernier siècle, la révolution française, l'empire, l'avènement du gouvernent représentatif, les *théories égalitaires*, les *coteries humanitaires* ou sociales de tout genre, quel que soit le titre qu'elles prennent ; l'étude des *poëtes étrangers*, les innovations d'une école audacieuse et récente [qui] ont laissé dans le langage des traces nombreuses[53].

Selon Wendy Ayres-Bennet on constate au XIXe siècle un « impératif absolu » de "normaliser" la langue, qui se serait pervertie sous l'influence de la démocratisation de la société française, et le besoin est d'autant plus intense qu'il est anachronique, d'« atteindre aux formes éternelles de la pureté originelle[54] ». La notion de littérature, ce qui fait d'un texte un texte littéraire, est partie prenante de ce besoin et de ce mythe. L'éloge de la conversation, dans laquelle le français seul, parmi les langues européennes, excellerait, dénonce une idée de littérature qui considère que « la poësie n'est qu'un objet de luxe[55] ». Comme le remarque Henri Meschonnic, en effet, « la conversation est une institution littéraire au sens où la confusion entre langue et littérature est une institution. Le point de vue de Proust ne succède pas à l'Ancien Régime. Il le traverse[56] ». On est ainsi revenu à Proust, qui dans sa réflexion sur la langue littéraire « évoque des langues singulières et non des langues nationales[57] ». Une langue individuelle, qui

---

53 F. Wey, *Remarques sur la langue française au dix-neuvième siècle, sur le style et la composition littéraire*, Paris, Firmin Didot frères, 1845, p. 6 et 7.

54 W. Ayres-Bennet, « Les ailes du temps et la plume du remarqueur. La tradition puriste au XIXe siècle », *Romantisme*, n. 86, 1994, p. 33-46, cit. p. 36 et 43.

55 A. de Rivarol, *De l'universalité de la langue française*, *op. cit.*, p. 11.

56 H. Meschonnic, *De la langue française. Essai sur une clarté obscure*, *op. cit.*, p. 161 et 163. Meschonnic fait évidemment allusion au livre de Marc Fumaroli, *Trois institutions littéraires*, Paris, Folio,1994. *Cf.* aussi G. Philippe, *Sujet, verbe, complément. Le moment grammatical de la littérature française*, Paris, Gallimard, 2002.

57 G. Philippe, *French Style. L'accent français de la prose anglaise*, Bruxelles, Les Impressions Nouvelles, 2016, p. 182.

se manifeste à l'oral ainsi qu'à l'écrit, sans jamais devenir ce que Rivarol évoque comme « conversation ». L'homme Marcel Proust parlait, semble-t-il, comme il écrivait, une langue "nouvelle", qui capturait l'interlocuteur :

> Sa phrase écrite ressemblait étonnamment à sa conversation [...] Phrase très chantante [...] pleine d'incidentes, d'objections qu'on ne songeait pas à formuler mais qu'il formait lui-même... elle ressemblait à une route de montagne qu'on gravissait sans jamais arriver au sommet [...] beaucoup d'incidentes qui soutenaient la phrase comme des espèces de ballonnets d'oxygène qui l'empêchaient de retomber, pleine d'arguties, d'arborescences, tout ça très fluide, très doux... très doux et en même temps très viril[58].

Mais pour l'écrivain Marcel Proust rien n'est moins littéraire que la conversation, assimilée au vide de sens de la parole publique, à la dissipation du vrai moi de l'artiste (qui n'a d'autre don à offrir à la "Nation"). La conversation est d'autant plus dangereuse qu'elle est raffinée, « car elle fausse la vie spirituelle en se l'associant : les conversations de Flaubert avec sa nièce et l'horloger sont sans danger ». C'est à ce moi profond ignoré dans la conversation, que les véritables écrivains « ont sacrifié une vie qui ne sert qu'à l'honorer[59] ». Comme pour Daudet et Maurras, la langue de l'art est pour Proust "naturelle" – « l'art est un instinct, et les réfléchis sont un peu des impuissants[60] » –, mais elle ne reproduit pas une soi-disant nature collective qui correspondrait à un "pays réel", auquel Proust ne croit d'ailleurs pas. La langue littéraire doit « reproduire la mimesis initiale de notre impression », le but de la littérature étant celui de « répliquer une réalité *personnelle*, une *impression* vivante de la nature ou de la vie[61] ». Aucune tradition nationale, aucune langue "des origines" ne peut aider l'écrivain de génie, qui « n'est pas beaucoup plus avancé qu'Homère[62] ». Il aura a créer sa langue, « comme chaque violoniste est obligé de se faire son "son" ». Seulement de cette manière la langue de l'œuvre pourra être vivante, et humaine.

58 P. Morand, propos recueillis dans *Portrait souvenir*, réal. G. Herzog, R. Stéphane et R. Darbois, prod. INA, 1993.

59 M. Proust, « De la méthode de Sainte-Beuve », in *CSB*, p. 220.

60 *CSB*, p. 358.

61 "*The language of literature should replicate a personal reality, that is, a lived impression of nature or of life [...] the objective of authentic writing must be to reproduce the initial mimesis of our impression*", M. Finn, *Proust the body and Literary Form*, Cambridge, Cambridge University Press, 1999, p. 4 et 87.

62 M. Proust, « De la méthode de Sainte-Beuve », in *CSB*, p. 220.

« COMME L'ARMÉE PENDANT L'AFFAIRE DREYFUS »

On se souvient de la lettre à Madame Straus déjà évoquée. Il vaut la peine de revenir sur le métaphorisant de la célèbre comparaison : « Les seules personnes qui défendent la langue française (*comme l'Armée pendant l'Affaire Dreyfus*) ce sont celles qui l'attaquent[63] ». Ce lien analogique n'est pas anodin, et relève d'une idée précise, et politique, de la langue. En 1908, date à laquelle Proust écrit cette lettre, l'Affaire était terminée depuis deux ans, avec la réhabilitation du "traître" Dreyfus. Si les véritables défenseurs de l'Armée sont ceux qui l'attaquent, c'est l'idée même de Nation qui est inversée : les juifs (et les philosémites) sont les véritables patriotes, car ce sont les seuls qui défendent les propres valeurs constitutives de la France (et de la langue française), lesquelles ne s'identifient pas à celles de la propagande nationaliste. Cette langue qu'il agit de défendre n'est ni claire, ni mesurée, mais faite « de contraires neutralisés, d'une immobilité apparente qui cache une vie vertigineuse et perpétuelle[64] ». Comme Sylvie Pierron l'a démontré efficacement, à un moment où « l'institution "langue française" tremble véritablement sur ses bases », Proust « opère pour lui-même, avant d'entamer l'œuvre, le passage conceptuel de toute une fin de siècle, *de la langue idéologique à la langue des linguistes* : non plus emblème identitaire mais matérialité des faits de langage sur laquelle repose la spécificité des œuvres littéraires[65] ». Cette instabilité de la langue est ce qui rend possible la construction dynamique du sens, toujours à faire et à repenser. L'attaquer signifie donc la défendre en la maintenant en vie, plutôt qu'en la protégeant « militairement et littérairement[66] » des impuretés du réel. Parler de « race française » n'est donc pas, en fin de compte, du bon français.

---

63 Lettre à Madame Straus du 6 novembre 1908, in *Corr.*, t. 8, p. 276-278, cit. p. 277.

64 *Ibid.*, p. 278.

65 S. Pierron, *Ce beau français un peu individuel. Proust et la langue*, Saint-Denis, Presses Universitaires de Vincennes, 2005, cit. p. 11 et 63-64.

66 *Ibid.*, p. 165.

TALMUDIQUE(S)

Les virulentes attaques de Ferdinand Céline à Proust nous intéressent surtout pour ce qu'elles contiennent de vérités inavouables – pour l'antisémite – mais impossibles à méconnaître – pour l'écrivain –, qui finissent par en faire souvent des hommages involontaires, et surtout des commentaires d'une rare finesse. Céline, comme Proust, tenait le style pour l'alpha et l'oméga de la littérature : « Je dis que ce que l'on fait, ce sont des romans inutiles, parce que ce qui compte, c'est le style, et le style, personne ne veut s'y plier[67] ». Pour Céline, justement, Proust a un style :

> cette « bizarre construction [...] TALMUDIQUE [...] tortueux, arabescoïde, mozaïque désordonnée [...] infiniment tendancieux, passionnément, acharnement. Du travail de chenille cela passe, revient, retourne, repart, n'oublie rien, incohérent en apparence, pour nous qui ne sommes pas juifs, mais de "style" pour les initiés ! La chenille laisse ainsi derrière elle tel Proust, une sorte de tulle, de vers irisé, impeccable, capte, étouffe, réduit tout ce qu'elle touche et bave rose ou étron –Poésie proustienne, conforme au style, aux origines, au sémitisme ! désignation, enrobage des élites pourries, nobiliaires, mondaines, invertis, etc. en vue de leur massacre. *Épuration.* La chenille passe dessus, bave, les irise. Le tank et la mitraillette font le reste. Proust a accompli sa tâche talmudique[68].

L'idée d'un "style juif", qui menacerait l'élégance et la clarté françaises (la ligne courbe opposée à la ligne droite, l'orient opposé à l'occident), n'est pas nouvelle et on l'as discutée plus haut. Mais la description célinéenne du style de Proust est remarquablement exacte dans sa perversion : le travail de chenille qui « passe, revient, retourne, repart », est

67 L.-F. Céline, « Ma grande attaque contre le Verbe », *op. cit.*, p. 65. Le premier Céline tenait toutefois à ne pas être considéré comme un écrivain, mais bien plutôt comme un médecin qui écrit, position idéologique dont il n'a plus besoin en fin de carrière. *Cf.* P. Roussin et L. Nunez, « La terreur dans les lettres : table ronde autour de Proust et de Céline », *La Cause freudienne*, n° 69, septembre 2008, p. 204-220.

68 L.-F. Céline, Lettre à Lucien Combette, 1943, citée in P. A. Ifri, *Céline et Proust : correspondances proustiennes dans l'œuvre de L.-F. Céline*, Birmingham AL, Summa Publications, 1996, p. 12. L'italique est de Céline. *Cf.* aussi S. Chaudier, « Marcel Proust et la langue littéraire vers 1920 », in *La langue littéraire. Une histoire de la prose en France de Gustave Flaubert à Claude Simon*, éd. G. Philippe et J. Piat, Paris, Fayard, 2009, p. 411-449.

sans faille le travail proustien sur la syntaxe, que Céline reconnaît (de mauvais cœur, certes) très astucieusement. Ce « mouvement d'expansion quasi continu qui anime la phrase proustienne, organisme vivant qui se développe comme par scissiparité[69] », si bien défini par Isabelle Serça, est là, analysé par un critique de mauvaise foi mais très averti. Céline ne manque pas, d'ailleurs, d'identifier la cruauté de Proust, qui met à mort son monde aristocratique sans aucune pitié. Il est vrai que Proust le « massacre » doucement, pour le finir « par le tank et la mitraillette » (le Bal de Têtes, avec la mort de la grand-mère, étaient d'ailleurs les épisodes que Céline admirait le plus, dans le roman proustien). D'ailleurs, comme le dit si bien Malcolm Bowie, « les beaux romans ne sortent pas des plumes d'écrivains aux bonnes intentions, dont le sac de venin a été enlevé par une opération chirurgicale[70] ». La beauté du style « talmudique » de Proust dérange Céline, qui ne peut éviter de la reconnaître, et de se venger de manière vicieuse et morbide, par ce mot d'*Épuration* qu'il met lui-même en italique, et dont il accuse l'auteur de la *Recherche*, de l'avoir perpétrée en tant que juif contre une culture "française".

Plusieurs fois Céline sera prêt à reconnaître le « génie talmudique[71] », au point qu'il « ne pouvait s'empêcher de parler de Proust, incontestablement l'écrivain à propos duquel il a présenté de plus grand nombre de commentaires, ou, malgré tous ses efforts, cacher son admiration pour son œuvre[72] ». Dans *Féérie pour une autre fois*, où il l'appelle Prout Prout, il lui impute le privilège de n'avoir pas connu le véritable enfer, en le situant dans l'excellente compagnie de « Dantus, Pétrarque, Homère[73] ». À la fin de sa vie Céline finira par admettre d'être flatté qu'on le compare à Proust, « auquel il n'hésite pas lui-même parfois à se comparer[74] ». Le style talmudique aura eu enfin partie gagnée, et l'oralité terrienne du français "de souche" Ferdinand Céline aura contribué, avec le « franco-yiddish tarabiscoté » du juif Proust à faire de la langue littéraire française une « langue étrangère ».

69 I. Serça, « Écrire le Temps. Phrase, rythme et ponctuation chez Proust », *Poétique*, n° 153, 2008, p. 23-39, cit. p. 26.

70 "*Novels of worth do not emerge from the pens of those whose intentions are always virtuous and whose venom sac has been surgically removed*" (M. Bowie, *Proust among the stars*, New York, Columbia University Press, 1999, p. 302-303).

71 Lettre citée, in P. A. Ifri, *op. cit.*, p. 12.

72 P. A. Ifri, *Céline et Proust*, *op. cit.*, p. 9.

73 L.-F. Céline, *Féérie pour une autre fois*, cit. *Ibid.* p. 14.

74 P. A. Ifri, *Céline et Proust*, *op. cit.*, p. 15.

« LE LAC INCONNU DU LANGAGE »

Le rôle des registres linguistiques dans *À la recherche du temps perdu*

Gérard Genette a depuis longtemps démontré que les émergences de la dimension psychologique profonde des personnages de la *Recherche* passent nécessairement par des écarts de langage : fautes, oublis, glissements de sens, et souvent apparition d'un registre inattendu[1].

À la recherche du temps perdu peut en effet être interprétée, entre autres, comme une gigantesque mise en scène du langage : dans la dynamique des différentes "langues" qui s'y confrontent (langages des personnages, langue matricielle, métalangage), se dessine dans une vibration constante l'image toujours imprécise de l'âme humaine. Dans cette chair vivante qu'est la langue pour Proust on peut donc isoler plusieurs niveaux d'analyse : linguistique, social, psychologique, esthétique. Le problème du registre entre dans tous ces niveaux, à des titres différents.

Nous allons nous concentrer ici sur un thème spécifique – l'Affaire Dreyfus – et sur deux personnages en particulier : Bloch et le Duc de Guermantes. Dans le langage de ces deux personnages, en effet, se dessinent en filigrane les enjeux idéologiques, moraux, mais aussi psychologiques de l'Affaire, l'un des événements historiques qui dans la *Recherche* sont tissés et comme cachés dans la vacuité et le manque de sens de l'Histoire. Nous tenterons donc d'identifier le rôle du registre – émergence de mots nouveaux, d'expressions incongrues, de tournures incohérentes avec l'appartenance culturelle ou sociale – dans la représentation de cette vérité du cœur de l'homme qui est le but final de l'œuvre, et dont la langue est le principal agent révélateur. C'est en effet à travers des glissements de registre que ces deux personnages révèlent souvent leur attitude profonde, leur "vérité" à l'égard d'un fait de l'histoire, qui fonctionne comme un "déclencheur" des couches les plus profondes de leur nature.

---

1 G. Genette, « Proust et le langage indirect », in *Figures II*, Paris, Seuil, 1969, p. 223-294.

LE REGISTRE COMME INDICE : LE « LAC INCONNU »

Le registre n'est jamais selon Proust un simple marqueur social – même dans les cas qui peuvent apparaître comme les plus simples, tels le liftier, le personnage d'Aimé et sa célèbre lettre à la famille, Françoise qui apprend l'argot parisien de sa fille[2] – ; c'est même tout le contraire qui se passe. En effet, les niveaux de langue sont mis en scène dans la *Recherche* comme des hétérogénéités : ils sont commentés comme des emprunts du locuteur « à un milieu et à un temps auquel il n'appartient pas[3] ». L'appartenance sociale n'étant pas stable, elle se combine souvent avec cette fluidité du moi qui est à la base de toute l'anthropologie proustienne : désirs, aspirations, frustrations entrent dans le langage des personnages, et fonctionnent comme des "indices" des couches profondes de leur personnalité, souvent ignorées d'eux-mêmes[4].

Un passage du *Temps retrouvé* nous servira de point de départ pour une enquête sur la "théorie des registres" formulée par le narrateur du roman. L'épisode est bien connu : deux hommes très élégants, probablement russes, hésitant à entrer dans la maison de passe de Jupien, utilisent une expression populaire, « Quoi ! après tout on s'en fiche ? », qui déclenche cette réflexion du narrateur sur la nature du langage :

> C'était, ce "après tout on s'en fiche", un exemplaire entre mille de ce magnifique langage, si différent de celui que nous parlons d'habitude, et où l'émotion fait dévier ce que nous voulions dire et épanouir à la place une phrase tout

2 Voir à ce propos *DMP*, les entrées « Argot », « Langage », « Vocabulaire » rédigées par Isabelle Serça.

3 S. Pierron, *Ce beau français un peu individuel. Proust et la langue*, Saint-Denis, Presses Universitaires de Vincennes, 2005, p. 119.

4 Le terme "indice" est ici utilisé dans le sens de la théorie des signes de Peirce, avec cette précision que si l'indice indique pour Peirce un rapport de contiguïté avec la réalité extérieure, il est dans le cas de la narration proustienne beaucoup plus en relation avec la nature intérieure du personnage, avec un feu qui ne serait pas proche de la fumée, pour utiliser un exemple cher à Peirce lui-même. Voir C. S. Peirce, *Charles Sanders. Écrits sur le signe*, trad. fr. G. Deledalle, Paris, Seuil, 1978. La théorie du mécanisme de l'indication de Luis Prieto pourrait peut-être fournir un instrument plus précis pour la définition du phénomène, *cf.* L. Prieto, *Messages et signaux*, Paris, PUF, 1966.

> autre, émergée d'un lac inconnu où vivent ces expressions sans rapport avec la pensée et qui par cela même la révèlent[5].

Du tréfonds de la fausse assurance des deux hommes du monde surgit en effet cette expression banale provenant d'un « lac inconnu », d'un idiome sans lien apparent avec l'appartenance sociale qui devrait gouverner le niveau de langue du locuteur ; comme le remarque Sylvie Pierron, en effet, « [v]éritablement crypté, parce qu'involontairement obscur, est le langage des émotions, pour celui même qui les prononce[6] ». La vérité dont le registre est en ce cas l'indice – l'homosexualité des deux personnages, la nature de l'établissement où ils craignent d'entrer tout en le désirant – est en tout cas en relation d'analogie étroite avec le sujet de ce chapitre : l'Affaire, la judéité, l'appartenance – ou le refus de l'appartenance – à la communauté juive. Comme l'a relevé Juliette Hassine, le narrateur

> utilise le discours antisémite d'Amman dans le Livre d'Esther et du devin Balaam dans le Livre des Nombres (23, 3) pour décrire Albertine [son homosexualité]. L'antisémitisme découlerait alors de sentiments de peur et de jalousie de l'étranger qui a réussi à sauvegarder son secret. La *Recherche du temps perdu* rapporte ce discours sur les homosexuels : la Gomorrhe dispersée tend à rejoindre ses membres séparés[7].

Or, si la narration matricielle pastiche divers types de discours antisémites pour associer dans l'écriture les deux « races maudites » de la *Recherche*, les personnages, eux, sont imbriqués dans le flux même de ces discours, n'étant pas à même de maîtriser leur propre langage : la haine, la honte, le secret, l'envie et la peur se manifestent dans leur parole, et passent presque inévitablement par une variation incongrue de registre[8].

---

5 *TR*, p. 532-533.

6 S. Pierron, *Ce beau français un peu individuel*, *op. cit.*, p. 124.

7 J. Hassine, « Antisémitisme », in *DMP*, *ad vocem*. Le texte biblique auquel Hassine se réfère, et qui est repris par Proust dans *Sodome et Gomorrhe*, est le suivant : « Comme Mardochée refuse de s'agenouiller devant Hamman, et avec lui tout le peuple juif, Hamman dit au roi Xerxès : "Il y a un peuple particulier, dispersé et séparé au milieu des peuples dans toutes les provinces de ton royaume. Leurs lois sont différentes de celles de tous les peuples et ils n'exécutent pas les lois royales. Le roi n'a pas intérêt à les laisser tranquilles. S'il plaît au roi, on écrira pour les anéantir" » (Esther, III, 8). Nous avons consulté la traduction œcuménique de la Bible, TOB, 2000.

8 Pour les sources de Proust sur le discours antisémite voir J. Hassine, « L'écriture du discours antisémite dans la Recherche et ses sources bibliques et gréco-romaines », *Bulletin d'informations proustiennes*, n. 21, 1990, p. 83-100.

Analysons en premier le langage du Duc de Guermantes, pour affronter en suite le cas plus complexe de Bloch.

LE DUC DE GUERMANTES

À la différence de la duchesse, dont le vocabulaire est finement savouré par le narrateur – qui y retrouve le charme du terroir et la pureté de style de Madame de Sévigné – le duc de Guermantes ne possède aucune authenticité linguistique, et son arrogance de caste ne correspond à aucune véritable "culture" de l'aristocratie. La vulgarité profonde de sa nature est souvent relevée par le narrateur dans la description de sa conversation, mais c'est surtout dans les glissements de registre qu'elle se montre clairement. Trois syntagmes sont surtout mis en valeur dans le roman, et tous les trois sont occasionnés par l'Affaire Dreyfus. Nous allons les analyser synthétiquement un à un.

« QUAND ON S'APPELLE »

L'épisode se déroule pendant la soirée Villeparisis, dans le *Côté de Guermantes I*. Le duc, qui vient d'arriver, voit Bloch et Norpois parler bas dans une haie du salon : « De quoi "palabrent-ils" là-bas dans un coin ? » Le verbe « palabrer » est choisi pour sa connotation légèrement méprisante, mais garde une certaine distinction, ce côté "bizarre" qui pourrait être cohérent avec l'image que le Duc s'est construite dans le monde[9]. En ayant su qu'ils parlent de l'Affaire, il s'exclame : « Ah ! Diable ! À propos, saviez-vous qui est partisan enragé de Dreyfus ? "Je vous le donne en mille". Mon neveu Robert ! ». C'est à ce moment que la question de l'élection de Robert au Jockey

9 Le verbe est entré en France en 1842, « par l'intermédiaire des Africains commerçant avec les Français après avoir commercé avec les Espagnols », *TLFI*, *ad vocem*. Il s'agit donc d'un verbe utilisé souvent en un sens dépréciatif, "étranger".

fait tourner le registre du Duc du soigné au bourgeois, et même au populaire :

> Mais, ajouta-t-il d'un ton radouci, vous m'avouerez que si l'un des nôtres était refusé au Jockey et surtout Robert dont le père y a été pendant dix ans président, ce serait un comble. Que voulez-vous, ma chère, "ça les a fait tiquer, ces gens, ils ont ouvert de gros yeux". Je ne peux pas leur donner tort ; personnellement vous savez que je n'ai aucun préjugé de race, je trouve que ce n'est pas de notre époque et je prétends de marcher avec mon temps, mais enfin que diable ! "quand on s'appelle le marquis de Saint-Loup", on n'est pas dreyfusard, que voulez-vous que je vous dise[10] !

L'expression revient plus loin, encore une fois associée à l'élection au Jockey de Robert :

> Je ne suis pas féodal comme lui [le cousin Gilbert, prince de Guermantes], je me promènerais avec un "nègre" s'il était un de mes amis, et je me soucierais de l'opinion du tiers et du quart "comme de l'an quarante", mais enfin tout de même vous m'avouerez que "quand on s'appelle Saint-Loup", on se s'amuse pas à prendre le contrepied "des idées de tout le monde qui a plus d'esprit que Voltaire" et même que mon neveu [...]. Et surtout on ne se livre pas à ce que j'appellerai des acrobaties de sensibilité huit jours avant de se présenter au Cercle ! Elle est un peu "roide" ! Non, c'est probablement "sa petite grue" qui lui aura "monté le bourrichon". Elle lui aura persuadé qu'il se classerait parmi les "intellectuels" [...]. Et le duc le cita tout bas pour la duchesse et M. d'Argencourt : "Mater Semita"[11].

La répétition du "mot" s'accompagne d'un catalogue de lieux communs et de phrases toutes faites (je vous le donne en mille, tarte à la crème, se soucier comme de l'an quarante, tout le monde qui a plus d'esprit que Voltaire) et d'expressions populaires et même vulgaires (monter le bourrichon, grue). Le registre est ici organisé en un climax descendant, vers la plaisanterie

10 *CG*, II, p. 531-532.

11 *CG*, p. 535. « Tout le monde qui a plus d'esprit que Voltaire » est une expression due à Talleyrand, qui la prononça à la Chambre lors de la discussion du projet de loi sur la liberté de la presse, le 24 juillet 1821. Sur le mot "intellectuel", *cf.* T.-V. Ton-That, « De la "chose vue" à la fiction romanesque : métamorphose et démystification de l'affaire Dreyfus dans *Jean Santeuil* », *Les Cahiers Naturalistes*, numéro spécial consacré au centenaire de "J'accuse", n. 72, 1998, p. 151-165. Quant à "Mater Semita", il s'agit d'une fausse étymologie citée par Jules Quicherat : « Mater Semita' [...] Mar-Sente, approximatif du nom de Marsantes, Eure et Loir », *De la formation française des anciens noms de lieux*, Paris, Librairie Franck, 1867, p. 78). *Cf. CG*, p. 1609n. Marsantes est le nom de la mère de Robert, à ce moment de l'histoire férocement nationaliste et antidreyfusarde.

cruelle, qui dans sa fausseté vise la véritable cible (les juifs) beaucoup plus efficacement et de manière beaucoup plus blessante que si elle leur était directement adressée. Le commentaire du narrateur sur ce parangon de la conversation du duc ne vise pas tant le personnage lui-même, que l'idée sociologique du registre, que deux "lois du langage" contredisent :

> l'une veut qu'on s'exprime comme les gens de sa "classe mentale" et non de sa caste d'origine [...]. Un duc peut écrire des romans d'épiciers, même sur les mœurs du grand monde, les parchemins n'étant là de nul secours, et l'épithète d'aristocratique être méritée par les écrits d'un plébéien [...] une autre loi du langage est que de temps en temps [...] il naît on ne sait trop comment, soit spontanément, soit par un hasard comparable à celui qui fit germer en France une mauvaise herbe d'Amérique dont la graine prise après la peluche d'une couverture de voyage était tombée sur un talus de chemin de fer, des "modes d'expression" qu'on entend dans la même décade dites par des gens qui ne se sont pas concertés pour cela [...] je devais entendre souvent le "quand on s'appelle"[12].

Or si le "tout fait" est selon Pierron un trait exclusif dans la *Recherche* du personnage de Cottard, qui bien évidemment en est le parangon, nous espérons toutefois montrer que le cliché entre beaucoup plus profondément dans la texture de la langue proustienne[13].

« MENTALITÉ »

Sensible à toute mode linguistique, le duc s'attachera aussi au substantif "mentalité", qui est présenté dans ce contexte comme néologique, et comme synonyme de "sentiment dreyfusard" :

> Vous ne saviez peut-être pas, monsieur le duc, qu'il y a un mot nouveau pour exprimer un tel genre d'esprit [...], dit l'archiviste qui était secrétaire des

12 *CG*, I, p. 532-533.

13 Sur le cliché et sa remotivation dans la *Recherche*, *cf.* I. Vidotto, « Les comparaisons en "comme" dans *À la recherche du temps perdu*. Étude stylistique », Thèse de Doctorat dirigée par les Professeurs Maria Chiara Gnocchi et Luc Fraisse (co-tutelle entre l'Università di Bologna l'Université de Haute Alsace), soutenue à l'Université de Bologne, le 20 avril 2018, p. 799-801.

> comités anti-révisionnistes. On dit "mentalité". Cela signifie exactement la même chose, mais au moins personne ne sait ce qu'on veut dire. C'est le fin du fin, et, comme on dit, le "dernier cri"[14].

Or, les seize occurrences du mot "mentalité" que l'on recense dans la *Recherche* en interrogeant la base *Frantext* peuvent se répartir en deux typologies : si elles font partie de la narration matricielle elles sont utilisées dans le sens courant de "manière de penser, ensemble des vues d'une personne ou d'un groupe". Si elles sont utilisées par l'un des personnages, ou bien se réfèrent au langage d'un personnage, elles prennent le sens de "lié au dreyfusisme, favorable à la révision du procès". Cette acception du mot tend donc à créer une famille linguistique, outre que morale et idéologique – une classe mentale –, en accord avec la loi du langage précédemment citée. Le même mot, utilisé par les adversaires du parti dreyfusard, acquiert en revanche une connotation méprisante que marque l'affectation de l'incompréhension (ce qui s'accorde d'ailleurs avec la prétention de purisme de la coterie aristocratique : « Je ne parle pas ce français-là »)[15]. Le mot n'était pas un véritable néologisme, et les éditeurs de la Pléiade signalent que Littré, dans le Supplément à son dictionnaire, recense une occurrence du mot "mentalité" en 1877[16]. Une occurrence, toutefois, ne fait pas le printemps. La narration matricielle est d'ailleurs censée être temporellement située dans une chronologie postérieure au récit, lequel se déroule en un moment où le mot "mentalité" est encore assez nouveau, et Proust est ici moins intéressé à reconstruire l'histoire du mot, qu'à retracer l'instabilité du sens, relativement à l'histoire elle-même et à ses protagonistes. Le duc de Guermantes parle un langage bâtard, qui ne se situe en fait nulle part, ni dans sa situation sociale, ni dans une coterie intellectuelle, et le mot nouveau n'est pour lui qu'une "trouvaille" à resservir à l'occasion d'une réunion mondaine :

> Ah ! mentalité, j'en prends note, je le resservirai, dit le duc (Ce n'était pas une figure, le duc avait un petit carnet rempli de "citations" et qu'il relisait avant les grands dîners.) Mentalité me plaît. Il y a comme cela des mots nouveaux qu'on lance, mais ils ne durent pas. Dernièrement j'ai lu comme cela qu'un écrivain était "talentueux". Comprenne qui pourra[17].

14 *CG*, I, p. 533-534.
15 Prononcé par la Duchesse de Guermantes, *CG*, I, p. 194.
16 *CG*, II, p. 534n.
17 *CG*, I, p. 534.

L'allusion au carnet suffirait à définir le langage du duc comme répétitif, creux, et le personnage lui-même comme incapable d'une pensée originale. Prendre des notes, comme le fait par exemple Edmond de Goncourt, c'est trahir la tâche d'un écrivain et même la religion du vrai qu'il croit servir, car seul le « carnet du croquis oublié de la mémoire vous apporte sans qu'on le veuille un trait différent, extensif et complémentaire[18] ». Ajoutons ce trait d'ironie de la part de Proust, que le mot "talentueux" est attesté pour la première fois justement dans le journal d'Edmond de Goncourt[19]. Prendre des notes marque pour Proust l'incapacité à assimiler la réalité : on tente de transcrire ce qu'on n'a pas digéré.

Or, le mot "mentalité" est particulièrement intéressant pour notre propos. L'observation de l'historien de la Fronde, qui tente de lier conversation et connaissance avec le célèbre duc de Guermantes, démontre que le mot est surtout lié à la couche sociale de la bourgeoisie intellectuelle et politique, de laquelle se sent fièrement exclu le duc :

> Mais mentalité est plus employée que talentueux, dit l'historien de la Fronde pour se mêler à la conversation. Je suis membre d'une commission au ministère de l'Instruction publique, où je l'ai entendu prononcer plusieurs fois, et aussi à mon cercle, le cercle Volney, et même à dîner chez M. Émile Ollivier[20].

La réponse du duc est une réponse sociale, où l'ignorance du néologisme n'a aucune valence linguistique ; dans cette réponse Proust dessine plutôt, très finement, la séparation des "classes" à la fin du XIXe siècle, où la noblesse regarde avec suffisance les hommes au pouvoir :

> Moi qui n'ai pas l'honneur de faire partie du ministère de l'Instruction publique, répondit le duc avec une feinte humilité [...] je ne suis que de l'Union et du Jockey, vous n'êtes pas du Jockey, monsieur[21] ?

---

18 M. Proust, « Les Goncourt devant leurs cadets », *Essais et articles*, in *CSB*, p. 642.

19 *TLFI*, « talentueux », *ad vocem*.

20 Le Cercle Volney était un cercle artistique et littéraire, fondé en 1874, dans le deuxième arrondissement. On y était admis sur présentation de deux parrains. Quant à Ollivier, il est ce ministre qui, en 1870, avait fait voter la déclaration de guerre "d'un cœur léger". Émigré en Italie, il revint en France en 1873 et eut le bon sens de se consacrer à des ouvrages historiques.

21 *CG*, I, p. 534.

« BEL ET BIEN »

L'instabilité du registre du duc de Guermantes est relevée encore dans la *Prisonnière.* L'expression « bel et bien » – définie par le narrateur lui-même une « expression assez banale » – revient en effet de temps en temps dans la conversation du duc, toujours en relation, de façon quelque peu mystérieuse, avec l'Affaire :

> Chose assez particulière, on n'avait jamais entendu le duc de Guermantes se servir de l'expression assez banale : "bel et bien" ; mais depuis l'élection du Jockey, dès qu'on parlait de l'affaire Dreyfus, "bel et bien" surgissait [...]. Cinq ans pouvaient passer sans qu'on entendît "bel et bien" si, pendant ce temps, on ne parlait pas de l'affaire Dreyfus, mais si, les cinq ans passés, le nom de Dreyfus revenait, aussitôt "bel et bien" arrivait automatiquement. Le duc ne pouvait plus, du reste, souffrir qu'on parlât de cette affaire, qui a causé, disait-il, "tant de malheurs", bien qu'il ne fût, en réalité, sensible qu'à un seul : son échec à la présidence du Jockey[22].

Or, l'antécédent qui explique cette nouvelle habitude linguistique chez le duc est de nature purement mondaine : à l'élection du Président du Jockey, dont le duc était vice-président, M. de Chaussepierre (d'une famille riche et noble, mais effacée et méprisée par les Guermantes) avait été préféré : la cause véritable de l'échec du duc était l'envie que suscitait sa situation mondaine et financière, mais « on fit valoir que la duchesse était dreyfusarde [...], recevait les Rothschild, qu'on favorisait trop depuis quelque temps de grands potentats internationaux comme était le duc de Guermantes, à moitié Allemand[23] ». L'animosité du duc envers Dreyfus, après avoir été uniquement sociale, est devenue personnelle – l'a-t-elle toujours été ? – ce qui provoque le glissement de registre, lequel fonctionne encore une fois comme un "indice" de la nature profonde du personnage : si l'antisémitisme et le nationalisme paraissent être chez Basin de Guermantes des convictions politiques et idéologiques, les basculements de niveau dans son discours démontrent au contraire que l'égoïsme et une arrogance assez niaise sont les seuls moteurs de ses actions. Quelques années plus tard le duc changera en

22 *P*, p. 549.
23 *Ibid.*, p. 548.

effet totalement de position ; une fois entré en relation avec trois « dames charmantes » pendant un séjour aux "eaux", et se voyant mis en ridicule à cause de ses opinions antidreyfusardes, « [l]e duc était rentré à Paris dreyfusard enragé[24] ».

BLOCH

Le personnage de Bloch est particulièrement complexe : juif, ami du héros, il est parfois décrit avec une véritable cruauté de la part du narrateur[25], qui le choisit comme pivot de cette "ubiquité" de l'Histoire que l'écriture a la tâche de reconstituer. « Aussi vulgaire que lettré[26] », Bloch est en effet entièrement représenté par son langage ; son désir d'assimilation, sa culture, l'ambiguïté de son attitude envers son identité juive, tout passe par la langue, que Proust met en scène comme un trait fondamental du "clan Bloch" :

> [Les sœurs de Bloch] avaient adopté la "langue de leur frère" qu'elles parlaient couramment comme si elle eût été obligatoire et la seule dont pussent user des personnes intelligentes. Quand nous arrivâmes, l'aînée dit à une de ses cadettes : "Va prévenir notre père prudent et notre mère vénérable. – Chiennes, leur lit Bloch, je vous présente le cavalier Saint-Loup, aux javelots rapides, qui est venu pour quelques jours de Doncières aux demeures de pierre jolie, féconde en chevaux". Comme il était aussi vulgaire que lettré, le discours se terminait d'habitude par quelque plaisanterie moins homérique : "Voyons, fermez un peu vos peplos aux belles agrafes, qu'est-ce que c'est que ce chichi-là ? Après tout, c'est pas mon père[27] !"

À la source du langage "homérique" de Bloch il y a, selon Henri de Régnier, le poète symboliste Pierre Quillard :

> Tel il apparaissait [Quillard], en sa bonhomie sympathique, à nos réunions amicales, malgré l'affectation qu'il mettait à prendre des airs terribles et à

24 *SG*, IV, p. 138.

25 Voir à ce propos *Morales de Proust*, cours professé au Collège de France par Antoine Compagnon (2007/2008).

26 *JF*, II, p. 129.

27 *Ibid.*, p. 129.

> se répandre en propos virulents, en invectives féroces qu'il rythmait de sa voix un peu lente, en détachant nettement les mots et en martelant les syllabes [...]. Pierre Quillard adoptait volontiers ce que j'appellerais le langage homérique dont il appliquait les épithètes et les formules aux choses et aux gens qui l'entouraient. Si vous descendiez d'un modeste fiacre, il vous saluait d'un "homme au char rapide", et si vous portiez des bottines vernies il vous apostrophait d'un "homme aux brillantes cnémides"[28].

Mais ces expressions "homériques" s'accompagnent chez Bloch à des expressions familières et allusives frôlant la vulgarité : "chichi", que le *TLF* classe dans un registre familier, est enregistré une première fois en 1886, dans *Les gaîtés de l'escadron*, un roman de Courteline dont le style avait scandalisé pour son registre populaire et même argotique[29], tandis que "Après tout, c'est pas mon père" reprend une comédie de Georges Feydeau, *La Dame de chez Maxim's*, de 1899. La protagoniste de la pièce répète souvent cette réplique, avec le sens de : "il n'y a pas de mal à cela", en l'accompagnant du geste vulgaire d'enjamber une chaise[30].

La conversation sur Bergotte, qui se tient pendant le dîner où le héros est invité avec l'ami Saint-Loup, et devant lequel la famille tient à "paraître", est exemplaire de ce mélange de registres, lequel cache en fait l'ambiguïté des Bloch à propos de leur identité juive, pris comme ils sont dans le piège du désir d'assimilation et d'ascension sociale, auxquels font obstacle les traces résiduelles de leur culture d'origine. Le registre familier, journalistique ("emberlificoté", "tartine") du père s'accompagne de l'emploi prétentieux et mal digéré du style littéraire/familier chez les sœurs ("coco", "Villiers" et "Catulle"), alors que l'oncle Nissim Bernard – toléré dans l'espoir d'hériter un jour de ses richesses – gêne le clan à cause de son incapacité à dissimuler sa "judéité"[31].

L'utilisation de l'épithète yddish "*Schlemihl*" (malchanceux) marque en effet l'inadaptation de l'oncle au langage des Bloch, qui aiment à utiliser le dialecte juif mais pas devant des étrangers. Le choix du registre est familier (aux juifs), mais littéraire aussi (pour l'allusion au récit de

---

28 H. de Régnier, *Nos rencontres*, cit. in *Deux pièces symbolistes*. Pierre Quillard, *La fille aux mains coupées*, et C. Van Lerberghe, *Les Flaireurs*, éd. J. Whistle, Exeter, University of Exeter, 1976, p. IX.

29 G. Courteline, *Les gaîtés de l'escadron*, Édition contemporaine Paris, Flammarion, 1971.

30 *Cf.* les notes de l'édition italienne de la *Recherche*, M. Proust, *Alla ricerca del tempo perduto*, éd. L. De Maria, A. Beretta Anguissola e D. Galateria, trad. it. G. Raboni, Milano, Mondadori, 1998, vol. I, p. 1346n et 1418n.

31 *JF*, II, p. 130-133 pour toute la conversation.

Chamisso). La narration matricielle dénonce à son tour les indices de judéité du personnage, à laquelle elle donne toutefois le caractère ambigu de la poésie, une sorte de marque d'élection refusée par la famille en quête d'assimilation. Comme le remarque Antoine Compagnon dans deux articles sur la question[32], les allusions de Proust à l'orientalisme de son époque (le visage en harmonie avec le Palais de Darius, la figure de Suse, la « barbe annelée du roi Sargon » que Nissim Bernard arbore pendant que sa famille l'humilie publiquement) sont denses de non-dits, et remettent en cause justement la possibilité de "trancher" sur la vérité de l'Affaire. Proust lui-même fut affublé par ses amis antisémites d'un "profil assyrien" (Jacques-Emile Blanche, qui parlera à propos de Proust du « pur ovale de sa face de jeune assyrien[33] »). Ainsi, « si "israélite" connote républicain, "assyrien" atténue l'antisémitisme de "sémite" et ajoute à "juif" une aura d'aristocratie et la magnificence du juif de cour, de même qu'un parfum de francité, la francité de l'orientalisme, c'est-à-dire la fierté que des Français aient découvert les sites archéologiques de Khorsabad et de Suse[34] ».

Les "gaffes" de l'oncle vont en effet souvent dans la direction d'une "judéité" affichée et mal digérée par ses neveux : Bloch père ne cesse d'insulter son oncle, lequel

> était surtout froissé qu'on le traitât si grossièrement devant le maître d'hôtel. Il murmura une phrase inintelligible où on distinguait seulement : "Quand les Meschorès sont là". "Meschorès" désigne dans la Bible le serviteur de Dieu. Entre eux les Bloch s'en servaient pour désigner les domestiques [...] entendant son oncle dire "Meschorès" [M. Bloch] trouvait qu'il laissait trop paraître son côté oriental, de même qu'une cocotte qui invite de ses amies avec des gens comme il faut, est irritée si elles font allusion à leur métier de cocotte ou emploient des mots malsonnants[35].

---

32 *Cf.* A. Compagnon, « Le Narrateur en procès », in *Marcel Proust 2. Nouvelles directions de la recherche proustienne*, Rencontres de Cerisy-la-Salle, 2-9 juillet 1997, éd. B. Brun, Paris/Caen, Minard, 2000, p. 309-334, et *Id.*, « Le "profil assyrien", ou l'antisémitisme qui n'ose pas dire son nom : les libéraux dans l'affaire Dreyfus », *Études de langue et littérature françaises* (Kyoto), n. 28, 1997, p. 123-150.

33 J.-É. Blanche, « Quelques instantanées de Marcel Proust », *La Nouvelle Revue Française*, numéro spécial, *Hommage à Marcel Proust*, 1er janvier 1923, p. 53. Sur Blanche et Proust *cf.* A. Simon, « Le monstre et le méchant : Marcel Proust et Jacques-Émile Blanche », in *Le Cercle de Marcel Prosut* II, éd. J.-Y. Tadié, Paris, Champion, 2015, p. 115-128.

34 A. Compagnon, « Le profil assyrien », *op. cit.*, p. 138.

35 *JF*, II, p. 133.

La comparaison dégradante vise l'ambiguïté du clan Bloch, dont la judéité est profonde et en même temps vécue comme une honte. Invectivé par le neveu, l'oncle baisse en effet vers la table cette « barbe annelée du roi Sargon[36] », barbe et cheveux annelés que Bloch lui-même arborera pendant des années, jusqu'à la parfaite assimilation de la matinée Guermantes, où on le retrouvera les cheveux aplatis et glabre, mais désormais dénué d'une identité précise. L'allusion au particularisme constitue d'ailleurs de la part du narrateur une reprise du discours antisémite diffus de son époque, et dont les sources sont à identifier dans la Bible elle-même (Livre d'Esther et Livre des Nombres), dans les publications racistes de Drumont et de la revue *La France juive*, mais aussi, paradoxalement, dans les œuvres des souteneurs de la cause philosémite, lesquels utilisent les mêmes arguments pour démontrer la supériorité des juifs : adaptabilité, souplesse, structure fortement organisée de la communauté. Les discours philosémites et antisémites se confondent donc et se superposent, en créant ce "flou" du discours, cette ambiguïté de la question dreyfusarde souvent relevée par la critique dans le roman proustien : mais la réalité est toujours indécidable, et "oblique". Schmid parle en effet de « *ubiquity of racialist thought*[37] », discernable même dans les ouvrages des intellectuels qui constituaient des références pour Proust, soit Anatole Leroy-Beaulieu, Professeur à l'École des sciences politiques, que Proust fréquenta de 1890 à 1892, Théodore Reinach et Bernard Lazare, ami de Proust avec lequel il se trouva combattre la bataille dreyfusarde.

Invité dans le salon Villeparisis – car la marquise comptait sur lui « pour lui procurer à l'œil des artistes qui joueraient à ses prochaines matinées » – Bloch finira par en être expulsé à cause notamment de son incapacité à "se situer'" par rapport au milieu social dans lequel il se trouve, et son ambivalence relativement à ses origines est cruellement mise en valeur par le narrateur :

> Il avait maintenant le menton ponctué d'un "bouc", il portait un binocle, une longue redingote, un gant, comme un rouleau de papyrus à la main [...] dans un salon français les différences entre ces peuples ne sont pas si perceptibles et

36 *Ibid.*, p. 133.

37 M. A. Schmid, « The Jewish question in *À la Recherche du Temps Perdu* in the light of the nineteenth-century discourses on race », *Neophilologus*, n. 83, 1999, p. 33-49, cit. à la p. 37.

> un Israélite faisant son entrée comme s'il sortait du fond du désert, le corps penché comme une hyène, la nuque obliquement inclinée et se répandant en grands "salams", contente parfaitement un goût d'orientalisme. Seulement il faut pour cela que le juif n'appartienne pas au "monde", sans quoi il prend facilement l'aspect d'un lord, et ses façons sont tellement francisées que chez lui un nez rebelle, poussant, comme les capucines, dans des directions imprévues, fait penser au nez de Mascarille plutôt qu'à celui de Salomon[38].

La description de l'ami du héros est ponctuée d'éléments identitaires – la barbe, le binocle, la redingote, le gant tenu comme un rouleau de papyrus – dont l'ambivalence ne sera résolue que dans la matinée Guermantes du *Temps retrouvé*; pour l'instant, relevons l'étrange dureté du narrateur, qui choisit de dessiner le personnage en se servant notamment des traits appartenant à la doxa du lieu commun anti-juif. Deux comparaisons paraissent singulièrement méprisantes : le « menton ponctué d'un bouc », qui renvoie à l'iconographie médiévale, où le bouc est le symbole de la synagogue en tant qu'image de la luxure, et « le corps penché comme une hyène », dont les connotations sont nombreuses et toutes dégradantes pour la culture occidentale[39]. L'exclusion de Bloch de la soirée Villeparisis se déroule autour d'une série de répliques qui visent en fait à la représentation du véritable enjeu de son discours, soit son identité juive/française. Ayant adressé à M. d'Argencourt (qui est belge) une question maladroite et naïve, comme c'est habituel pour lui (« vous êtes certainement dreyfusard : à l'étranger tout le monde l'est »), Bloch est d'emblée relégué hors du cercle de la conversation : « C'est une affaire qui ne regarde que les Français entre eux, n'est-ce pas ? » De cette manière, Bloch est visé comme interlocuteur (son opinion est mise en ridicule, et il lui en est attribuée une opposée à celle qu'il vient d'exprimer), et subrepticement comme juif (les Français entre eux : est-il français ?). De maladresse en maladresse, Bloch cherche une aide dans la personne du duc de Châtellerault :

> Vous, Monsieur, qui êtes français, vous savez certainement qu'on est dreyfusard à l'étranger [...]. Mais le jeune duc, qui sentait que tout le monde se

38 *CG*, p. 487-488. *Cf.* les notes à l'édition italienne de la *Recherche*, *La parte di Guermantes*, I, in M. Proust, *Alla Ricerca del Tenpo Perduto*, Milano, Mondadori, "I Meridiani", p. 1009-1010n.

39 *Cf.* Antoine Compagnon, *Morales de Proust*, Cours professé au Collège de France en 2008 (http://www.college-de-france.fr/site/antoine-compagnon/course-2007-2008.htm) pour la reconstruction de la symbologie de la hyène à partir d'Aristote.

> mettait contre Bloch et qui était lâche comme on l'est souvent dans le monde [Châtellereau est probablement dreyfusard], usant d'ailleurs d'un esprit précieux et mordant que, par atavisme, il semblait tenir de M. de Charlus : "Excusez-moi, monsieur, de ne pas discuter avec vous d'une affaire dont j'ai pour principe de ne parler qu'entre Japhétiques".

L'exclusion est achevée, et Bloch identifié comme juif. Or, nous l'avons vu, l'emploi d'expressions bibliques pour viser la "race juive" est typique dans la *Recherche* aussi bien des nationalistes que de Bloch lui-même, le discours raciste étant diffus et distribué parmi toutes les parties en jeu. Les Japhétiques sont en effet les descendants de Japhet, troisième fils de Noé, père de la race blanche. « Le déclic de la machine intérieure » provoque la réponse de Bloch, lequel répond dans son affolement naïf : « "Mais comment avez-vous pu savoir ? Qui vous a dit ?", comme s'il avait été le fils d'un forçat[40] ».

La spontanéité naïve de la réponse de Bloch, en gommant toute la prétention "homérique", et la vulgarité du registre qui est normalement le sien, fait ressortir – comme un déclic – la vérité profonde qu'il a jusqu'à présent dissimulée : la peur, et la honte, d'être juif, accompagnée du désir simultané et contradictoire d'affirmation de cette même identité. Dans la comparaison finale nous retrouvons d'ailleurs le commentaire du narrateur que nous avons déjà relevé dans la conversation sur Bergotte : se conduisant « comme s'il était le fils d'un forçat », Bloch se condamne lui-même à l'exclusion, et finira par renoncer – sans véritable avantage – à une identité culturelle précise, en s'identifiant parfaitement à un rôle qui est déjà vaguement dessiné ici : le rôle du faux lord, du Mascarille qui remplace Salomon. Quand le héros retrouve son ami pendant la matinée Guermantes – qui sera celle de l'« adoration perpétuelle » et de la découverte de la vérité – tous les masques seront tombés, sauf celui de Bloch, désormais entièrement résorbé dans ce même déguisement.

40 Toutes les citations du dialogue proviennent de *CG*, p. 543 et 544.

JACQUES DU ROZIER

Vingt ans ont passé quand le héros retrouve son ami Bloch dans le salon de la Princesse de Guermantes : mais le « Kaléidoscope social[41] » a tourné, et rien n'est plus à sa place. La princesse n'en est pas une – ce n'est que Madame Verdurin, ayant conquis le titre à force de mariages et grâce aussi, paradoxalement, à sa position dreyfusarde vingt ans plus tôt – ; le duc est un jouet dans les mains d'Odette, tandis que la duchesse – vieillie, aigrie par la souffrance, accueille dans son salon cette Rachel-quand-du-Seigneur qu'elle faisait tout pour ne pas rencontrer dans le salon de sa tante Villeparisis. Quant à Bloch, il est méconnaissable :

> J'eus de la peine à reconnaître mon camarade Bloch, lequel d'ailleurs maintenant avait pris non seulement le pseudonyme, mais le nom de "Jacques du Rozier", sous lequel il eût fallu le flair de mon grand-père pour reconnaître la "douce vallée de l'Hébron" et les "chaînes d'Israël" que mon ami semblait avoir définitivement rompues. Un chic anglais avait en effet complètement transformé sa figure et "passé au rabot" tout ce qui se pouvait effacer [...]. Et grâce à la coiffure, à la suppression des moustaches, à l'élégance du type, à la volonté, ce nez juif disparaissait comme semble presque droite une bossue bien arrangée.

Ce qui achève l'artificialisation de Bloch, sa sortie définitive de l'humanité, est la mécanisation provoquée par le monocle, lequel efface littéralement son visage :

> Mais surtout, dès que Bloch apparaissait, la signification de sa physionomie était changée par un redoutable monocle. La part de machinisme que ce monocle introduisait dans la figure de Bloch le dispensait de tous ces devoirs difficiles auxquels une figure humaine est soumise, devoir d'être belle, d'exprimer l'esprit, la bienveillance, l'effort [...]. D'autre part, il s'installait derrière la glace de ce monocle dans une position aussi hautaine, distante et confortable que si ç'avait été la glace d'un huit-ressort, et pour assortir la figure aux cheveux plats et au monocle, ses traits n'exprimaient plus jamais rien[42].

---

41 *CG*, II, p. 487-488.

42 *TR*, IV, p. 530-531. Pour une analyse très fine du rôle des monocles dans la *Recherche*, *Cf.* André Benhaïm, *Panims. Visages de Proust*, Villeneuve d'Ascq, Presses Universitaires du Septentrion, 2006.

Bloch a donc obéi au souhait sadique de Charlus[43], en prenant justement ce nom. La faute de Bloch serait partant celle d'avoir réussi cette assimilation, en passant « au rabot » toutes les traces de sa judéité, ce qui le prive d'une véritable identité sans lui en fournir une autre en substitution. La métamorphose à laquelle il s'est soumis – les cheveux, la voix, le monocle – ne font de lui qu'un mauvais acteur se représentant soi-même :

> Bloch était entré en saluant comme une hyène. Je pensais : "Il vient dans des salons où il n'eût pas pénétré il y a vingt ans". Mais il avait aussi vingt ans de plus. Il était plus près de la mort. À quoi cela l'avançait-il ? De près, dans la translucidité d'un visage où, de plus loin et mal éclairé, je ne voyais que la jeunesse gaie (soit qu'elle y survécût, soit que je l'y évoquasse), se tenait le "visage presque effrayant, tout anxieux, d'un vieux Shylock" attendant, tout grimé, dans la coulisse, le moment d'entrer en scène, récitant déjà le premier vers à mi-voix. Dans dix ans, dans ces salons où leur veulerie l'aurait imposé, il entrerait en béquillant, devenu maître, trouvant une corvée d'être obligé d'aller chez les La Trémoïlle. À quoi cela l'avancerait-il[44] ?

Nous avons retrouvé la comparaison « comme une hyène », que nous avions laissée de côté dans la première apparition de Bloch en société. Les deux occurrences de la similitude se fondent sur un même trait sémantique : « le corps penché comme une hyène » dans le premier cas, « en saluant comme une hyène » dans le second renvoient en effet à un caractère de servilité, de fausse soumission de la part de Bloch. Or l'hyène paraît deux fois dans la Bible, mais une seule nous paraît pertinente pour notre cas : le chapitre treizième du Livre du Siracide[45]. Dans ce chapitre d'un des Livres de Sagesse on invite les juifs à ne pas se mêler aux impies, à rester pieux et fidèles à la Loi. Le titre de la version italienne, *Frequentare i propri uguali*, clarifie très bien l'enjeu dont il est question, qui est posé dès le début du chapitre[46] : « qui touche à la poix

43 *SG*, III, p. 491.

44 *TR*, IV, p. 545.

45 *AT*, Livre du Siracide, 13. Édition consultée : *TOB*, (Traduction œcuménique de la Bible), Torino, Elledici, 1992. L'autre référence à l'hyène est contenue dans le Livre d'Isaïe, 34, dans lequel il est question de la condamnation de Edom.

46 Le Livre du Siracide a été écrit dans un contexte hellèniste, caractérisé par le « risque » d'une excessive intégration de la part du peuple juif, qui pourrait perdre son identité et s'éloigner de la loi pour se « fondre » dans l'atmosphère culturelle de syncrétisme et d'exaltation de l'homme qui était celle de l'époque où a vécu son auteur (autour de 180 av. J.-C.). Le thème principal du livre, et du chapitre 13 en particulier, est celui de la

se salit, qui fréquente l'orgueilleux devient semblable à lui[47] ». Mais c'est dans les versets 15-18 que l'allusion proustienne trouve son sens : « Tout être vivant aime son semblable, et tout homme son prochain. / Toute chair s'unit selon son espèce, et l'homme s'attache à son semblable. / Quoi de commun entre le loup et l'agneau ? Tel est le pécheur en face de l'homme pieux. / Quelle paix peut régner entre l'hyène et le chien, et quelle paix entre le riche et le pauvre ? »

Bloch a "touché à la poix", et s'est identifié à l'hyène : son succès en société ne signifie rien – à quoi cela l'avançait-il ? – il n'est, aux yeux du narrateur désormais prêt à la découverte de la vérité, qu'un vieil acteur « grimé », attendant d'entrer en scène pour endosser le rôle d'un « vieux Shylock » peu crédible. Sa langue, sa conversation, son corps, sa voix, son registre se sont enfin adaptés au "monde" : mais ils n'expriment « plus jamais rien ». Complexe, le personnage de Bloch a fait couler beaucoup d'encre, et crier au scandale ceux qui cherchent dans le roman proustien une prise de position idéologique. En fait, sa complexité même en fait un des pivots de cette recherche de la vérité – jamais satisfaite sinon dans l'art – qui anime l'écriture ; selon Juliette Hassine son ambiguïté est à attribuer à une assimilation de la part du narrateur de la condition d'Israël avec la condition humaine. Elle en serait même la « formule la plus saisissante. Elle renvoie l'humanité à son étrangeté existentielle, à la souffrance née du désespoir de n'être pas aimé par ceux qu'on aime, de ne pas être accepté par ceux qu'on admire[48] ». Julia Kristeva a bien synthétisé cette "ubiquité" proustienne, qui tant harcèle la critique : « Ni d'un côté, ni de l'autre, sans cesse au-delà, Proust ne cesse de déranger ceux qui veulent "en être"[49] ».

"séparation des impies" : le chien et l'hyène en sont un symbole. (Commentaire utilisé : TOB). La version italienne qui choisit le titre « Frequentare gli uguali » est la version électronique produite pour le Jubilée de l'An 2000.

47 *AT*, Livre du Siracide, 13, 1.

48 J. Hassine, « Bloch Albert », *DMP*, *ad vocem*.

49 J. Kristeva, « Questions d'identité », in *Le Temps sensible*, Paris, Folio, 1994, p. 250-287, cit., à la p. 287.

CONCLUSIONS

Dans ce chapitre nous nous sommes concentrée sur deux personnages – le Duc de Guermantes et Bloch – et sur un thème spécifique – la judéité –, dans le but d'identifier le rôle joué par le registre dans la mise en scène de l'éternel "mensonge" qu'est pour Proust la parole. Le thème de l'Affaire Dreyfus est en effet particulièrement susceptible de provoquer des lapsus, des glissements, des oublis : en tant que déclencheur du niveau psychologique du langage – la haine, l'égoïsme, l'ambition –, mais en même temps comme fait social et historique capable de brasser les divisions des "castes", qui se réorganisent, même linguistiquement, autour d'enjeux idéologiques beaucoup plus forts que les frontières du Faubourg Saint-Germain. La discussion autour de Dreyfus prend en effet dans la *Recherche* l'aspect d'une "parole instable", impossible à classer, d'un "discours flou" où les divisions traditionnelles (classe, idées politiques, morales) se mêlent et se confondent ainsi que se mêlent et se confondent les différents moi de chacun. L'échec que la narration réserve à ces deux personnages – devenus des mauvais acteurs d'eux-mêmes – trouve l'une de ses confirmations les plus certaines dans l'échec de leur langage. Le seul langage qui soit proche de la vérité est évidemment celui du texte lui-même : comme le remarque Isabelle Serça, en effet,

> loin de la conversation, qui ne peut révéler une vérité qu'indirectement, la vérité est en effet du côté de l'écrit, du langage écrit [...]. En ce sens, les paroles elles-mêmes doivent être lues comme des signes, non pas dans l'acception linguistique que Saussure a donnée à ce terme [...] mais au sens symbolique [...]. Cette lecture des signes – ou cette traduction – qui est au cœur de la *Recherche du temps perdu* passe par un acte de création : l'écriture. Telle est la tâche de l'artiste, qui ne peut être mise en œuvre qu'une fois la fascination pour le langage surmontée [...]. Conversation et écriture apparaissent comme les deux visages de ce nouveau Janus qu'est le langage : vanité et stérilité d'un côté, vérité et création de l'autre[50].

Basin et Bloch n'ont en fait aucun registre précis ; fausse noblesse pour l'un, fausse littérature pour le second, leur parole est comme toute parole non artistique dans le roman proustien : inutile et factice.

---

50 I. Serça, « Langage », *DMP*, *ad vocem*.

« *MELTING IN TRANSLATION* »

Les mots du style de Marcel Proust en italien et en anglais

S'il est vrai, comme le soutient Antoine Berman, qu'« on n'a jamais vraiment analysé un texte avant de le traduire[1] », les traductions de ce même texte peuvent fonctionner comme un papier de tournesol, apte à vérifier le bien-fondé de nos analyses critiques. Nous allons donc soumettre notre interprétation de l'écriture de Marcel Proust au réactif de la « translation[2] » que son style a suscitée ; il s'agit pour nous de lire la traduction pour mieux comprendre l'original, et pour ce faire nous avons choisi un ensemble de traits stylistiques que nous avons détecté dans le roman proustien, et que nous pensons être au cœur même de son esthétique.

Notre hypothèse dans ce chapitre vise une dimension du style proustien que nous avons identifié comme l'un de ses « traits individuants[3] », et que nous allons nommer, pour l'instant, son "onctuosité". En effet, dès qu'il est question, dans la *Recherche*, de signaler les caractères nécessaires à la création du style, les champs sémantiques du collant, de l'épais, du gluant, du gras, de l'huileux et de l'onctueux entrent en action. Qu'il s'agisse de passages descriptifs ou de commentaires d'œuvres d'art, réelles ou fictives, la pâte des mots se distribue en une matière visqueuse. Si ce trait est déterminant pour la cohésion stylistique du texte, sa présence ou son absence dans une traduction seront spécialement révélatrices, moins de la réussite de la traduction elle-même, que de l'essentialité

---

1 A. Berman, « Cinquièmes assises de la traduction littéraire », cité dans *Pour une critique des traductions. John Donne*, Paris, Gallimard, 1995, p. 76.

2 Tout au long de son livre, Berman préfère le terme « translation » à celui de « traduction ». Nous le préférons aussi.

3 *Ibid.*, p. 67. Berman définit les traits individuants comme « tous les traits stylistiques, quels qu'ils soient, qui individuent l'écriture et la langue de l'original et en font un réseau de corrélations systématiques ».

de cet élément textuel dans le roman. La traduction n'étant pas l'objet principal de notre enquête, nous allons inverser l'ordre de la méthode suggérée par Berman, et partir, plus traditionnellement, de l'original, pour jauger l'importance et la cohérence formelle de son "onctuosité" à l'aune de quelques traductions italiennes et anglaises. Nous y avons cherché, et parfois trouvé, ce style « trop aisé, trop coulant », ces « zones textuelles problématiques » dont parle Berman dans son livre[4], dans lesquelles se cache pour le traducteur quelque véritable épreuve, « au double sens de "peine endurée" et de "probation" », comme le dit si opportunément Paul Ricœur[5].

CONSISTANCE

Si la consistance est le premier caractère de la matière pris en considération par Richard dans sa célèbre étude sur l'œuvre proustienne, c'est en raison de la nécessité qu'il relève chez Proust d'« aboutir à travers le lié, à la douceur de tous [les] objets complices, à l'intuition d'une sorte d'épaisseur, d'épaisseur active de la vie[6] ». Le « précieux liant[7] » du style de Proust se manifeste en effet au niveau syntaxique, à travers la phrase longue, la coordination, la bipartition ; au niveau rhétorique, grâce par exemple à cette « téléologie interprétative », qui oblige le lecteur à attendre la fin de la phrase pour en comprendre le sens[8] ; au niveau des choix lexicaux, qui s'organisent souvent en des isotopies complexes et très cohérentes, fermées sur elles-mêmes et fortement "liées". Le liant est identifiable aussi au niveau des représentations symboliques, telles qu'elles sont définies par Joëlle Gardes-Tamine : « On la définira [la fonction symbolique du langage] avec les psychologues comme la capacité d'évoquer des faits que nous n'avons jamais perçus et que nous ne percevrons jamais[9] ».

4 *Ibid.*, p. 66.
5 P. Ricœur, « Défi et bonheur de la traduction », in *Sur la traduction*, Paris, Bayard, 2004, p. 8.
6 J.-P. Richard, *Proust et le monde sensible*, Paris, Seuil, 1974, p. 14.
7 S. Chaudier, « Marcel Proust et la langue littéraire vers 1920 », *op. cit.*, p. 422.
8 *Ibid.*, p. 416.
9 J. Gardes-Tamine, *Pour une nouvelle théorie des figures*, Paris, PUF, 2011, p. 26.

Les pages où ce phénomène se présente dans l'écriture proustienne sont "symboliques", en ce qu'elles nous permettent de percevoir ce que nous ne percevrons jamais (l'unité profonde du monde et du moi qui l'imagine, qui le perçoit et le conçoit grâce à une abstraction), mais aussi parce qu'il s'agit de passages métalittéraires, où le roman décrit l'écriture elle-même et où les procédés stylistiques sont conçus comme des renvois du texte à son propre sens. Elles sont donc symboliques au second degré. Pour qu'un style, qui est d'ailleurs nécessairement organique, ait le pouvoir de « référer à ses propriétés », il faut qu'il puisse « réunir, dans un espace restreint, des propriétés qui sont convergentes, c'est-à-dire qui se font écho les unes aux autres et qui ainsi illustrent une même tendance ou une même idée[10] ». Organique et cohérente, l'écriture de Proust l'est certainement tout au long de la *Recherche* ; l'isotopie de l'huileux – le « vernis des maîtres[11] » – la représente d'une manière charnelle, presque assimilable, telle une nourriture qu'un lecteur attentif pourrait absorber. Nous allons avant tout proposer une analyse de ce trait stylistique dans des passages qui nous paraissent le contenir à un degré très significatif, et tenter de le définir un peu plus précisément.

LES MOTS DU STYLE
La gelée d'odeurs

La description de la chambre de la tante Léonie est célèbre pour la richesse sensorielle de la pâte linguistique qui la compose, et il vaut la peine de la relire en entier avant de procéder à une analyse de la « gelée » que cuisent les odeurs que l'on respire en y entrant :

> C'étaient de ces chambres de province qui – de même qu'en certains pays des parties entières de l'air ou de la mer sont illuminées ou parfumées par des myriades de protozoaires que nous ne voyons pas – nous enchantent des mille

10 L. Jenny, « Le Style » (2011), in *Méthodes et problèmes. Cours d'initiation aux méthodes et problèmes de littérature française moderne*, éd. L. Jenny, Département de Français Moderne, Université de Genève, en ligne : https://www.unige.ch/lettres/framo/enseignements/methodes/pdf/14-Le_Style.pdf, consulté le 18 octobre 2018.

11 *CG*, II, p. 395.

> odeurs qu'y dégagent les vertus, la sagesse, les habitudes, toute une vie secrète, invisible, surabondante et morale que l'atmosphère y tient en suspens ; odeurs naturelles encore, certes, et couleur du temps comme celles de la campagne voisine, mais déjà casanières, humaines et renfermées, *gelée exquise, industrieuse et limpide* de tous les fruits de l'année qui ont quitté le verger pour l'armoire [...] L'air y était saturé de la *fine fleur* d'un silence si nourricier, si succulent, que je ne m'y avançais qu'avec une sorte de gourmandise[12]

Dans son étude sur la langue proustienne, Stéphane Chaudier observe que « cette gelée mérite bien d'être qualifiée d'exquise, à la manière de ce style dont elle exemplifie le précieux liant[13] ». Ce syntagme apparemment simple cache en effet une complexité esthétique et rhétorique remarquables : la triade des qualificatifs est balancée en un parfait équilibre syntaxique grâce à la structure, fréquente chez Proust, des « adjectifs conjoints » : adjectif/ virgule /adjectif+et+adjectif[14]. « Industrieuse et limpide » forment ainsi une seule perception, où les deux qualités exprimées se réverbèrent l'une sur l'autre et sont partant “liées”, inséparables. La « fine fleur », quant à elle, désigne en français « ce qui reste de la farine une fois épurée du son qu'elle contenait[15] ». Le silence est donc le résultat d'un procédé de « purification », d'“extraction” des matières qui le composent, capables de ce fait de devenir nourricières, bonnes au sens de fructueuses et salutaires. Du point de vue stylistique, cette expression correspond parfaitement à la notion de « précipité lexical », que Stefano Agosti a élaborée dans sa monographie sur l'écriture proustienne. Ici comme ailleurs dans la *Recherche* on peut parler en effet de l'opération complexe qui conduit l'écriture à des syntagmes de synthèse radicale, à de véritables “distillats” de parole ; la « fine fleur » comme précipité lexical est donc “*inclusiv*[*a*] *di una somma di relazioni mentali e percettive* [*e può*] *costituirsi come nodo, conclusivo o apicale, di sistemi di relazioni più vasti e aperti*”[16]. La suite de ce “récit” sensoriel confirme l'apparente “incongruité” linguistique du passage :

---

12 *CS*, I, p. 48-50. *Cf.* J. Candau, « L'odeur médiane du couvre-lit de tante Léonie », *Voir (barré)*, 28-29, 2004, in numéro spécial : *Les aspects culturels de la vision et les autres modalités perceptives. II : Le goût et l'odorat, cit.* p. 72-87, et « Le chausson d'odeurs », p. 139-146.

13 S. Chaudier, « Marcel Proust et la langue littéraire », *op. cit.*, p. 422.

14 Sur le concept d'adjectifs conjoints, *cf.* L. Maranini, « Senso e valore degli aggettivi 'congiunti' nello stile di Proust », *Studi francesi*, gennaio-aprile 1961, p. 40-62.

15 *TLF*, *ad vocem.*

16 « Inclusive d'une somme de relations mentales et perceptives [qui peut] se constituer comme nœud, conclusif ou apical, de plusieurs systèmes de relations, plus vastes et ouvertes », S. Agosti, *Realtà e metafora. Indagini sulla* Recherche, Milano, Feltrinelli, 1997, p. 74.

> avant que j'entrasse souhaiter le bonjour à ma tante on me faisait attendre un instant, dans la première pièce où le soleil, d'hiver encore, était venu se mettre au chaud devant le feu, déjà allumé entre les deux briques et qui *badigeonnait toute la chambre d'une odeur de suie*, en faisait comme un de ces grands « devants de four » de campagne, ou de ces manteaux de cheminée de châteaux, sous lesquels on souhaite que se déclarent dehors la pluie, la neige, même quelque catastrophe diluvienne pour ajouter au confort de la réclusion la poésie de l'hivernage[17]

En effet, le verbe « badigeonner » fonde ici une relation prédicative incongrue en français. Si on applique au niveau sémantique la notion de « valence syntaxique » de Tesnière[18], on se rend compte que le sujet du verbe n'est pas sémantiquement prévu dans sa valence, le soleil ne pouvant accomplir une action exclusivement humaine comme celle de badigeonner une chambre. Certes, l'anthropomorphisation du soleil représente une figuration fréquente de la langue littéraire et Proust n'est pas le premier à l'utiliser. Le verbe « badigeonner » n'a toutefois ici rien de rhétorique et désavoue de ce fait toute la tradition "poétisante" que le lecteur francophone s'attend à retrouver en ce contexte. Sa surprise est d'ailleurs double, car le complément du verbe – « d'une odeur de suie » – paraît inconséquent par rapport à son contenu sémantique : « enduire de badigeon », « couvrir une surface d'un enduit, d'une matière molle qui forme enduit[19] ». En effet, pour que le lecteur puisse participer au court-circuit sensoriel que Proust veut reproduire ici il faut que les odeurs deviennent molles, gluantes, liantes comme un enduit. Il faut que la chaleur du soleil contribue à la pénétration de toutes les sensations déjà évoquées dans cette page :

> je faisais quelques pas du prie-Dieu aux fauteuils en velours frappé, toujours revêtus d'un appui-tête au crochet ; et le feu cuisant comme une pâte les appétissantes odeurs dont l'air de la chambre était tout grumeleux et qu'avait déjà fait travailler et « lever » la fraîcheur humide et ensoleillée du matin, il les feuilletait, les dorait, les godait, les boursouflait, en faisant un invisible et palpable gâteau provincial, un immense « chausson » où, à peine goûtés les arômes plus croustillants, plus fins, plus réputés, mais plus secs aussi du placard, de la commode, du papier à ramages, je revenais toujours avec une convoitise inavouée m'engluer dans l'odeur médiane, poisseuse, fade, indigeste et fruitée du couvre-lit à fleurs[20].

17 *CS*, I, p. 49-50.

18 La notion de valence ne fait pas l'unanimité parmi les linguistes. Pour notre part, nous faisons référence à la notion introduite par L. Tesnière dans *Éléments de syntaxe structurale*, Paris, Klincksieck, 1966².

19 *TLFI*, *ad vocem.*

20 *CS*, I, p. 49-50.

La description de l'odeur est donc parfaitement cohérente avec sa "matérialité". En effet, « médian » signifie « qui est situé au milieu de quelque chose (d'un corps, d'un espace, d'une durée)[21] », une odeur médiane se situerait au milieu d'une série d'autres odeurs par sa valeur distinctive et par son intensité. Or, comme les linguistes et les psychologues le savent très bien, les odeurs n'ont jamais été catégorisées en aucune langue occidentale[22] et il n'existe aucun spectre ni aucune gamme des odeurs, alors que, par exemple, une note médiane est celle qui divise chaque gamme musicale et se trouve donc au milieu d'une série. Ce qualificatif est partant surprenant et déroutant mais absolument nécessaire pour recréer l'engluage dans lequel nous nous trouvons pris en tant que lecteurs. Les adjectifs qui suivent contribuent à créer ce climax perfectif ascendant dont on parlait plus haut et dont le point culminant est formé par le couple d'adjectifs conjoints « indigeste et fruitée », lesquels nous entraînent dans la fusion complète du goût et de l'odorat[23]. Cette odeur « médiane » est « poisseuse » (« collant, gluant, visqueux comme de la poix »)[24] : la dimension de l'huileux se confirme donc comme essentielle à la cohérence stylistique du passage – de la *Recherche* dans son ensemble, en fait[25] – : d'une onctuosité qui n'a toutefois rien d'un gâteau de Noël, mais qui couvre tout le spectre sémantique des matières huileuses, pas nécessairement agréables ou digestibles.

TRADUIRE LES ODEURS

Selon Antoine Berman « [l]e rapport interne qu'une œuvre entretient avec la traduction (ce qu'elle contient en soi de traduction ou de non traductions) détermine idéalement son mode de traduction inter

21 *TLFI*, *ad vocem*.

22 J. Candau et O. Wathelet, « Les catégories d'odeur en sont-elles vraiment ? », *Langages*, 181, 2011, p. 37-52.

23 *Cf.* J. Candau, « L'odeur médiane du couvre-lit de tante Léonie », *op. cit.*

24 *TLF*, *ad vocem*.

25 Nous renvoyons aux chapitres suivants pour une un traitement de la sensorialité dans la *Recherche*.

langues, ainsi que les "problèmes de traduction" qu'elle peut poser[26] ». Or, une œuvre qui se pose ouvertement comme une « translation » – donc comme un transfert, une passation, une transmutation – de la chair vivante en mots, demande en quelque sorte d'être tra-duite, assimilée en des corps étrangers. D'ailleurs, l'œuvre-monde qu'est devenue la *Recherche* contient en soi tout le travail interprétatif qu'elle suscitée et qui ne peut en aucun cas être ignoré : « [e]lle est maintenant, et en vertu du "criticisme" qu'elle porte en elle, l'œuvre qui a *produites* ces critiques, et qu'elle n'était pas à son début[27] ». Or, dès la publication de l'ouvrage de Jean-Pierre Richard le caractère charnel du style proustien a fait l'objet d'un important travail critique[28], qu'aucun traducteur ne peut ignorer, peine la perte du noyau du projet esthétique qu'il s'attelle à restituer en un langue autre que le français.

Ces prémisses posées, nous revenons à notre propos initial, qui est d'interroger des traductions dans le but de vérifier une hypothèse critique sur le texte source, et non de "juger" la réussite du travail des traducteurs dans son ensemble (encore que ceci soit en quelque sorte inévitable). En confrontant l'original avec ses traductions, nous tenterons donc de le mieux comprendre, de mettre à l'épreuve la possibilité d'exprimer « en des mots humains [ces] qualités irrationnelles de la matière et de la vie », que l'écrivain a voulu transposer[29].

LES PROJETS TRADUCTIFS ITALIENS

Nous allons comparer avant tout les traductions italiennes de Giovanni Raboni, Maria Teresa Somaini et Paolo Pinto. Nous proposerons en suite quelques réflexions sur les traductions anglaises de Charles Kennet

26 A. Berman, *Les tours de Babel*, Mauvezin, 1985, cité dans *Pour une critique des traductions. John Donne*, Paris, Gallimard, 1995, p. 25.

27 A. Berman, *Pour une critique des traductions*, *op. cit.*, p. 39. L'auteur souligne.

28 Les nombreux ouvrages qui sont cités dans ce même livre en témoignent. Nous renvoyons à la bibliographie pour plus de précision sur point.

29 M. Proust, Lettre à Lucien Daudet, 27 novembre 1913, *Corr.*, t. 12, p. 324.

Scott Moncrieff et de Lydia Davis[30]. Pour des raisons d'espace, nous nous sommes concentrée sur le premier volume du roman. Nous avons choisi ces traductions comme représentatives de différents projets traductifs : le projet de Mondadori (Raboni) était d'offrir au public italien une traduction "correcte" (plus correcte que la seule traduction intégrale qui existait alors, celle d'Einaudi)[31] d'un classique, alors que les versions de Somaini (Rizzoli) et Pinto (Newton Compton) se présentaient comme des éditions "populaires" (moins coûteuses, en édition poche) du même classique : la première, confiée à une seule traductrice ; la deuxième à plusieurs traducteurs, comme cela avait été le cas pour la traduction Einaudi, que nous n'allons considérer ici qu'occasionnellement, en raison des polémiques qu'elle suscita en Italie et qui nous conduiraient plus nettement vers une critique "évaluative". Malgré l'intérêt que revêt cette traduction, les erreurs d'interprétation souvent relevées dans la traduction de Ginzburg, corrigées (non sans un certain dépit de la part de celle-ci), par Mariolina Bongiovanni Bertini en 1957, conduiraient en effet notre analyse dans une direction qui n'est pas celle qui nous anime ici[32]. Le projet traductif qui est à l'origine de la traduction de Raboni s'inscrit dans une programme éditorial très vaste, qui inaugure la collection des « Meridiani », destinée à accueillir les "classiques" de la littérature mondiale, dirigée alors par Luciano De Maria.

La décision de procéder à la retraduction de la *Recherche* a été décrite très récemment par Alberto Beretta Anguissola, auteur de l'apparat critique du texte avec Daria Galateria, comme "*un progetto ambizioso :*

30 M. Proust, *Dalla parte di Swann*, in *Alla ricerca del tempo perduto*, éd. L. De Maria, A. Beretta Anguissola et D. Galateria, trad. G. Raboni, Milano, Mondadori, [1983], 1998, édition électronique 2013 ; M. Proust, *Dalla parte di Swann*, in *Alla ricerca del tempo perduto*, éd. Giovanni Bogliolo, Milano, Rizzoli, 1985-1994, trad. Maria Teresa Nessi Somaini, édition électronique 2012 ; M. Proust, *Dalla parte di Swann*, in Alla *ricerca del tempo perduto*, éd. P. Pinto et G. Grasso, trad. P. Pinto, Roma, Newton Compton, 1990, édition digitale 2011 ; M. Proust, *Swann's Way. Remembrance of things past*, trad. C. K. Scott Moncrieff, New York, Henry Holt & Company, 1922, édition électronique Gutenberg Books, 2009 ; M. Proust, *Swann's Way*, trad. Lydia Davis, New York, Penguin Books, 2002.

31 M. Proust, *La strada di Swann*, trad. N. Ginzburg, in *Alla ricerca del tempo perduto*, I, Torino, Einaudi, 1946 ; édition revue et corrigée, par M. Bongiovanni Bertini, Milano, Mondadori, 1957.

32 Sur cette traduction et ses qualités spécifiques voir M. Raccanello, *Proust in Italia, Le traduzioni della* Recherche, Firenze, Le Lettere Università, 2014, et F. Vasarri, « Proust-Ginzburg. Le registre familer », in *Traduire* À la recherche du temps perdu, éd. G. Henrot Sostero et F. Lautel-Ribstein, *Revue d'études proustiennes*, 1, 2015, p. 629-643.

pubblicare un'edizione che fosse migliore di quella einaudiana"[33]. L'édition Einaudi avait confié la traduction de la *Recherche* à sept traducteurs différents, dont plusieurs étaient des écrivains célèbres[34]. Comme le rappelle Beretta Anguissola, "l*e note del primo e del secondo volume costituivano in molti casi una 'prima assoluta', poiché allora la nuova edizione della Pléaide non esisteva ancora*"[35], en revendiquant justement pour son édition un primat critique encore valide, pour la qualité et l'abondance des références explicatives au texte. La décision de Luciano De Maria de choisir un seul traducteur pour l'ensemble de l'œuvre révèle une intention critique précise, qui tient compte de l'unité et de la fluidité du style proustien. Le choix du traducteur, d'ailleurs, confirme la nature "autorisée", officielle, du projet traductif, Giovanni Raboni étant un poète reconnu et respecté dans le panorama culturel italien. Un lecteur italien lisant cette édition de la *Recherche* confie donc dans la fiabilité critique et textuelle de ce qu'il lit : c'est *le* texte de Proust, étudié et soigneusement fouillé par des spécialistes et traduit par un écrivain qui sait ce qu'est un "style" littéraire.

Les deux traductions "populaires" du roman proustien s'inscrivent dans l'ondée d'intérêt pour Proust, dont témoigne l'introduction de Giovani Bogliolo à l'édition Rizzoli (1985-1994), où la prise en compte de l'enthousiasme croissant des spécialistes italiens pour la *Recherche* s'accompagne d'une volonté de vulgarisation et d'un souhait de diffusion plus vaste du texte[36]. Bogliolo fournit une synthèse de remarquable précision et complétude des études italiennes consacrées à la *Recherche*, mais ne s'intéresse guère à des questions philologiques ou même explicatives (comme le faisait Beretta Anguissola) du texte lui-même. Quant à l'édition Newon Compton, elle obéit à un souci analogue de diffusion d'un texte encore réservé en Italie à des "experts", consacrant peu d'espace à la dimension critique, dont Pinto se borne à rapporter "*una bibliografia essenziale assolutamente indispensabile, suddivisa*

33 « [U]n projet très ambitieux : publier une édition qui soit meilleure de celle d'Einaudi », A. Beretta Anguissola, « Le edizioni della *Recherche* e altri scritti di Proust », in *Proust : guida alla* Recherche, Roma, Carocci, 2018, p. 26.

34 Les autres six volumes ont été traduits par : Franco Calamandrei, Nicoletta Neri, Marco Bonfantini, Elena Giolitti, Paolo Serini, Franco Fortini, Giorgio Caproni.

35 « [L]es notes du premier et du deuxième volume constituaient en plusieurs cas une "première absolue", car la nouvelle édition de la Pléiade n'existait pas encore », A. Beretta Anguissola, « Le edizioni della *Recherche* e altri scritti di Proust », *op. cit.*, p. 27.

36 L'introduction se trouve aux pages 11-65 de l'édition électronique, 2012.

per temi"[37]. L'introduction au texte est encore plus nettement vouée à une exposition générale d'un roman jugé complexe pour un vaste public, dont il faut introduire l'essentiel pour en garantir la compréhension minimale. Les deux traducteurs, Maria Teresa Nessi Somaini e Paolo Pinto, sont aujourd'hui connus surtout pour avoir été les traducteurs de Proust, et ne se rangent donc pas dans la cohorte d'écrivains et de poètes qui ont relevé le même défi, même si Nessi Somaini partage avec Raboni la lourde tâche de la traduction intégrale, qui garantit une certaine homogénéité stylistique. Le projet traductif de l'édition Mondadori est partant nettement différent des deux derniers, pour l'étendue culturelle et pour le choix du traducteur, lequel, étant poète, ne pouvait qu'être tenté de superposer sa propre marque stylistique à celle de l'original. Nous allons voir que les choix éditoriaux que nous venons d'exposer ne sont pas sans conséquence.

LE CHAUSSON D'ODEURS EN ITALIEN[38]

En lisant cette page proustienne dans la traduction de Giovanni Raboni on jouit d'un plaisir parfait, complet, sans faille. Presque aucune trace du léger tangage qui nous prend à la sortie de la chambre de la tante Léonie, quand on y entre en français. Ici, on marche sur des tapis épais, on respire un air où les parfums sont certes comestibles tout en ayant été quelque peu domestiqués : une élévation du registre est en effet presque partout relevable, qui "explique" le texte de départ et le soumet à une "poétisation" constante, malgré la "*precisione lessicale assoluta*"[39], que Raboni vante (assez justement d'ailleurs) pour sa traduction. Bien qu'il reconnaisse, en effet, que dans la *Recherche* "c'è la poesia, non c'è il poetico"[40], c'est justement

37 « [U]ne bibliographie essentielle, absolument indispensable, organisée par thèmes », P. Pinto, "Nota bibliografica", in M. Proust, *Dalla parte di Swann*, édition électronique, p. 147.

38 Nous faisons référence à l'édition électronique pour les trois traducteurs : les pages p. 422-426 pour Giovanni Raboni, les pages 296-298 pour Maria Teresa Nessi Somaini, et les pages 623-627 pour Paolo Pinto.

39 La « précision lexicale absolue », G. Raboni, *La conversazione perpetua e altri scritti su Proust*, Parma, Monte Università Parma Editore, 2015, p. 103.

40 « [dans *la Recherche*] il y a de la poésie, mais pas de "poétique" » *Ibid.*, p. 112.

de cette dimension, d'une poésie sans le poétique, dont un lecteur italien risque d'être privé en lisant cette page. L'isotopie du liant, que nous avons identifiée comme un « trait individuant » du style proustien, ne va pas chez Proust sans un certain embrouillage du lecteur, qui se retrouve « englué » dans un espace où le plaisir naît parfois de sensations hétérogènes et discordantes. Or, dès le début de la traduction de Raboni le registre de Proust est élevé d'un cran : depuis le verbe « nous ne voyons pas » [les protozoaires] qui est accompagné en italien du modal « pouvoir » ("*non possiamo vedere*"), alors que dans le texte d'origine le présent indicatif de « voir » nous laisse douteux d'avoir été jusqu'à présent tout simplement inattentifs et incapables de remarquer ce qui est bien physiquement réel dans l'atmosphère. Quant aux mille odeurs de la chambre, elles « sont déposées », au lieu d'être « dégagées » dans l'atmosphère, et « claustrales » au lieu d'être renfermées : le plaisir de goûter à cette gelée est trop parfait, sans arrière-goût de nourriture rassise et sans sensation de chaleur malsaine. Le *Trésor de la Langue Française* précise pourtant à l'entrée « renfermé » : « [m]alodorant par manque d'air. Atmosphère, chaleur renfermée ; odeur rance et renfermée[41] ».

Malgré le respect scrupuleux de sa nature composite, et malgré le maintien de l'équilibre structurel créé par la virgule dans la triade d'adjectifs[42], la « gelée exquise, industrieuse et limpide » passe sans obstacles dans la gorge du lecteur italien, dans un style qui a perdu un peu de sa matière grasse. Tout se passe comme si cette expérience était une immersion dans *le* style parfait, une jouissance absolue où le lest de la matière serait moins lourd que dans le texte d'origine. Là où le texte se déploie dans une expression "haute" du style, en effet, Raboni identifie correctement le « trait individuant » de l'onctueux. La description du silence est très opportunément rendue par "[...] *L'aria, lì, era satura della quintessenza di un silenzio così sostanzioso, così succulento*, che non m'addentravo in esso senza una sorta di golosità". La "*quintessenza*", définie par le *Vocabolario Treccani* comme la "*denominazione usata in passato per indicare gli oli volatili, e in particolare gli oli essenziali ottenuti dai fiori per doppio processo di estrazione con solventi diversi*", renvoie aussi à "*l'elemento ultimo e costitutivo dei corpi, oggetto*

41 *TLFI*, *ad vocem*. On pourrait peut-être ajuter que l'odeur de renfermé pourrait être rangé parmi les "objets herméneutiques" de la *Recherche* (cfr. A. Simon, « Odeurs », *DMP*, *ad vocem*.

42 Ce n'est pas le cas chez Ginzburg, par exemple : "*squisita industriosa limpida conserva di tutte le frutta dell'annata...*" (M. Proust, *La strada di Swann*, Torino, Einaudi, 1978, p. 54).

proprio della ricerca alchemica in quanto, una volta individuato e notato, renderebbe possibile tramutare un elemento nell'altro per ottenere altresì materiali preziosi come l'oro"[43]. Justement, ce que Proust vise dans ces pages si concentrées est une sorte de transmutation de la matière, perceptive et linguistique. La "*quintessenza*" a d'ailleurs un autre avantage : celui de faire référence au champ sémantique des odeurs ; le mot acquiert de ce fait une cohérence "organique" avec le texte, et constitue certainement un de ces « mots humains » que Proust visait à trouver pour « traduire » le réel. Toutefois, quand l'écriture proustienne revient à sa corporéité "brute", Raboni recourt de nouveau à un registre élevé, qui en atténue l'impertinence : ce soleil qui "*avvolgeva*" ("enveloppait") toute la chambre d'une odeur de suie est bien apprivoisé, ainsi que l'expérience elle-même, qui est décrite dans le passage. En choisissant ce verbe, en effet, Raboni semble vouloir "effacer" l'impertinence du texte source, trop détournant et même trop "populaire". Le registre du verbe "*avvolgere*" est soutenu et la matérialité presque lourde de l'image proustienne est devenue vague, aérienne. Parmi les traducteurs dont nous nous occupons ici, Somaini est la seule (avec Ginzburg, qui avait traduit "*pennellare*"[44]) à choisir le correspondant italien "intonacare", qui pourtant constitue le traduisant le plus proche du français "badigeonner". "*Intonacare*", en effet, décrit l'action de "*rivestire una superficie muraria di intonaco : i. le pareti, la facciata di un edificio. Per estensione, ricoprire una superficie qualsiasi di altre materie, soprattutto a scopo protettivo : i. di pece, di cera*"[45]. Ce verbe existe d'ailleurs en littérature italienne, utilisé dans le même sens que lui attribue Proust et avec le même sujet grammatical (le soleil, qui « se badigeonne le visage de rouille ») :

> *Fig.*, *letter.* : io pur vedea Mura imbiancate, e prima lisce e forti, D'ellera intonacarsi (G. Gozzi) ; *scherz.* : il sole non s'ha intonacato il viso di ruggine ; come fece, secondo Virgilio, per la morte di Cesare (Leopardi)[46].

43 « La dénomination utilisée dans le passé pour signifier les huiles volatiles, en particulier les huiles essentielles obtenues des fleurs par double procès d'extraction avec des solvants différents [...] l'élément ultime et constitutif des corps, l'objet propre de la recherche alchimique car, une fois identifié, il rendrait possible la transmutation d'un élément dans un autre pour obtenir entre autre des matériaux précieux tels que l'or », *Vocabolario Treccani della lingua italiana*, http://www.treccani.it/vocabolario, *ad vocem*.

44 M. Proust, *La strada di Swann*, p. 55.

45 « Recouvrir la surface d'un mur de badigeon : les parois, la façade d'un bâtiment. Par extension, recouvrir une surface quelconque d'autres matériels, de poix, de cire », *Vocabolario Treccani della lingua italiana*, http://www.treccani.it/vocabolario, *ad vocem*.

46 *Vocabolario Treccani della lingua italiana*, http://www.treccani.it/vocabolario, *ad vocem*.

Encore, si "*gli odori appetitosi di cui l'aria della camera era tutta grumosa*" restitue parfaitement la dimension du "gratiné" et du "crémeux" qui traverse tout le passage, la conclusion confirme la tendance à l'élévation du registre qui a été relevée jusqu'ici, avec cette odeur médiane, qui de simplement « fade » devient "*scipit[o]*, dont la signification est la même, mais qui sonne désuet et recherché à une oreille italienne.

Somaini manifeste une volonté évidente de rester adhérente au texte de départ – on l'a vu dans le cas de "*intonacare*" – mais en l'interprétant parfois de manière incorrecte (les odeurs "*colori del tempo*"), ou incongrue : "*coagulati*" pour « renfermées » est spécialement déroutant, car tout en renvoyant à la dimension du grumeleux de la fin du passage, cet adjectif gomme complètement l'opposition extérieur/intérieur, campagne/chambre, essentielle à la perception complexe que Proust tente de "traduire" ici. En effet, c'est justement dans la relation entre « l'air » et l'« armoire » que se joue ce vortex olfactif, dont le centre est bien évidemment l'odeur « médiane », mais quelque peu dégoûtante, du couvre-lit à fleur. Ce mouvement extérieur-intérieur concernant les odeurs de la chambre se heurte d'ailleurs à une perception sociale partagée, surtout à l'époque de rédaction du roman, quand le contrôle olfactif, et notamment la maîtrise de la frontière entre extérieur et intérieur était désormais une valeur assurée : empêcher les odeurs de trans-percer, de mélanger le dehors et l'intime, l'air et le corps étant une mesure d'hygiène et un signe de savoir-vivre avérés[47]. En allant à l'encontre de ce savoir partagé, Proust nous laisse déroutés, quelque peu nauséeux, comme au milieu d'un plaisir inavouable.

La traduction de Pinto, dans son apparente modestie, nous paraît s'approcher de ce but. Il gomme l'audace de « badigeonner » ("*spandeva*" correspond en effet avec trop d'approximation au contenu sémantique brut du verbe « badigeonner » : "*stendere uniformemente su un'ampia superficie : s. il frumento sull'aia perché si asciughi*"[48] : l'idée de « matière molle qui forme enduit » est complètement perdue, mais au moins le sens de « recouvrir uniformément » est gardé ; il garde en outre l'erreur de Somaini "*colori del tempo*", mais somme toute c'est sa traduction qui nous permet de nous engluer dans cette page. La traduction de « renfermées »

---

47 *Cf. Architectures de la vie privée : maisons et mentalités (XVIIe-XIXe)*, éd. M. Eleb-Vidal et A. Debarre-Blanchard, Bruxelles/Paris, Hazan, 1999.

48 *Vocabolario Treccani della lingua italiana*, http://www.treccani.it/vocabolario, *ad vocem*.

par "*stantii*" permet par exemple de garder la dimension de la réclusion et du « malodorant par manque d'air » que les traductions de Raboni et Nessi Somaini avaient atténuée ou même évacuée, alors que la tonalité générale du passage garde le registre "médian" de la syntaxe proustienne, et surtout cet "*semantic excitement*" et ce "*explorative discourse*", dont parle John Porter Houston à propos de ce passage[49].

FLOTTANT, GLUANT, GRAS, ONCTUEUX

Dans l'église de Combray les pierres tombales « coulent comme du miel », tandis que les couleurs des tapisseries s'étalent grasses et onctueuses sur les joues des personnages. Il s'agit, encore une fois, de "style en action", c'est-à-dire de moments descriptifs où le héros reçoit une impression sensorielle et spirituelle que le Narrateur nous permet de partager :

> Ses pierres tombales, sous lesquelles la noble poussière des abbés de Combray, enterrés là, faisait au chœur comme un pavage spirituel, n'étaient plus elles-mêmes de la matière inerte et dure, car *le temps les avait rendues douces* et *fait couler comme du miel* hors des limites de leur propre équarissure qu'ici elles avaient dépassées *d'un flot blond* [...]. Deux tapisseries de haute lice représentaient le couronnement d'Esther [...] auxquelles leurs couleurs, en fondant, avaient ajouté une expression, un relief, un éclairage : un peu de rose *flottait* aux lèvres d'Esther au-delà du dessin de leur contour ; le jaune de sa robe *s'étalait si onctueusement, si grassement*, qu'elle en prenait une sorte de consistance et s'enlevait vivement sur l'atmosphère refoulée[50].

La cohésion de cette page est évidente, où une sorte de liquéfaction verbale rend la dimension même du temps physiquement perceptible, accessible aux sens du lecteur : le jaune de la robe d'Esther s'étale « si onctueusement, si grassement » que nous pouvons en goûter la consistance et en jouir. Le champ sémantique du « gras », de l'« onctueux », et du « flottant » garantit cette homogénéité et opère grâce à la langue une véritable « transmutation » de la matière, au sens physique et alchimique

49 « Enthousiasme sémantique » et « discours exploratif », J. Porter Houston, *The shape and style of Proust's Novel*, *op. cit.*, p. 117 et 133.
50 *CS*, p. 58 et 60.

du terme[51]. Nous empruntons la notion alchimique de transmutation comme *tertium comparationis* à Proust lui-même, qui l'assume dans un passage de *La prisonnière*, où les couleurs de la robe de Fortuny que porte la jeune fille passent du bleu à l'« or malléable » :

> le miroitement de l'étoffe, d'un bleu profond qui, au fur et à mesure que mon regard s'y avançait, se changeait en or malléable par ces mêmes transmutations qui, devant la gondole qui s'avance, changent en métal flamboyant l'azur du grand canal[52].

On pourrait considérer ce procédé comme l'exemplification de la "traduction"que représente pour Proust toute œuvre littéraire, car, on s'en souvient

> pour écrire ce livre essentiel, le seul livre vrai, un grand écrivain n'a pas, dans le sens courant, à l'inventer puisqu'il existe déjà en chacun de nous, mais à le traduire. Le devoir et la tâche d'un écrivain sont ceux d'un traducteur[53].

LES PIERRES TOMBALES ET LA TAPISSERIE EN ITALIEN

Nous allons comparer les trois traductions italiennes avant de proposer un commentaire.

1. Traduction de Giovanni Raboni

> *Anche le sue pietre tombali, sotto le quali la nobile polvere degli abati di Combray, colà sepolti, faceva da pavimento spirituale al coro, non erano più materia inerte e dura, giacché il tempo le aveva rese tenere e fatte colare come miele al di fuori del loro*

51 Au sens physique la transmutation est le « changement spontané ou provoqué d'une substance en une autre ». Au sens alchimique elle est « le fait qu'un corps change de substance, passant d'une "nature vile" à une "nature noble" (or, esprit, par ex.), cela grâce à des opérations techniques (alchimiques) et/ou spirituelles (initiatiques) », *TLFI*, *ad vocem*.

52 *P*, III, p. 896-896. Pour une analyse plus approfondie de ce passage et de sa relation avec les pierres tombales de Combray, voir M. Verna, *Le sens du plaisir. Des synesthésies proustiennes*, Oxford / Bern / Berlin / Bruxelles / Frankfut am Main / New York / Wien, Peter Lang, 2013.

53 *TR*, IV, p. 469.

> *tracciato ortogonale con un fiotto biondo e sbordante.* [...] *Nei due arazzi ad alti licci che rappresentavano l'incoronazione di Ester* [...] *i colori, fondendo, avevano accentuato l'espressività, il rilevo, la luce : un po' di rosa s'era sparso intorno alle labbra di Esther, oltre il loro contorno ; il giallo della sua veste si spiegava così untuosamente, così grassamente da conferirle una sorta di spessore, facendola risaltare vivamente su uno sfondo attenuato*[54].

2. Traduction de Maria Teresa Nessi Somaini :

> *Le sue pietre tombali, sotto le quali la nobile polvere degli abati di Combray, ivi sepolti, formava una specie di pavimentazione spirituale al coro, non erano più nemmeno esse di materia inerte e dura, il tempo le aveva rese dolci e fatte colare come miele fuori dai bordi dei loro riquadri dai quali, qui, avevano tracimato in un fiotto biondo [...] Due arazzi di alto liccio rappresentavano l'incoronamento di Esther [...] ai quali i colori sbiadendo avevano aggiunto espressione, rilievo e luce. Un po' di rosa aleggiava sulle labbra di Esther sbavando appena fuori le linee del loro contorno ; il giallo del suo vestito si spandeva così untuosamente, così abbondantemente da assumere una specie di consistenza e si staccava nettamente dall'insieme che passava in secondo piano*[55]

3. Traduction de Paolo Pinto :

> *Le sue pietre sepolcrali, sotto le quali la nobile polvere degli abati di Combray, là sepolti, forniva al coro come un pavimento spirituale, non erano, neppur esse, di materia inerte e dura, giacché il tempo le aveva rese tenere e le aveva fatte colare come miele fuori dei confini del loro riquadro, che qui avevano oltrepassato in un'onda dorata* [...] *Due arazzi d'alto liccio rappresentavano l'incoronazione di Ester* [...] *e i loro colori, fondendosi, ne avevano accentuato l'espressione, il rilievo, la luce : un po' di rosa fluttuava intorno alle labbra di Ester, oltre il disegno del loro contorno ; il giallo della sua veste si spandeva così untuosamente, così densamente, che lei ne prendeva una certa consistenza, facendola risaltare vivamente su quell'atmosfera soffocata*[56]

Si on entre dans l'église de Combray par le texte de Giovanni Raboni, on plonge dans une ambiance de très haute "artisticité", où le spirituel parle une langue très raffinée, distinguée, presque précieuse. À partir de l'adverbe "*colà*" (pour le très simple « là » du texte proustien), on est conduit à regarder un "*tracciato ortogonale*", dont la technicité est presque intimidante, et dont la pierre consommée (le miel fondu) est "*sbordante*", un néologisme qui ajoute au raffinement de la description. Surtout, ce miel que l'on *voit* n'est pas sur notre bouche, alors que Somaini garde tous les éléments sémantiques et linguistiques qui définissent le style

---

54 Nous citons d'après l'édition électronique, p. 334-335 et p. 339.

55 Nous citons d'après l'édition électronique, p. 381-382 et 386.

56 Nous citons d'après l'édition électronique, p. 496-497 e 501-502.

dans ce passage, l'adjectif « douces » étant particulièrement important ici pour son caractère sensoriel ouvert : dans le français « doux », ainsi que dans l'italien "*dolce*", est contenu le domaine perceptif du goût – le sème principal, dont les autres sont des extensions – mais aussi les domaines du toucher, de l'ouïe, de l'odorat. Le *TLFI* en donne comme première définition « qui n'est ni rude ni âpre, (par ce qu'il) fait sur les sens une impression agréable[57] ». "*Dolce*" peut d'ailleurs définir un climat, la consistance d'une matière, sa malléabilité : le *Vocabolario Treccani* cite parmi les exemples de l'usage extensif de l'adjectif ceux d'une "*terra dolce, non dura, che si lavora facilmente*" ; ou d'un "*legno dolce (contrapposto a legno duro), facile a lavorarsi*"[58]. L'expression « doux comme miel » existe dans les deux langues et même si Proust interpose dans la locution le prédicat verbal « fait couler » (en réactivant de cette manière la force de l'image, perdue dans la comparaison lexicalisée), tout lecteur francophone ou italophone garde dans sa conscience cette « musique latente » des choses qui sont « douces comme miel ». Natalia Ginzburg avait peut-être eu la meilleure intuition, avec ce temps qui avait rendues douces et "*fatto sgorgare come miele*" les pierres tombales, en offrant à tout visiteur de l'église cette sensation physique de goûter à un miel blond qui « sourd » de la matière[59].

L'adjectif "*tenere*" (tendres) choisi par Pinto et Raboni couvre au contraire un domaine sémantique plus limité, essentiellement au sens du toucher ou au domaine psychologique. Bien que le verbe "*tracimare*" soit peut-être trop technique pour l'original « dépasser », Somaini sait garder à la suite du passage une cohérence stylistique essentielle, alors que Pinto et Raboni cèdent à la tentation d'"améliorer" le texte proustien. L'"*onda dorata*" de Pinto perd en effet le caractère de l'un des connectifs sémantiques qui soutiennent l'architecture du texte, « blond » étant souvent associé au miel.

Dans la deuxième partie du passage les choix des trois traducteurs nous paraissent diversement appropriés : le verbe "flotter" est employé par Proust dans son sens propre (« être porté par un liquide, s'y maintenir en surface ou

57 *TLFI*, *ad vocem*.

58 « Une terre douce, non dure, facile à travailler [...] un bois doux, (non dur), qui se travaille facilement », *Vocabolario Treccani della lingua italiana*, http://www.treccani.it/vocabolario, "dolce", *ad vocem*.

59 M. Proust, *La strada di Swann*, p. 64. L'image de la lumière qui « sourd » des lampes à huiles est en effet reprise plusieurs fois dans le roman, avec une valence similaire. *Cf. infra*, « Le vortex de l'espace dans l'écriture de Proust », aux p. 235-237.

en suspension sans s'y enfoncer »)[60], car les couleurs ont effectivement fondu et le rose « flotte » sur les lèvres d'Esther. Somaini et Raboni s'éloignent de manière différente de l'original : Somaini élève le registre en utilisant un terme très littéraire ("*aleggiare*") et qui enlève toute consistance à la couleur décrite. Raboni de son côté "explique" le texte source, en décrivant l'effet de la couleur rose fondue, mais en perdant de cette manière l'impression du processus de cette même fusion. Somaini et Pinto gardent le caractère concret du verbe "s'étaler" (comme on étale du beurre) : le verbe "*spandersi*" *désignant aussi l'action de "stendere* uniformemente su un'ampia superficie"[61].

C'est toutefois le syntagme adverbial suivant qui déploie toute l'organisation sémantique du passage (nous allons voir que les même mots vont revenir plus loin dans le roman avec la même acception) : le jaune de la robe d'Esther s'étale « si onctueusement, si grassement » que nous pouvons en goûter la consistance et en jouir. Étant au cœur du style, l'onctueux est au cœur de cette « traduction » ; le style doit se faire "gras", apte à véhiculer, malaxer les divers élément de l'existence. L'adjectif "onctueux" et l'adverbe "onctueusement" paraissent dix fois dans la *Recherche*, toujours en relation avec la jouissance, qu'elle soit provoquée par la nature, la nourriture ou l'art : l'odeur des aubépines (parmi les « objets herméneutiques » de la *Recherche*, selon Jean-Pierre Richard)[62] dont « bourdonne » le petit chemin qui conduit du côté de chez Swann s'étend par exemple « aussi onctueux, aussi délimité en sa forme », que le héros peut imaginer de se trouver devant l'autel de la Vierge. En français, en effet, "onctueux" couvre plusieurs domaines sensoriels et désigne une consistance moelleuse, veloutée, souple, où des plaisirs différents s'absorbent en un seul : un vin onctueux est agréable au goût mais en même temps il possède une certaine consistance au toucher de la langue ; une sonorité onctueuse est douce, pleine et solennelle. C'est cette même plénitude que le style vise à ressusciter, grâce aux « sensations transposées[63] » qui fusionnent dans la métaphore, où se condensent des perceptions différentes sans que jamais s'en effacent complètement les éléments qui les composent[64].

60 *TLFI*, *ad vocem.*

61 *Vocabolario Treccani della lingua italiana*, http://www.treccani.it/vocabolario, *ad vocem.*

62 J.-P. Richard, *Proust et le monde sensible*, *op. cit.*, p. 204. Voir *infra*, « Jouir des aubépines. Sur quelques pages de Proust et la synesthésie », p. 153-168.

63 *TR*, p. 498-499 ; voir *Esquisses*, surtout, p. 831-832.

64 Sur la métaphore proustienne et sa structure voir A. Contini, « Proust : la metafora e il sapere », *Rivista di estetica*, 37, 31, 1991, p. 73-98.

Il est donc très important de garder ces adverbes tels qu'ils apparaissent en français, bien qu'en italien le qualificatif "*untuoso*" ne couvre plus le même champ sémantique. Le *Vocabolario Treccani* donne à l'entrée "*untuoso*" cette définition :

> *impregnato, ricoperto di unto o di untume, e quindi che unge e sporca* [...] *che ha l'aspetto e alcune caratteristiche dei grassi : una sostanza untuosa e molliccia ; minerali untuosi al tatto* [...] *che ha, e dimostra, una gentilezza e una sottomissione ipocrita e servile, insinuante, intesa a cattivarsi la simpatia, la fiducia o la protezione di qualcuno*[65].

Tout en dérivant de la même étymologie latine médiévale, et du même domaine de la pharmacopée, l'adjectif italien a perdu plusieurs des sèmes que le qualificatif français a en revanche gardés : la douceur, le velouté, le sacré (l'« onction »), le plein. Les trois traducteurs ont bien compris que ces sèmes étaient irremplaçables et ont conservé en italien la forme linguistique de l'original ; cette "impertinence" dans le texte italien permet au lecteur de s'apercevoir qu'il est face à une dimension stylistique et que les lignes qu'il est en train de lire "parlent" à un deuxième degré, qui n'est pas que celui de la description d'une tapisserie. Dans le texte de Proust, toutefois, « onctueusement » ne va pas sans « grassement », son para-synonyme qui renforce la sensualité du passage, d'un point de vue sémantique et phonétique[66]. Le choix de Pinto et Somaini de remplacer ce deuxième adverbe par "*abbondantemente*" et "*densamente*" tend à diminuer et affaiblir la matérialité des perceptions qu'un lecteur est censé ressentir en lisant ce passage. Chacun de ces deux lexèmes ne recouvre qu'une partie du sémantisme de "grassement"[67] (« en couche épaisse », « de consistance visqueuse », « abondant »), alors qu'en italien aussi l'adverbe "*grassamente*" couvre les deux directions sémantiques "*che contiene del grasso*", "*che ha consistenza untuosa, viscosa*", "*abbondante*"). Le meilleur choix nous paraît donc en ce cas celui de Giovanni Raboni, qui garde le binôme proustien : "*così untuosamente, così grassamente*".

---

65 *Vocabolario Treccani della lingua italiana*, http://www.treccani.it/vocabolario, *ad vocem*.

66 Sur la fréquence des parallélismes et des structures en "doublet" dans l'écriture proustienne voir J. Milly, *La phrase de Proust dans* À la recherche du temps perdu, Service de reproduction des thèses, Université de Lille III, 1974, p. 334.

67 L'adverbe « grassement » est indiqué dans le *TLFI* comme se référant à une partie seulement de la dimension sémantique couverte par l'adjectif « gras » : « matière grasse, consistance visqueuse et abondance ».

UN STYLE ONCTUEUX
En marge de deux traductions anglaises

Les traductions anglaises de Scott Moncrieff[68] et de Davis[69] vont nous servir pour mettre à l'épreuve notre hypothèse sur le champ sémantique de l'onctueux, que nous considérons, nous l'avons dit, comme un parangon du style proustien. Ces traductions nous offrent en effet un bon terme de comparaison, justement à cause de la nature différente des problèmes qu'elles posent. Les deux projets traductifs sont très différents : l'histoire de la traduction de Charles Kenneth Scott Moncrieff est trop célèbre pour que l'on s'attarde à la raconter de nouveau. Nous l'avons choisie justement pour son caractère canonique (malgré la polémique qu'elle suscita dès avant sa parution, dont témoigne l'échange épistolaire entre Proust lui-même et le traducteur)[70]. Nous avons choisi, en outre, de nous servir de la traduction originale de Scott Moncrieff, avant les interventions de Terence Kilmartin et de Dennis Joseph Enright[71]. Le projet traductif de Moncrieff revêt en effet ce caractère de "monumentalité", qui est en quelque sorte lié à la nature même de l'œuvre traduite, à sa difficulté (pour le traducteur, mais aussi pour un public anglais) et à sa réception (à sa compréhensibilité). Traducteur de la *Chanson de Roland*, écrivain, intellectuel de grande renommée, Moncrieff traduit la *Recherche* parce qu'il en a compris la valeur : invité à laisser tomber un auteur qui pourrait « ne pas durer », et à renoncer à mettre "*these French*

---

68 M. Proust, *Swann's Way. Remembrance of things past*, trad. C. K. Scott Moncrieff, New York, Henry Holt & Company, 1922, édition électronique Gutenberg Books, 2009. Toutes les citations proviennent de cette édition.

69 M. Proust, *Swann's Way*, in *In search of lost time*, éd. Ian Patterson, vol. 1, trad. Lydia Davis, New York, Penguin Books, 2002. La traduction fut publiée avec le titre *The Way by Swann's* en Angleterre et l'année suivante dans les États-Unis dans une version légèrement revue avec le titre *Swann's Way* (Vicking Penguin). Toutes les citations proviennent de cette édition *Cf.* D. Jullien, « The way by Lydia's », *Traduire* À la recherche du temps perdu, éd. G. Henrot Sostero et F. Lautel-Ribstein, *Revue d'études proustiennes*, 1, 2015, p. 69-81.

70 *Cf.* A. Watt, « "Un dialogue de sourds" : Proust et ses premiers traducteurs britanniques (Scott Moncrieff, Schiff) », *Fabula / Les colloques, Proust : dialogues critiques*, URL : http://www.fabula.org/colloques/document2183.php, page consultée le 11 décembre 2018.

71 M. Proust, *In Search of Lost Time* by Marcel Proust, translated by C. K. Scott Moncrieff and Terence Kilmartin, revised by D. J. Enright, Chatto § Windus and Random House, 1992.

powders into your English box"[72], Moncrieff ne cède pas, et la mort seule l'empêchera de terminer sa tâche. Cette traduction manifeste d'ailleurs le grand intérêt d'être la première, un essai dans le vide, où un « trait individuant » marquant une "étrangeté" foncière du style risque davantage d'être normalisé, la nécessité de la compréhension étant plus pressante. Le prestige de l'éditeur amplifie l'aura d'autorité culturelle qu'elle n'a pas perdu à ce jour : éditeur des écrivains anglais et américains les plus célèbres et illustres, Chatto & Windus doit une partie de sa renommée justement à la publication de cette traduction de la *Recherche*.

Lydia Davies est une écrivaine réputée (célèbre pour un genre narratif à l'air apparemment très peu proustien, la "*flash fiction*", qui en fait lui confère une "sécheresse" très utile à son propos), traductrice de Pierre-Jean Jouve, Maurice Blanchot, Michel Butor, Gustave Flaubert. Sa traduction appartient à un projet traductif nouveau, conçu justement comme un dépassement du "*masterpiece*" de Montcrieff, qualifé de « miracle » pour sa lisibilité en anglais dès sa parution en 1922[73]. Dans un article précieux pour notre enquête critique, Lydia Davies décrit ses hésitations dans l'acceptation de la tâche, ainsi que ses doutes et les difficultés du parcours, et elle s'attarde longuement à réfléchir sur l'acquis de connaissance (du français, de Proust, mais de sa propre langue aussi), que cette besogne a impliqué pour elle[74]. Penguin Classics a confié chaque volume à un traducteur différent, ce qui implique une approche divergente par rapport à celle de Chatto & Windus, dont l'un des enjeux était celui de garantir un style non seulement homogène, mais "élevé", comme celui de Moncrieff, "*that rarest of intermediaries*"[75] pour une œuvre réputée pour sa difficulté et son obscurité. Lydia Davis ne cache pas un sentiment de malaise par rapport à la réputation d'intouchable grandeur dont jouit son prédécesseur ("*the sun probably never sets on readers of Moncrieff's Proust*")[76], et prend ses distances d'avec

72 « Mettre ces poudres françaises dans votre boîte anglaise », Lettre de Gosse à Scott Moncrieff, citée dans A. Watt, « "Un dialogue de sourds", *op. cit.*, *Fabula* / *Le colloques*, Proust : dialogues critiques, URL : http://www.fabula.org/colloques/document2183.php, page consultée le 18 janvier 2019.

73 Commentaire du *Times Literary Supplement*, cité par A. Watt, *Ibid.*

74 L. Davies, « Loaf or Hot-Water Bottle. Closely translating Proust », *Yale Review*, 92, 2004, 2, p. 51-70.

75 *Times Literary Supplement*, 16 octobre 1924, p. 648.

76 « Le soleil ne se couche probablement jamais sur les lecteurs du Proust de Moncrieff », L. Davies, « Loaf or Hot-Water Bottle. Closely translating Proust », *op. cit.*, p. 54.

les choix traductifs et plus généralement d'avec la relation de Moncrieff avec la *Recherche.* Elle se démarque d'ailleurs tout autant des corrections de Kilmartin et Enright, aucun des deux n'étant pour elle *"as good a stylist as Moncrieff"*[77]. Ces discussions ponctuelles mises à part, ce qui ressort nettement de sa réflexion sur son travail de « translation » est une volonté nette de rester "collée" au texte de départ, dans ce qu'elle appelle une *"close translation"*, une expression qui pose elle-même un problème de traduction, et qui mérite qu'on s'y attarde un peu. *"Close"* signifie, en effet, "proche" mais aussi "détaillée", "minutieuse", "approfondie", et implique à la fois l'idée de proximité (physique) et de soin, attention, précision. L'idée de *"close translation"* renvoie naturellement aussi à la tradition critique américaine du *"close reading"*, centrée sur l'analyse du style et des menus faits linguistiques. Tous les exemples des difficultés rencontrées par Davies vont en effet dans cette direction, et montrent combien la proximité au texte peut provoquer le lecteur – et le traducteur – en allant à l'encontre de ce qu'il/elle croyait savoir de l'œuvre à traduire (ce qui dans le cas de Davies se bornait à une *doxa*, sur la soi-disant obscurité et complexité de l'écriture proustienne, car elle avoue n'avoir pas lu la *Recherche* avant de commencer son travail). Adhérer à Proust, presque mot à mot, a fini par produire un texte plus simple et plus clair que sa traduction anglaise plus réputée. La découverte la plus surprenante, toutefois, est celle de la modernité de la langue de Proust, plus proche de l'anglais contemporain que ne l'est celle de Moncrieff :

> *staying close to the word choice of the original, which are often plainer, simpler, or blunter than what Moncrieff chose, and insofar as possible adding nothing that was not in the original, necessarily produced a text that was sparer and plainer than Moncrieff's, and therefore more contemporary to us in its style. Of course this implies, interestingly and correctly, that Proust himself, though writing at the same time as Moncrief, was writing in a style more akin to the style of our time than Moncrieff was*[78].

77 « Un stylisticien aussi bon que Moncrieff », *Ibid.*, p. 55.

78 « Rester proche des mots de l'original, qui sont souvent plus clairs, plus simples ou même plus rudes que ceux choisis par Moncrieff, et dans la mesure du possible ne rien ajouter qui ne soit pas dans l'original, a produit nécessairement un texte plus clair et plus simple que celui de Moncrieff, et par conséquent plus contemporain à nous dans son style. Bien évidemment cela implique, correctement et curieusement, que Proust lui-même, tout en écrivant à la même époque que Moncrieff, écrivait dans un style plus proche du style de notre temps que ne le faisait Moncrieff », *Ibid.*, p. 58.

LE CHAUSSON D'ODEURS EN ANGLAIS

Comme Lydia Davies l'affirme elle-même dans son essai sur son travail de traductrice, les difficultés les plus épineuses dans le passage du français proustien à l'anglais sont de nature syntaxique (la longueur des phrases et l'ordre des mots, en simplifiant beaucoup). Les difficultés relatives au lexique seraient surtout de l'ordre de la fausse équivalence, souvent due à l'étymologie commune de nombre de mots, dont le sémantisme a bifurqué au cours de l'histoire dans les deux langues. Or, si les problèmes de syntaxe se posent en italien aussi, ils ne sont pas aussi contraignants qu'en anglais, vu la nature plus "souple" de la structure de la phrase italienne. Malgré les différences de nature syntaxique et lexicale, le "problème de l'onctueux" se présente en anglais de manière analogue à l'italien. Le lexique de l'huileux et du gras forme dans le texte proustien un filet à maille si fine, qu'il "détonne" même en français et dérange les traducteurs, lesquels tentent souvent de passer à côté, de normaliser ce qui paraît chanter faux dans la langue d'arrivée, mais dont l'étrangeté est consubstantielle au passage du sens.

Le besoin d'"expliquer" Proust se manifeste, par exemple, très clairement chez Moncrieff, dont la longueur des phrases est normalement majeure que dans l'original (ce qui, s'agissant de Proust, paraît surprenant…). Les choix de Davies sont plus simples, plus adhérents à Proust dans la plupart des cas : le "*fine bouquet*" de Moncrieff tente par exemple d'élever le registre de l'auteur, en utilisant un syntagme d'origine française, mais dont le sens ne correspond pas au texte source (un "bouquet" étant en anglais un bouquet de fleurs, ou bien l'arôme d'un vin). Le choix de Davies paraît au contraire très approprié, le "*finest flower*" de sa traduction correspondant beaucoup mieux à la « fine fleur » du français[79]. Le « plastering » de Moncrieff paraît au contraire plus proche du « badigeonner » utilisé par Proust, même si le verbe "*coat*", choisi par Davies, est aussi simple et courant que l'original français. En lisant Moncrieff,

79 En anglais comme en italien, l'expression « finest flower » peut se référer à « la meilleure partie de quelque chose », mais aussi à l'« essence » dans la production des parfums ou des essences naturelles. *Cf.* http://www.wordreference.com. L'origine de l'expression est d'ailleurs la même : « Middle English flour, from Old French flor, from Latin flour » (http://www.thefreedictionary.com).

l'impression générale est en tout cas celle d'une expérience très agréable et "poétique", d'une phrase cadencée et élégante, ce qui correspond à un horizon d'attente très précis. C'est ce que l'on s'attend de la part d'un "*master stylist like Proust*"[80]. Or Proust écrivait à Lionel Hauser en 1918 : « Tu t'imagines à tort que le style est un embellissement qu'on ajoute, une sorte de toilette des dimanches. Il n'est pas séparable de la pensée, ou de l'impression[81] ».

Proust a un style, mais ne fait pas du style : il faut que la parole traduise l'impression. Pour le « grumeleux » proustien, on peut donc préférer le "*deeply clotted*" de Moncrieff au "*curdled*" de Davies, mais dans la suite l'expérience quelque peu morbide du jeune héros proustien est améliorée au profit du lecteur, sans que cela corresponde à la parole de Proust.

Relisons brièvement l'original : « je revenais toujours avec une convoitise inavouée m'engluer dans l'odeur médiane, poisseuse, fade, indigeste et fruitée du couvre-lit à fleurs ». Le verbe choisi par Moncrieff correspond à une expérience agréable : "to bury myself" fait penser à une journée où l'on désire "s'abîmer, se plonger" dans quelque chose. Mais Proust écrit « m'engluer » : « être pris, retenu dans une matière gluante[82] ». Le sème du gluant, du visqueux, de l'huileux, que nous avons identifié comme essentiel au style proustien, a disparu dans la traduction de Moncrieff, qui identifie dans l'« odeur médiane » une odeur sans qualités spéciales ("*nondescript : lacking distinctive or interesting features*")[83], alors que Proust fait certainement référence à une sorte de gradation des odeurs (l'idée du "centre" est d'ailleurs implicite aussi dans le mouvement de l'enfant qui se dirige vers le couvre-lit, comme attiré par un aimant). Le "*resinous*" de Moncrieff explique le « poisseuse » de Proust, la poix étant une résine, mais de cette manière il évite encore une fois la consistance visqueuse qu'exprime le texte, surprenante dans sa nature désagréable pour tout lecteur francophone. Les choix de Davies sont justement surprenants, donc parfois désagréables ("*to ensnare*", "*sticky*"), mais ont le mérite de correspondre à l'"étrangeté" de l'original.

---

80 « Un maître stylisticien comme Proust ». La définition est d'André Aciman, qui répond à Lydia Davies dans un débat sur sa traduction du *Du Côté de chez Swann*. Pour toutes les références à ce débat, voir H. Levine-Keating, « Lydia Davis's Proust : the writer as Translator, the translator as writer », *Quarksdaily*, November 25th, 2013.

81 Lettre à Lionel Hauser, 28 avril 1918, in *Corr.*, t. 17, p. 212.

82 *TLF*, *ad vocem*.

83 http://www.oxforddictionaries.com, *ad vocem*.

L'ÉGLISE
Les pierres tombales et la tapisserie

Nous allons citer l'un après l'autre les passages relatifs à l'église de Combray, pour que la différence dans le style des deux traducteurs paraisse plus évidente.

Les pierres tombales
Traduction de Moncrieff

Its memorial stones, beneath which the noble dust of the Abbots of Combray, who were buried there, furnished the choir with a sort of spiritual pavement, were themselves no longer hard and lifeless matter, for time had softened and sweetened them, and had made them melt like honey and flow beyond their proper margins, either surging out in a milky, frothing wave, washing from its place a florid gothic capital, drowning the white violets of the marble floor...

Traduction de Davies

Its tombstones, under which the noble dust of the abbots of Combray, who were buried there, formed for the choir a sort of spiritual pavement, were themselves no longer inert and hard matter, for time had softened them and made them flow like honey beyond the bounds of their own square shapes, which, in one place, they had overrun in a flaxen billow, carrying off on their drift a flowery Gothic capital letter, drowning the white violets of the marble[84].

La tapisserie
Traduction de Moncrieff

Two tapestries of high warp represented the coronation of Esther [...]; their colours had melted into one another, so as to add expression, relief, light to the pictures. A touch of red over the lips of Esther had strayed beyond their outline; the yellow on her dress was spread with such unctuous plumpness as to have acquired a kind of solidity, and stood boldly out from the receding atmosphere.

Traduction de Davies

Two high-wrap tapestries represented the coronation of Esther [...], to which their colors, by melting, had added expression, relief, light: a little pink floated over Esther's lips outside the tracing of their outline; the yellow of her dress spread so unctuously,

84 M. Proust, *Swann's Way*, in *In search of lost time*, p. 60.

so thickly, that it acquired a kind of solidity and stood out boldly from the receding atmosphere[85].

Relisons les deux passages proustiens :

> Ses pierres tombales, sous lesquelles la noble poussière des abbés de Combray, enterrés là, faisait au chœur comme un pavage spirituel, n'étaient plus elles-mêmes de la matière inerte et dure, car le temps les avait rendues douces et fait couler comme du miel hors des limites de leur propre équarissure qu'ici elles avaient dépassées d'un flot blond…
>
> Deux tapisseries de haute lice représentaient le couronnement d'Esther […] auxquelles leurs couleurs, en fondant, avaient ajouté une expression, un relief, un éclairage : un peu de rose flottait aux lèvres d'Esther au-delà du dessin de leur contour ; le jaune de sa robe s'étalait si onctueusement, si grassement, qu'elle en prenait une sorte de consistance et s'enlevait vivement sur l'atmosphère refoulée.

La tendance de Moncrieff à élever le registre se confirme dès le début du premier paragraphe par le choix du substantif "*memorial stones*" à la place du plus neutre "*tombstones*" ; de plus, le verbe "*furnishe*" détermine et précise ce qui en français était volontairement très vague. La locution verbale utilisée par Proust, "faire comme", est bâtie sur un verbe support et une structure comparative, ce qui laisse le lecteur dans un état d'hésitation, qui est essentiel à la compréhension du sens. Comme l'a si bien dit Malcolm Bowie, en effet, avec Proust "*the reader who does not hesitate is lost*"[86]. La version de Davies est littérale, ce qui lui permet de garder la fluidité et la couleur du miel, dont nous avons déjà discuté l'importance. La volonté d'expliquer ce qui paraît inacceptable (des pierres qui coulent comme du miel) oblige Moncrieff à une structure syntaxique très complexe : là où Proust se sert d'une simple coordination (« les avait rendues douces et fait couler comme du miel »), il en faut quatre à son traducteur anglais, qui d'ailleurs transforme le « flot blond » proustien en une vague laiteuse et moussante ("*a milky, frothing wave*"), en perdant de cette manière la couleur dorée, qui dans la *Recherche* indique presque toujours la présence du Style.

Dans le deuxième paragraphe la syntaxe de Moncrieff est encore une fois plus complexe que la syntaxe proustienne, mais c'est surtout le choix

85 *Ibid.*, p. 62.

86 « Le lecteur qui n'hésite pas (s') est perdu », M. Bowie, *Proust among the stars*, New York, Columbia University Press, 1999, p. 38.

du lexique qui nous laisse perplexe : le verbe "flotter", dont le sens premier est « être porté par un liquide, s'y maintenir en surface ou en suspension sans s'y enfoncer », parfaitement cohérent donc avec la nature "liquide" des couleurs, est traduit par Moncrieff avec "*to stray beyond*", qui correspond tout au plus au sens figuré du verbe (« être porté çà et là, aller au gré des vents dans un mouvement ondoyant »)[87], une signification qui est, hélas, totalement dépourvue de la matérialité un peu lourde de ces lignes du roman. "*To stray beyond*" signifie, en effet, « deviate, digress, diverge, get off the point, get sidetracked, go off at a tangent, ramble, be abandoned or lost, drift, err, go astray, lose one's way, meander, range, roam, rove, straggle, wander[88] », littéralement aller au-delà. Davies garde comme toujours une fidélité stricte à l'original et traduit "*floated*" ("*remain suspended within or on the surface of a fluid without sinking. To be suspended in or move through space as if supported by a liquid*")[89], un verbe qui reproduit exactement l'effet de la page proustienne. "*The yellow of her dress spread so unctuously, so thickly*" de Davies nous paraît à son tour approprié, "*to spread*" pouvant signifier "*apply (a substance) to an object or surface in an even laye*r"[90], gardant donc l'idée d'une matière grasse et onctueuse que l'on étendrait sur une surface. La forme passive choisie par Moncrieff "*was spread with such unctuous plumpness*" attribue à notre avis une logique à ce qui n'est dans le texte original qu'une perception du héros, sans rapport avec le soi-disant "réel" – la forme passive impliquant que "quelqu'un" a étendu la couleur de cette manière, alors que le jaune « s'étend », qu'il palpite, qu'il est onctueux.

CONCLUSIONS

En conclusions de nos réflexions sur l'isotopie de l'onctueux et sur sa "traduisibilé", nous nous permettons de mentionner un épisode de notre expérience personnelle, qui nous semble éclairer de manière emblématique notre point de vue. Avant de présenter cette recherche dans un

87 *TLF*, *ad vocem*.
88 http://dictionary.reverso.com.
89 *Oxford Dictionary* on line, *ad vocem*.
90 *Ibid.*, *ad vocem*.

colloque organisé par l'Université de Padoue sur les traductions de *Du côté de chez Swann*, nous avions soumis les pages de notre corpus, traduites par Moncrieff et par Davies, à une collègue anglaise, cultivée, lettrée, connaissant le français, mais n'ayant lu de Proust que quelques pages en traduction[91]. Invitée à choisir une des deux traductions, elle choisit sans hésitations celle de Moncrieff, car elle la percevait comme « plus littéraire, d'un style plus élevé », alors que celle de Davies lui semblait contenir des mots trop "*blunt*", des expressions trop communes. Or ces expressions étaient justement celles sur lesquelles nous travaillions, et leur grossièreté traduisait cette "grasse" matérialité. Nous nous sommes souvenue, à cette occasion, de l'idée de Proust lui-même sur la "matérialité" de la beauté, sur sa nécessité :

> Mais en réalité ce pouvoir de discerner la beauté, la vérité esthétique, personne l'a-t-elle jamais possédé, au moins d'une langue à l'autre (comme d'ailleurs d'un art à l'autre, comme toutes les fois que la matière même de l'œuvre d'art reste obscure au critique, que ce soit une langue étrangère ou une technique inconnue) ? Comme seule la beauté de l'expression individualise l'idée et mesure les profondeurs où elle a été élaborée dans l'âme du poète, si cette expression matérielle nous voile l'œuvre au lieu de la découvrir, nous sommes exposés à des tâtonnements, à bien des erreurs[92].

Les jugements que nous avons portés sur les cinq traductions ici analysées ne sont donc pas des jugements de valeur générale : nous ne pouvons pas dire si la traduction de Somaini ou de Moncrieff "coule" mieux que celle de Pinto o de Raboni dans son ensemble. Notre jugement se borne à vérifier l'adhérence à une partie du projet esthétique qui nourrit la *Recherche*, une adhérence à ne pas confondre avec la "fidélité", qui n'est peut-être pas le but de tout traducteur, la finalité d'une traduction pouvant être d'offrir aux lecteurs d'une langue déterminée un texte plus proche de leur sensibilité. De ce point de vue la traduction

91 *Traduire* Du côté de chez Swann *(1913-2013)*, actes du colloque, Padoue, novembre 2013, publié sous le titre *Traduire* À la recherche du temps perdu, éd. G. Henrot Sostero et F. Lautel-Ribstein, *Revue d'études proustiennes*, 1, 2015. Pour la première publication de ce chapitre, voir l'« Avertissement ».

92 M. Proust, « La Foi Esthétique", in *Contre Sainte-Beuve* [1954], éd. Bernard de Fallois, Paris, Gallimard, 1998, p. 355. Tr. anglaise de Sylvia Townsend Warner, "The Creed of Art", in *On Art and Literature*, New York, Meridian, 1958, p. 314-315. Cette traduction est mentionnée par Helane Levine-Keating dans son commentaire de la traduction de Lydia Davis, très opportunément.

de Raboni, par exemple, correspond à une idée de la langue littéraire qui est profondément ancrée dans la culture italienne, soit d'une langue recherchée, raffinée, qui préfère un lexique rare et parfois désuet. Proust ne partageait pas cette idée de la littérature, ni d'ailleurs de la langue, qu'il voulait, c'est notoire, « attaquer[93] ». Toujours de ce point de vue, la traduction de Scott Moncrieff, qui a d'ailleurs le mérite d'être la seule traduction anglaise d'une seule main, est certainement plus proche de l'idée d'élégance linguistique dans les cultures anglophones. Il suffit pour s'en apercevoir de revoir le débat suscité aux États-Unis par la traduction de Lydia Davis, justement à cause de son attachement à la lourde matérialité de certaines descriptions proustiennes[94]. Seulement, adhérer au texte va très au-delà de la fidélité, car comme l'affirmait si exactement Boris Pasternak, « [o]u bien traduire n'a aucun sens, ou bien le lien avec l'original doit être plus étroit qu'il n'est d'usage [...]. Le rapport entre l'original et la traduction doit être celui qui unit la base à son dérivé, comme pour une plante et sa bouture[95] ».

Nous nous sommes demandée au début de ce chapitre si la présence ou l'absence de l'isotopie de l'onctueux dans une traduction serait révélatrice de la centralité de cet élément dans le style de Marcel Proust, de sa nature de « trait individuant ». Après la lecture de ces cinq traductions nous sommes en mesure de répondre qu'en effet, quand un traducteur s'éloigne de cette grasse viscosité, le lecteur se retrouve dans un univers peut-être plus "poétique" que celui créé par l'auteur de la *Recherche*, mais où le corps du lecteur n'est plus concerné dans l'opération de compréhension du monde. On se retrouve en dehors de cette relation de « quasisujet/quasiobjet » dont parle Jean-Claude Coquet, et qui définit, finalement, le rapport de Proust à la langue, et partant au sensible, dont la langue est la « translation[96] ».

---

93 Lettre à Madame Strauss, 6 novembre 1908, in *Corr.*, t. 8, p. 276, 277 et 278.

94 Pour ce débat voir H. Levine-Keating, « Lydia Davis's Proust : the writer as translator, the translator as writer », *op. cit.*

95 B. Pasternak, *Le navire d'argent*, cité dans Antoine Berman, *Pour une critique des traductions. John Donne*, p. 28.

96 J.-C. Coquet, "Préface. Comment traduire l'expérience ?", *op. cit.*, p. 22.

DEUXIÈME PARTIE

POUR UNE LANGUE SENSIBLE

Writing as fine as this can be expected only from an author who has held stones in his hand, tasted salt on his tongue, and, even as his mental constellations dance within him, open his eyes to the light of real stars.
M. Bowie, *Proust amont the stars*, p. 327.

LA SYNESTHÉSIE COMME VÉHICULE D'EXTASE DANS *DU CÔTÉ DE CHEZ SWANN* DE MARCEL PROUST

Cette étude se propose de cerner en partie le rôle et le fonctionnement de la synesthésie dans la *Recherche* de Proust[1]. Si la notion de style est notoirement au centre de l'esthétique proustienne, et la métaphore au centre de celle-ci, la synesthésie participe de la complexité du réseau rhétorique et narratif par lequel le narrateur de la *Recherche* tente d'appréhender et de dépasser l'opacité du réel. La question du rapport au réel de Marcel Proust est très débattue, et la présence massive de la matière dans toutes ses dimensions sensorielles dans le roman proustien n'est plus à démontrer[2]. La question est ouverte toutefois de la nature et de la finalité de cette présence : soit le monde de la sensation est totalement opaque et définitivement inconnaissable, et l'art est alors un salut dans la mesure où il permet de le remplacer ; soit la relation au monde est plus complexe, axée sur une redéfinition des notions mêmes de réalité et de sensible, et l'art constitue alors un moyen de reconstruction, de "recréation" du monde réel, et ceci tant au niveau rhétorique que narratif. Nous tenterons de démontrer que c'est plutôt dans la dialectique de ces deux positions que se situe la vérité artistique du roman proustien, et que la synesthésie constitue l'un des moyens privilégiés par Proust pour réaliser une recréation du monde où la perception du sensible devient non seulement possible mais extatique. Nous analyserons à cette fin deux passages du *Côté de chez Swann* qui nous ont paru particulièrement significatifs dans cette perspective.

1 Nous renvoyons à notre livre sur le sujet, publié successivement à l'article dont ce chapitre est issu : M. Verna, *Le sens du plaisir. Des synesthésies proustiennes*, Oxford / Bern / Berlin / Bruxelles / Frankfut am Main / New York / Wien, Peter Lang, 2013.

2 Sur ce point, le livre de Richard reste une référence incontournable : *Proust et le monde sensible*, Paris, Seuil, 1974.

La *Recherche* a été définie par Eleonora Sparvoli le « roman immatériel » : soit contre la matière, ou plutôt « contre le corps », comme le titre de son livre l'indique clairement[3]. Contre la vie physique, rageusement et opiniâtrement, dans une sorte de haine du sensible engendrée par l'impossibilité dans laquelle se trouve le narrateur d'y accéder pleinement. Tout lecteur de la *Recherche* se souvient en effet de la série de leurres et déceptions qui parcourt l'expérience sensorielle du héros[4] : le baiser à Albertine, le plaisir du voyage, Venise et la Berma, Balbec, la mer, souvent l'art même révèlent toute leur impuissance à réaliser un bonheur que la vie ne contient apparemment pas. Les rares moments d'extase décrits dans la *Recherche* [les célèbres épisodes de mémoire involontaire] seraient identifiables à un

> *processo chimico di smaterializzazione* [...] *strettamente legato all'uso della metafora* [...] *sovrapponendo arbitrariamente, per via d'intuizione, due oggetti che nell'universo fenomenico apparivano distinti – collocati com'erano in due tempi e due spazi diversi – li strappiamo al loro mondo d'appartenenza : così smettono di essere le forme stabili e pesanti in cui la Materia s'incarna*[5].

Pour le dire avec Malolm Bowie, "*some demon in Proust's writing wants all states, moral or physical, to become transformational process*"[6]. Écoutons d'ailleurs le narrateur lui-même, au moment où, les yeux enfin ouverts après la surprenante série de révélations qui l'ont frappé à la matinée Guermantes, il élabore son esthétique et son idée du salut par l'art :

3 E. Sparvoli, *Contro il corpo. Proust e il romanzo immateriale*, Milano, Franco Angeli, 1997.

4 Nous préférons faire référence ici au niveau narratif de héros, et non à celui de narrateur, comme le fait Eleonora Sparvoli. Comme l'affirme Anne Simon, en effet, l'échec du sensible est plutôt le fait du héros que celui du narrateur, lequel est déjà conscient d'une vérité dont il relate la quête, et qu'il réalise en fait dans la texture de l'écriture. C'est à son livre que nous renvoyons donc pour ce problème : A. Simon, *Proust ou le réel retrouvé. Le sensible et son expression dans* À la recherche du temps perdu [2000], Paris, Champion, 2011.

5 « Un procès chimique de dématérialisation [...] strictement lié au choix de la métaphore : en superposant arbitrairement, grâce à l'intuition, deux objets qui dans l'univers phénoménique apparaissaient distincts – situés comme ils l'étaient en deux temps et deux espaces différents – nous les arrachons au monde auquel ils appartenaient. De cette manière ils cessent d'être des formes stables et pesantes dans lesquelles la Matière s'incarne », E. Sparvoli, *Contro il corpo*, *op. cit.*, p. 120.

6 « Un démon semble vouloir que dans l'écriture proustienne tout état, moral ou physique, devienne un procès de transformation », M. Bowie, *Proust among the stars*, New York, Columbia University Press, 1999, p. 42.

> Et la récapitulation que je faisais des déceptions de ma vie, en tant que vécue, et qui me faisaient croire que sa réalité devait résider ailleurs que dans l'action, ne rapprochaient pas d'une manière seulement fortuite et en suivant les circonstances de mon existence, des désappointements différents. Je sentais bien que la déception du voyage, la déception de l'amour n'étaient pas des déceptions différentes, mais l'aspect varié que prend, selon le fait auquel il s'applique, l'impuissance que nous avons à nous réaliser dans la jouissance matérielle, dans l'action effective[7].

Et pourtant. À quoi bon alors tout ce débordement de couleurs, de goûts, de reflets, de consistances, de nourritures, de caresses et d'odeurs qui nous ont accompagnés jusqu'ici ? Quelques lignes plus loin le même narrateur nous ramène de force dans la monde de la sensation, qui seule est « nécessaire » en tant que « fortuite » et « inévitable » et qui seule peut nous faire accéder à la « joie du réel retrouvé[8] ».

Anne Simon voit dans cette ambivalence un « vacillement entre altérité et implication », un « mouvement de réversibilité entre le monde et le moi que la *Recherche* met au jour ». La contradiction ne se résout pas, elle doit au contraire être assumée et prise en compte comme indispensable à une interprétation correcte du roman, d'une écriture qui est censée exprimer « une relation, l'avènement dans un corps en contexte de sa propre perception, qui prend elle-même sa source dans une réalité qui ne se confond pas avec une simple représentation[9] ». Or cette écriture relationnelle est plusieurs fois associée par l'auteure à une polysensorialité qui voit la synesthésie au centre du problème. Les expériences perceptives de la *Recherche* s'identifient parfois à des moments de pur bonheur qui « ne relèvent absolument pas d'une herméneutique mais d'une jouissance sensorielle évidente[10] ». Pour que ce bonheur soit possible, et surtout pour qu'il puisse donner accès à une connaissance, il faut que la sensation soit plurielle : l'échec est inévitable pour le héros qui ne l'a pas encore compris et qui est encore attaché à « [à] une conception de la sensation comme moyen

---

7 *TR*, p. 456.

8 *Ibid.*, p. 457 et 458. *Cf.* S. Agosti, *Realtà e metafora. Indagini sulla* Recherche, Milano, Feltrinelli, 1997, pour une approche novatrice de cette page.

9 A. Simon, *Proust ou le réel retrouvé*, *op. cit.*, p. 14, 13 et 15.

10 *Ibid.*, p. 103-104. Julia Kristeva avait déjà approfondi la question de l'épaisseur du sensible dans le roman proustien, en la situant au centre de la dimension temporelle elle-même, que seule la perception peut définir et "remplir de vie" (J. Kristeva, *Le Temps sensible*, Paris, Gallimard, 1994, p. 357 et 359).

primitif et non synesthésique de connaissance, qui demande à être dépassé par une reprise spirituelle[11] ».

La polysensorialité est en effet nécessaire à l'écriture proustienne : retrouver le temps, c'est retrouver toute l'épaisseur du vécu à travers la pluralité des sens. Rien n'est moins vrai qu'une « vision cinématographique des choses », où à la vision manquent les odeurs et les goûts, car

> une heure n'est pas qu'une heure, c'est un vase rempli de parfums, de sons, de projets et de climats. Ce que nous appelons la réalité est un certain *rapport entre ces sensations et ces souvenirs* qui nous entourent simultanément [...] rapport unique que l'écrivain doit retrouver pour *en enchaîner à jamais* dans sa phrase les deux termes différents[12] .

Si l'art est cela, restitution de sensations contemporaines dans la résurrection du souvenir, la synesthésie peut constituer un moyen privilégié d'accéder à la plénitude du sensible (et de la vraie vie, la littérature), à l'épiphanie, donc, qui conclut la douloureuse aventure de Marcel.

Complexe tant au point de vue épistémologique (elle se trouve au croisement des théories psychologiques, littéraires et linguistiques) que rhétorique (elle se réalise selon diverses relations figuratiques, dont la métaphore et la métonymie paraissent les plus fréquentes), la synesthésie a été étudiée en 1995 par Paola Paissa, qui donne cette définition de la synesthésie littéraire :

> *La sinestesia letteraria è una figura sintagmatica, la cui peculiarità è quella di aggregare termini appartenenti a campi sensoriali diversi. L'aggregazione può avvenire sulla base di un nesso di similarità oppure di contiguità* [...]. *La sinestesia letteraria si configura come una combinazione aperta, dipendente dal contesto, a struttura sintattica indeterminata. Essa produce a livello* parole *delle aggregazioni soggettive, di tipo sintagmatico e sincronico, libere di entrare in configurazioni retoriche e composte da un numero variabile di termini, tutti attualizzati* in praesentia[13].

11 A. Simon, *Proust ou le réel retrouvé*, *op. cit.*, p. 23.

12 *TR*, p. 467-468.

13 « La synesthésie littéraire est une figure syntagmatique, dont la spécificité consiste dans l'agrégation de champs sensoriels différents. L'agrégation peut se vérifier sur la base d'un lien de similarité ou de contiguïté. La condition minimale d'existence de la figure est celle d'être binaire in praesentia. Au-delà de cette limite minimale le nombre de termes concernés est variable [...]. La simultanéité des perceptions est exprimée par la relation syntaxique qui unit les termes entre eux, et cette relation syntaxique est libre », P. Paissa, *La sinestesia. Storia e analisi del concetto*, Brescia, La Scuola, 1995, p. 100 et 115.

L'écriture proustienne nous obligera parfois à nous en détacher en partie, mais cette description du processus rhétorique de la synesthésie va nous servir de modèle et de guide pour l'analyse textuelle qui suit. Nous avons choisi deux portions du texte qui nous ont paru spécialement significatives pour notre propos, vu leur densité sensorielle et le rôle narratif crucial qu'elles jouent dans le roman[14].

LE CHAUSSON D'ODEURS

Le premier texte qui nous occupera est l'un des plus célèbres "morceaux" du *Côté de chez Swann* : l'attente voluptueuse dans l'antichambre de la tante Léonie, où le petit Marcel se laisse aller à une véritable fête sensorielle qui se traduit en une cascade de liens rhétoriques, dont nous tenterons de démêler la complexité. Le narrateur décrit les deux chambres contiguës qu'habite la tante « toujours couchée dans un état incertain de chagrin, de débilité physique, de maladie, d'idée fixe et de dévotion[15] ». Notre analyse procédera par étapes ; nous partageons donc le textes en quatre parties.

> 1) C'étaient de ces chambres de province qui – de même qu'en certains pays des parties entières de l'air ou de la mer sont illuminées ou parfumées par des myriades de protozoaires que nous ne voyons pas – nous enchantent des mille odeurs qu'y dégagent les vertus, la sagesse, les habitudes, toute une vie secrète, invisible surabondante et morale que l'atmosphère y tient en suspens

Le vertige sensoriel qui est ici décrit est déclenché par la métaphore initiale : des chambres de province qui sont parfumées comme l'air ou la mer peuvent être illuminés par des protozoaires. Cette métaphore active les deux champs sémantiques de la nourriture et de la vie animale, associés à leur tour aux domaines sensoriels de la vue et de l'odorat. Les éditeurs de la Pléiade signalent que Proust fait ici allusion au chapitre « Fécondité » de *La Mer*

---

14 L'analyse de l'ensemble des synesthésies de la *Recherche* est disponible dans notre volume déjà cité (M. Verna, *Le sens du plaisir, op. cit.*).

15 *CS*, p. 48-50.

de Michelet[16], où l'on parle de « l'épaisseur transparente de la mer [...] » et d'« animalcules lumineux [qui] [...] y apparaissent en traînes ». Le monde des animalcules est comparé par Michelet à un « abîme de vie qui fermente dans son [de la mer] sein[17] ». Plus avant on parle même des « eaux nourrissantes [...] denses de toute sorte d'atomes gras, appropriés à la molle nature du poisson, qui paresseusement ouvre la bouche et aspire, nourri comme un embryon au sein de la mère commune », tandis que l'eau est comparée à une « gélatine » qui produit des effets lumineux bizarres[18]. L'enfant qui attend d'entrer dans la chambre de la tante est lui aussi, comme un poisson dans la mer, immergé dans une atmosphère où dominent sans contraste le plaisir et la facilité. L'image des protozoaires, que nous pouvons associer au goût (en tant que nourriture) et à la vue (ils sont lumineux), active de manière inattendue la dimension sensorielle de l'odorat. L'alternative eau/air une fois posée, c'est en effet dans la direction du parfum que se meut l'écriture dans cette première partie du texte : plaisir aérien s'il en est, le parfum s'enrichit toutefois d'une consistance nourricière qui ne lui est pas propre, et il va engendrer par là une fantasmagorie des sens que Stephen Ullmann range parmi les "*chain reactions*" des synesthésies proustiennes[19].

Chez Proust, des vertus dégageant des odeurs sont des synesthésies, même si la définition de la figure *stricto sensu* ne prévoit pas l'association entre une perception sensorielle et une dimension psychologique ou morale ; nous croyons que le contexte nous autorise à cette dérogation, ce que nous tenterons de démontrer par la suite[20]. L'écriture proustienne nous oblige d'ailleurs à nous détacher légèrement de cette définition sur un autre point, celui-là plus directement lié à la nature même de la figure. En effet, « *proprio perché implica simultaneità nelle percezioni, la sinestesia letteraria non può esistere altro che su di un piano sincronico*[21] », et

16 J. Michelet, *La Mer*, Paris, Calman-Lévy, 1892, cit. p. 103-110.

17 *Ibid.*, p. 107.

18 *Ibid.*, p. 108.

19 S. Ullmann, « Transposition of sensations in Proust's imagery », in *Style in French Novel*, Oxford, Basil Blackwell, 1964, p. 195.

20 Je renvoie sur ce point au volume que Paola Paissa a consacré à la synesthésie lexicalisée, où le croisement qualité morale/perception est prévu, et à la discussion proposée par l'auteure sur ce point (*Analisi contrastiva delle sinestesie lessicalizzate nel codice italiano e francese*, Brescia, La Scuola, 1995, p. 16-19).

21 « Justement parce qu'elle implique simultanéité dans les perceptions, la synesthésie littéraire ne peut exister que sur un plan synchronique » (P. Paissa, *La sinestesia. Storia e analisi del concetto*, *op. cit.*, p. 100).

certes les "vertus odorantes" dont il est question ici sont "présentes", donc synchroniques, tenues en suspens, surnageant et flottant dans l'air comme des protozoaires[22], mais elles y ont été déposées au cours du temps, comme le mot « habitudes » l'indique clairement. Ce pluriel est d'ailleurs significatif : l'habitude au singulier aurait sans doute empêché la capacité perceptive du sujet, et il n'est pas nécessaire de rappeler combien ce thème de l'habitude déroutante traverse tout le roman. C'est à cause de ce pluriel que les habitudes peuvent devenir « morales », ce qui est confirmé par la suite, quand le narrateur se souvient du goût particulier qu'il ressentait à demeurer dans cette chambre dans la semaine de Pâques, quand « il ne venait que d'arriver à Combray ». C'est ce pluriel aussi qui permettra le procédé d'agrégation/synthèse du multiple que réalisera l'écriture par la suite.

Or la dimension temporelle est évidemment incontournable dans l'écriture de Marcel Proust : même dans l'agrégation sensorielle, où la contemporanéité des perceptions est essentielle, la sensation s'accompagne d'une profondeur du vécu qui lui est consubstantielle. Comme le reconnaît Julia Kristeva, l'expérience pour Proust n'est jamais ponctuelle, « saisie immédiate [...] surgissement, fulgurance (*Erlebnis*), elle devient dans un second temps connaissance de ce jaillissement, patient savoir (*Erfahrung*) [...] L'expérience proustienne a ceci de particulier que la fulgurance de ce premier jaillissement est toujours *double* : deux espaces, deux temps, deux sensations se télescopent dans le désir du narrateur, qui apparaît comme une *condensation métaphorique originaire. Comme si le premier mot était immédiatement une analogie*[23] ».

Le lien rhétorique qui fonde le croisement synesthésique est en effet double : métonymique (les vertus sont là, sous la forme d'objets et de gestes quotidiens, elles habitent la chambre et y émanent des odeurs) et métaphorique (les odeurs que l'on respire dans la chambre sont rassurantes et douces comme les habitudes et les vertus de la vie de province).

> 2) odeurs naturelles encore, certes, et couleur du temps comme celles de la « campagne voisine, mais déjà casanières, humaines et renfermées, gelée exquise industrieuse et limpide de tous les fruits de l'année qui ont quitté le

---

22 Le mot "atmosphère" garde dans son origine philologique un lien avec la dimension aquatique de la métaphore initiale (*atmos* : vapeur), ce qui autorise à imaginer les vertus et les habitudes comme des atomes "flottant" dans l'air.

23 J. Kristeva, *Le Temps sensible*, *op. cit.*, p. 339.

> verger pour l'armoire ; saisonnières, mais mobilières et domestiques, corrigeant le piquant de la gelée blanche par la douceur du pain chaud, oisives et ponctuelles comme une horloge de village, flâneuses et rangées, insoucieuses et prévoyantes, lingères, matinales, dévotes, heureuses d'une paix qui ne porte qu'un surcroît d'anxiété et d'un prosaïsme qui sert de grand réservoir de poésie à celui qui la traverse sans y avoir vécu.

Ces odeurs sont naturelles, et comme la campagne voisine elles sont « couleur du temps » : l'agrégation sensorielle (odorat/vue) se fonde sur un lien rhétorique qui est donc encore une fois double : métonymique (couleur du ciel que l'enfant est en train de regarder) et analogique (changeantes, instables, comme de la saison et le temps qu'il fait). Cette couleur du temps est *naturelle*, donc provoquée par la situation ambiante, mais modifiée et enrichie par la vie quotidienne que l'on conduit dans la chambre et qui dépose des odeurs « casanières, humaines et renfermées ». Ce sont des odeurs qui sont entrées par la fenêtre, mais que la vie de la maison a "travaillées" comme on travaille une gelée. Elles ont donc modifié leur consistance (comme une pêche devenue confiture), mais elles ont gardé en même temps leur nature, qui est passée d'un état à l'autre, dans une progression qui est temporelle et spatiale à la fois. Stephen Ullmann observe à propos de la tendance proustienne à utiliser des synesthésies fondées sur un lien de contiguïté que cela démontre sa "*constant preoccupation with the unitiy of experience*", même si plus loin il semble sous-estimer le rôle du lien métonymique dans la formation (et dans le sens) des synesthésies proustiennes, en revenant à l'idée d'analogie pour en expliquer le rôle esthétique[24].

La « gelée exquise, industrieuse et limpide » fait entrer enfin dans la jubilation sensorielle de l'enfant le sens du goût, comme il y était convoqué dès le début : ces odeurs sont bonnes à manger comme une gelée (lien analogique), et la gelée est limpide, donc bien amalgamée, pure et dense comme le sont les belles métaphores et le style. Les odeurs que nous avons vues se pénétrer de lumière et de vertu sont devenues comestibles : le goût doit toutefois se préciser, se définir dans toute la complexité d'un plaisir qui se compose, s'assemble, se confectionne « comme un gâteau provincial ». La nature composite de ce goût est confirmée par la série d'antithèses et d'adversatives qui organisent le

24 « Sa constante préoccupation pour l'unité de l'expérience », S. Ullmann, « Les idées linguistiques de Proust dans *Jean Santeuil* », *op. cit.*, p. 197.

passage : les deux champs sémantiques de la nature et de la maison sont opposés ici et regroupés terme à terme. Les odeurs sont « piquantes » comme la gelée blanche (qui vient du verger), mais « douces » comme le pain chaud (qui se prépare dans le four)[25]. Toute la série d'adjectifs qui suit personnifie les odeurs qui deviennent des créatures habitant la chambre mais gardant dans leur caractère composite le frisson et l'excitation du dehors : comme la vie naturelle elles sont oisives, flâneuses, insoucieuses, matinales, et ramènent à cet état de béatitude heureuse qui avait été introduit par la métaphore maritime et aérienne du début ; elles sont toutefois ponctuelles comme une horloge, rangées, prévoyantes, lingères et dévotes comme la vie du village et de la maison. L'antithèse qui clôt la série confirme l'opposition nature/maison développée jusqu'ici : le bonheur naturel qu'elles apportent contient toute l'anxiété du dehors, en même temps que l'ennui de l'existence villageoise est réservoir de poésie pour celui qui n'est pas tenu à la vivre.

Le troisième segment de texte que nous allons lire introduit la dimension auditive dans l'état de plénitude sensorielle de l'enfant :

> 3) L'air y était saturé de la fine fleur d'un silence si nourricier, si succulent que je ne m'y avançais qu'avec une sorte de gourmandise [...] avant que j'entrasse souhaiter le bonjour à ma tante on me faisait attendre un instant, dans la première pièce où le soleil, d'hiver encore, était venu se mettre au chaud devant le feu, déjà allumé entre les deux briques et qui badigeonnait toute la chambre d'une odeur de suie, en faisant comme un de ces "devant de four" de campagne, ou de ces manteaux de cheminée de châteaux, sous lesquels on souhaite que se déclarent dehors la pluie, la neige, même quelque catastrophe diluvienne pour ajouter au confort de la réclusion la poésie de l'hivernage.

Le silence est traité ici comme une matière comestible (agrégation ouïe/goût), ce qui est rendu possible par la métaphore initiale : il faut en effet revenir aux « myriades de protozoaires » qui habitent la mer pour comprendre que le mot « saturé » est utilisé ici dans son sens propre (de saturation d'un liquide). L'air est comme la mer : y habitent des odeurs et des goûts qui nourrissent et enchantent celui qui s'y immerge. La « fine

25 Il est à remarquer qu'une attribution désormais presque entièrement passée dans le domaine sémantique de la dimension psychologique ("doux", *cfr.* sur ce point P. Paissa, *Analisi contrastiva delle sinestesie lessicalizzate nel codice italiano e francese*, *op. cit.*, p. 15-16) est réactivée ici et resémantisée dans son sens original, et ceci dans un passage où l'agrégation sensoriel/psychologique est exploitée sans réserve.

fleur » du silence active aussi les deux directions sémantiques qui lui sont propres : le *nec plus ultra* (le délice) et la pureté, l'affinement, comme on le dirait d'un parfum, ou d'un précipité chimique. Le lien analogique s'appuie en même temps sur la synesthésie précédente (les odeurs piquantes et douces, donc comestibles), et sur le trait de la saturation : le trop-plein de l'atmosphère est agréable comme une boisson succulente que l'on goûte avec gourmandise. L'enfant vient seulement d'entrer dans la première chambre où on le fait attendre avant qu'il puisse souhaiter le bonjour à la tante Léonie. La progression de la description, comme toujours chez Proust, est narrative, et nous sentons avec le héros le mouvement perceptif de la situation ambiante, qui s'enrichit maintenant des qualités de la lumière et de la température du lieu. Après l'odorat, le goût et l'ouïe, c'est la vue qui est ici convoquée : le soleil est évidemment pris en compte pour sa qualité lumineuse : c'est en effet un soleil d'hiver, qui ne réchauffe pas et qui vient « se mettre au chaud ». L'agrégation sensorielle (lumière/toucher) est fondée sur un lien de contiguïté (la lumière est là, le feu aussi), sur lequel s'appuie la métaphorisation du soleil, personnifié et identifié à un habitant de la maison. Le verbe badigeonner est utilisé pour sa qualité "amalgamante" : comme un peintre, le feu enduit les murs de l'odeur de suie[26] ; l'échange sensoriel est donc provoqué par la proximité perceptive (la chaleur du feu réchauffe les murs humides qui émanent en conséquence l'odeur de suie), mais cette proximité se réalise en un lien analogique où paraît encore une fois la qualité du mélange qui est propre au style. Le confort de la réclusion opposé à la poésie de l'hivernage confirme et continue l'antithèse entre les champs sémantiques de la maison et de la nature que nous avons observée dans la première section du texte et contribue à créer cet "espace fusionnel" où externe et interne se rencontrent sans se confondre tout à fait. L'extase sensorielle du héros va se réaliser complètement dans le segment textuel qui clôt le passage, et qui trouve son centre perceptif et spatial dans le couvre-lit :

> 4) je faisais quelques pas du prie-Dieu aux fauteuils en velours frappé, toujours revêtus d'un appuie-tête au crochet ; et le feu cuisant comme une

26 Cette odeur de suie n'est pas loin de rappeler la « fraîche odeur de renfermé » qui provoquera dans *À l'ombre des jeunes filles en fleur* l'épisode de mémoire involontaire du Pavillon des Champs Élysées (*JF*, I, p. 483). La nature euphorique de la fraîcheur dans le roman proustien a d'ailleurs été signalée et approfondie par Jean-Pierre Richard dans son étude *Proust et le monde sensible*, à laquelle nous renvoyons.

> pâte les appétissantes odeurs dont l'air de la chambre était tout grumeleux et qu'avait déjà fait travailler et "lever" la fraîcheur humide et ensoleillée du matin, il les feuilletait, les dorait, les boursouflait, en faisant un invisible et palpable gâteux provincial, un immense "chausson", où, à peine goûté les arômes plus croustillants, plus fins, plus réputés, mais plus secs du placard, de la commode, du papier à ramages, je revenais toujours avec une convoitise inavouée m'engluer dans l'odeur médiane, poisseuse, fade, indigeste et fruitée du couvre-lit à fleurs.

Dans un mouvement presque circulaire la plénitude perceptive de ce moment de pur plaisir physique revient à la dimension gustative et nourricière qu'avait déclenchée la métaphore initiale : le feu cuit les odeurs, soit les modifie par l'action de la chaleur, ce qui fonde l'échange sensoriel (odorat/goût) sur la réalité de l'expérience et partant sur le lien rhétorique de la métonymie. La relation proximale se joint toutefois au lien analogique de la personnification (le feu est une cuisinière de campagne, qui transforme ce qui avait déjà été assemblé) ; l'analogie est confirmée par la similitude suivante, qui vient évidemment à sa place dans ce passage : les odeurs comestibles, succulentes, gourmandes qu'avaient déjà "travaillées" les habitants invisibles de cette chambre (les habitudes, les vertus casanières), et qui étaient déjà devenues « une gelée exquise », sont prêtes maintenant à s'empâter, à s'amalgamer dans un mélange dense et fluide mais jamais complètement "fondu". L'air de la chambre est en effet « tout grumeleux[27] » des odeurs délicieuses qui « lèvent » grâce à la fraîcheur humide et ensoleillée du matin. Les odeurs sont ici assimilées à une matière, et deviennent donc accessibles au sens du toucher. C'est ce qu'a rendu possible la similitude gastronomique précédente (comme une pâte), laquelle déclenche par la suite toute une série de synesthésies organisées selon une dynamique qui est celle de la métaphore filée. Le feu cuit les odeurs comme on cuit un gâteux, et le lecteur est amené à imaginer les regonflements et les grumeaux d'une pâte que l'on regarde lever, dorer et se solidifier dans l'encadrement d'un four. La relation synesthésique n'est pourtant pas fondée sur l'échange odorat/vue : le gâteau d'odeurs est qualifié quelques lignes plus bas d'« invisible et palpable », ce qui situe l'agrégation sensorielle dans les domaines l'odorat (l'odeur est invisible) et du toucher. Il reste toutefois que les champs sémantiques

27 *Cf. Ibid.* pour la préférence de Proust pour le « rugueux » et le « grumeleux ».

qui sont activés par les verbes « dorer, boursoufler, goder » plongent le lecteur dans une pluralité de sensations qui évoque le goût et la vue en même temps que le toucher.

C'est en effet sur le sens du goût que se clôt ce long vertige sensoriel : les odeurs sont définitivement assimilées (selon une direction rhétorique qui continue la métaphorisation ébranlée par la personnification du feu et par la similitude gastronomique) à des nourritures. Cette assimilation procède selon une distribution spatiale externe/interne (du placard vers le centre de la pièce) et selon une gradation de la sensation gustative qui va du croustillant/sec (un goût en quelque sorte net et décis) à l'indigeste/fruité, qui nous ramène vers la consistance gluante, pâteuse, visqueuse dans laquelle nous avons trempé jusqu'ici. Le couvre-lit, centre odorant de cette fête sensorielle, condense et distille la dialectique nature/maison, la perception "sauvage" et la sensation "domestiquée" qui a traversé tout le passage. La pêche est devenue gelée, la synesthésie est comme tout le reste chez Proust le fruit du temps d'un côté, qui garantit de la profondeur à l'expérience, et du style de l'autre, qui lie et mélange ce qui est séparé et disparate. Cet amalgame réussit aussi grâce à une syntaxe désaxée, bâtie sur ce "*semantic excitement*" qui selon John Porter Houston, lequel commente précisément ce passage, est provoqué par la faiblesse et la rareté des verbes, associée à la surabondance de substantifs et d'adjectifs associés de manière surprenante, ce qui créerait "*a remarkable effect of floating, indeterminate grammar*"[28].

Si la page du "chausson d'odeurs" relate une expérience purement sensorielle et physique, la célèbre *Sonate* de Vuinteuil et les réflexions qu'elle provoque chez Swann rentrent au contraire dans le domaine incontesté de l'Art et de l'Esprit. Nous allons voir pourtant que là aussi la dimension de la matière constitue une composante incontournable de l'élévation spirituelle.

28 Un « enthousiasme sémantique [qui crée] un remarquable effet de syntaxe flottante et indéterminée » (J. Porter Houston, *The shape and style of Proust's Novel*, Wayne State University Press, 1982, p. 117).

LA *SONATE*

L'épisode est bien connu[29] : Swann se trouve à la soirée Verdurin, et l'occasion lui est offerte d'écouter pour la deuxième fois un morceau de musique déjà entendu l'année précédente au cours d'une soirée. L'extase qui va le toucher est d'emblée introduite par une synesthésie dont nous allons avoir par la suite une clarification : invité par la maîtresse de maison Swann est en train de « palper » les bronzes du Canapé Beauvais dont il a admiré la beauté quelques instants auparavant. Comme le pianiste va commencer son exécution, madame Verdurin prie l'ami d'Odette de laisser les bronzes pour écouter la musique : « Allons, vous les caresserez plus tard ; maintenant c'est vous qu'on va caresser, qu'on va caresser dans l'oreille ». La musique est d'emblée présentée comme un plaisir tactile, qui nous introduit dans une expérience dont on sait qu'elle va être agréable comme une caresse. L'exécution terminée, Swann « fut plus aimable encore avec [le pianiste] qu'avec les autres personnes qui se trouvaient là ». La raison de sa politesse est la gratitude pour avoir renouvelé le plaisir de cette mélodie inconnue que Swann n'espérait pas retrouver. La qualité de ce bonheur est ainsi décrite :

> D'abord, il n'avait goûté que la qualité matérielle des sons sécrétés par les instruments. Et c'avait été un grand plaisir quand, au-dessous de la petite ligne du violon, mince, résistante, dense et directrice, il avait vu tout d'un coup chercher à s'élever dans un clapotement liquide la masse de la partie de piano, multiforme, indivise, plane et entrechoquée comme la mauve agitation des flots, que charme et bémolise le clair de lune.

Le premier mouvement perceptif de Swann est dominé par une « qualité matérielle » qui est sécrétée par les instruments, qui sont de cette manière comparés à des tissus vivants capables de "distiller" une substance liquide ; l'agrégat sensoriel associe donc ouïe et goût (association activée par le verbe « goûter », dont les deux directions sémantiques, propre et figurée, sont activées en même temps) à travers une relation d'analogie, et le croisement sensoriel nous replonge dans le champs sémantique de la "liquidité", une attribution encore une fois douée de la

29 *CS*, p. 205-206.

faculté d'*amalgamation* dont nous avons déjà observé l'importance dans le texte précédent. Nous allons voir que c'est encore une fois un choix stylistique essentiel à la mise en œuvre de l'esthétique proustienne. Au sens du goût s'ajoutent ceux de la vue et du toucher quand Swann voit les sons se dessiner en images : « la ligne mince, résistante et dense » (où à la qualité visuelle/tactile de la minceur s'adjoignent la résistance et la densité, plus propres au seul sens du toucher) et la « masse multiforme, indivise, plane, entrechoquée » de la partie de piano. L'association entre la minceur et le violon paraît justifiée par la qualité plus aiguë du son de cet instrument, outre que par la forme de l'archet[30] ; de même on peut attribuer à la forme du piano et à la pluralité des touches la qualification de « masse multiforme, indivise et plane » : la relation rhétorique serait donc fondée sur une contagion métonymique qui voit la forme de l'objet influer sur la qualité du son produit par l'instrument. Le trait de la liquidité est toutefois réactivé par la métaphore qui assimile la « partie de piano » à des vagues qui s'entrechoquent. Tout en continuant l'analogie initiale des sons « sécrétés » par les instruments cette métaphore garde une profonde cohérence avec la relation métonymique que l'on vient d'analyser : la forme de l'instrument est en effet comparable à une masse d'eau vaste et « multiforme », et les sons qu'ils produit peuvent être comparés au « clapotement » des vagues[31].

La similitude qui clôt le passage contient une nouvelle synesthésie qui introduit l'élément de la couleur : « la mauve agitation des flots » pourrait

30 L'agrégation entre un son aigu et une forme allongée est parmi les associations synesthésiques attestées comme les plus fréquentes. Voir sur ce point P. Paissa, *Analisi contrastiva delle sinestesie lessicalizzate nel codice italiano e francese*, *op. cit.*, et le même auteur pour l'association entre la forme des instruments et la qualité du son (P. Paissa, « Des synesthésies pour dire l'écoute. Analyse contrastive d'un corpus de presse spécialisée : la haute fidélité en français et italien », *L'analisi linguistica e letteraria*, 2002, 1-2, p. 85-175). Proust affirme d'ailleurs lui-même : « Il y a dans le violon – si, ne voyant pas l'instrument, on ne peut pas rapporter ce qu'on entend à son image, *laquelle modifie la sonorité* – des accents qui lui sont si communs avec certaines voix de contralto, qu'on a l'illusion qu'une chanteuse s'est ajoutée au concert » (*CS*, p. 376.).

31 Cette superposition du mécanisme métonymique et de la relation métaphorique est plus complexe qu'une "simple" métaphore métonymique. On pourrait l'assimiler à ce que Gérard Genette appelle la « complicité métonymique », phénomène qui en quelque sorte renforce et confirme la notoire répugnance proustienne pour « la métaphore insuffisamment métonymique ressortissant à ce que la rhétorique classique condamnait sous le nom de "catachrèse" » (G. Genette, « Combray-Venise-Combray », in *Figures IV*, Paris, Seuil, 1999, p. 263-282, cit. p. 253).

être considéré comme un cas assez simple d'audition colorée[32] ; la relative finale motive en fait cette attribution : les vagues sont mauves parce que le clair de lune « bémolise » (baisse d'un demi-ton) leur couleur[33].

Or, la polysensorialité de cette expérience artistique est indispensable à la compréhension de l'art ; Swann sent qu'il y a là quelque chose à capter, quelque chose qui passe et lui « ouvre plus largement l'âme, *comme certaines odeurs de roses circulant dans l'air humide du soir ont la propriété de dilater nos narines*[34] », mais il ne sait pas recueillir ce parfum. C'est en conséquence de cette incapacité que cette première impression est « purement musicale[s], inétendue[s], entièrement originale]s], irréductible[s] à tout autre ordre d'impressions [...] *sine materia*[35] ». Dans son analyse des placards Bodmer de ce passage, Françoise Leriche démontre en effet que Proust, en retravaillant le passage de la Sonate dans *Swann*, réoriente le discours esthétique sur la musique, se détachant de l'idéalisme initial – idéalisme qui est laissé à Swann – pour élaborer une théorie de l'expérimentation et de la perception personnelle de l'univers de la part de l'artiste dans laquelle la perceptions sensorielle joue un rôle essentiel. En comparant les deux versions du ce passage, en effet

> l'opposition est évidente entre les expressions abstraites et un réseau d'habitudes mentales, d'impressions saisonnières, de réactions cutanées, [...] réseau uniforme dans lequel son [du Narrateur] *corps* se trouvait repris [...], la petite phrase ramenant ces impressions sensorielles. Alors que le texte initial, biffé, détaillait des scènes principalement visuelles [...], la réécriture accentue la dimension olfactive [...] et les sensations d'humidité, de froid, etc., le passé ainsi revécu dans sa vérité sensorielle ayant toutes les caractéristiques de celui que restitue la mémoire involontaire[36].

L'essence proustienne n'est pas qu'individuation et originalité irréductible : elle est relation, analogie, métaphore. Une expérience purement musicale est destinée à se perdre. En effet les notes ne sont pas purement musicales :

32 Sur l'audition colorée cfr. P. Paissa, *La sinestesia. Storia e analisi del concetto*, *op. cit.*, p. 22-29.

33 L'importance de cette couleur dans la narration proustienne est notoire : *cf.* J.-P. Richard, *Proust et le monde sensible*, *op. cit.*

34 *CS*, p. 205-206.

35 *Ibid.*, p. 206.

36 F. Leriche, « 1913 : la réécriture du concert Saint-Euverte sur les placards de *Du Côté de chez Swann* », *Genesis*, n. 36, 2013, « *Proust* 1913 », éd. N. Mauriac Dyer, p. 113-133, cit. p. 117. L'auteure souligne.

> Sans doute les notes que nous entendons alors, tendent déjà, selon leur hauteur et leur quantité, à couvrir devant nos yeux des surfaces de dimensions variées, à tracer des arabesques, à nous donner des sensations de largeur, de ténuité, de stabilité, de caprice. Mais les notes sont évanouies avant que ces sensations soient assez formées en nous pour ne pas être submergées par celles qu'éveillent déjà les notes suivantes ou même simultanées[37].

Si nous ne sommes pas immédiatement capables de discerner cette nature plurielle de l'émotion artistique, c'est que la perception est insérée dans l'écoulement linéaire du temps, un temps d'instants successifs qui empêche de capter et de comparer. La mémoire (« comme un ouvrier qui travaille à établir des fondations durables au milieu des flots ») nous aide à fabriquer « des fac-similés de ces phrases fugitives », à les « comparer à celles qui leur succèdent » et à « les différencier[38] ». L'intervention de l'intelligence – de la mémoire volontaire – sert ici à trouver son sens à cette "liquidité" et à ce "fondu" dans lesquels la perception se réalise : plurielle, acoustique et visuelle en même temps, mais surtout douée d'une organisation fondée sur la ressemblance et l'analogie. Grâce à la mémoire Swann réussit à identifier une même impression qui revient, et surtout à s'en représenter « l'étendue, les groupements symétriques, la graphie, les valeurs expressives ; il avait devant lui cette chose qui n'est plus de la musique pure, qui est du dessin, de l'architecture, de la pensée, et qui permet de se rappeler la musique[39] ».

La petite phrase de la *Sonate* va se représenter devant Swann, « aérienne et odorante[40] », « d'une couleur autre, dans le velouté d'une lumière interposée[41] », elle va « passer, légère, apaisante et murmurée comme un parfum[42] », « à la façon d'un parfum, d'une caresse », riche d'une « douceur rétractée et frileuse[43] » jusqu'à ce qu'elle s'identifie à « une bulle irisée » à « un arc-en-ciel », et qu'elle ajoute « aux deux couleurs qu'elle avait jusque-là laissé paraître [...] d'autres cordes diaprées, toutes celles du prisme, et les [fît] chanter[44] ».

---

37 *CS*, p. 208.
38 *Ibidem*.
39 *Ibidem*.
40 *Ibidem*.
41 *Ibid.*, p. 215.
42 *Ibid.*, p. 342.
43 *Ibid.*, p. 343.
44 *Ibid.*, p. 346.

L'extase artistique est donc spirituelle *et* sensorielle : plénitude intérieure *et* totalité perceptive ; elle ne se réalise en fait qu'à cette condition. Si le "chausson d'odeurs" constituait un moment de perception pure, de béatitude physique, d'absorption du réel de la part de l'enfant qui se laissait pénétrer de l'épanouissement de ses sens, la *Sonate* de Vuinteuil représente un moment de plaisir immatériel où se manifeste pourtant la même nécessité du réel, et notamment de la dimension perceptive, pour que se réalisent ces « équivalents spirituels » qui sont notoirement le but de l'art. La sensation est en effet « reliée à notre être total : il n'y a de toute façon jamais, [dans la *Recherche*] sauf pour le raisonnement, de chose qui puisse être totalement saisie hors de son rayonnement subjectif, hors de son insertion dans le paysage *ou par-delà ses horizons synesthésiques*[45] ».

Pour Swann cette révélation reste lettre morte : l'épiphanie n'a pas lieu, et il se borne à identifier l'extase que lui procure la mélodie à « l'air national de [son] amour » pour Odette[46]. Mais nous croyons qu'Anne Simon a raison, quand elle affirme que l'échec dans la *Recherche* est narratif, non esthétique[47] : il est ici l'affaire de Swann, et du héros tant de fois par la suite. L'écriture, elle, réalise bien cet entre-deux du réel et de la transcendance qu'est l'œuvre d'art.

---

45 A. Simon, *Proust ou le réel retrouvé. Le sensible et son expression dans* À la recherche du temps perdu [2000], Paris, Champion, 2011, p. 23.

46 *Ibid.*, p. 215.

47 *Ibid.*, p. 29-30.

JOUIR DES AUBÉPINES

Sur quelques pages de Proust et la synesthésie

Il y a dans le projet artistique proustien une dynamique paradoxale qui situe la *Recherche* à la lisière de deux cultures, et en fait l'œuvre « bancale » dont parle Antoine Compagnon[1]. Héritier du Symbolisme, Proust le dépasse sans jamais le renier ; pénétré de l'Idéalisme allemand, il jette le premier pont vers la phénoménologie contemporaine, laquelle reconnaît d'ailleurs en lui un précurseur dont les suggestions n'ont pas cessé d'exercer leur provocation[2]. La sensation et son rapport à l'écriture jouent dans cette dynamique un rôle capital ; tout en renonçant à l'existence objective d'un Univers harmonieux qui fondait la rhétorique baudelairienne, Proust vise à l'institution (au sens que Merleau-Ponty donnait à ce terme)[3] d'une connaissance sensorielle qui soit éternelle et présente à la fois : les sens se correspondent ou plutôt se fondent dans le flux de l'existence, et l'Art seul donne accès – et sens – à ce mystère.

La présence diffuse d'une rhétorique de la polysensorialité dans la *Recherche* est assez notoire, et nous nous en sommes occupée ailleurs[4]. Une donnée simplement quantitative et apparemment banale servira

---

1 A. Compagnon, *Proust entre deux siècles*, Paris, Seuil, 1989, p. 49.

2 Voir sur ce point A. Simon, « Phénoménologie et référence : Proust et la redéfinition du réel », *Littérature*, n. 132, 2003, p. 67-82, et du même auteur : « Le côté phénoménologique de Proust (Proust et Husserl) », in *Le moment 1900 en philosophie*, éd. Fréderic Worms, Villeneuve d'Asq, Presses Universitaires du Septentrion, 2004, p. 305-313 ; voir en outre le Colloque qui s'est tenu à Gargnano (Brescia) du 28 au 30 septembre 2006, *Proust et la philosophie*, où la fécondité de l'écriture proustienne pour les phénoménologues a trouvé une confirmation évidente (*Proust et la philosophie aujourd'hui*, éd. Mauro Carbone et Eleonora Sparvoli, Pise, ETS, 2008).

3 M. Merleau-Ponty, *Résumés de cours*, Collège de France, 1952-1960, Paris 1968, p. 61.

4 Voir J.-P. Richard, *Proust et le monde sensible*, Paris, Seuil, 1974 ; J. Kristeva, *Le Temps sensible*, Paris, Gallimard, 1994 ; A. Simon, *Proust ou le réel retrouvé. Le sensible et son expression dans* À la recherche du temps perdu, Paris, PUF, 2000, rééd. Champion 2011. *Cf.* aussi M. Verna, *Le sens du plaisir. Des synesthésies proustiennes*, Oxford / Bern / Berlin / Bruxelles / Frankfut am Main / New York / Wien, Peter Lang, 2013. Nous renvoyons aussi aux chapitres du présent ouvrage qui reprennent nos travaux sur la question (les chapitres « La synesthésie comme véhicule d'extase dans *Du côté de chez Swann* », p. 135-152, ; « D'une chevelure odorante au

notre propos actuel : le taux de fréquence des synesthésies est en relation directe avec les moments de stase narrative qui marquent dans la *Recherche* des points culminants dans la quête du héros vers la vérité[5]. Soit il s'agit de moments descriptifs – mais la description est chez Proust moins une observation du monde qu'une appréhension progressive du réel que le lecteur est censé effectuer avec le héros[6] –, soit il s'agit de véritables moments d'extase, où la perception se dilate en une durée qui est en même temps pure jouissance, *diapason* du sentir[7].

L'une des pages les plus célèbres du roman proustien est le "morceau" sur les aubépines, dont l'écrivain avait publié une première version en 1912 dans le *Figaro* et qui devint par la suite l'un des *Leitmotive* les plus significatifs de l'œuvre. Cette page a été l'objet d'analyses nombreuses et importantes : Jean-Pierre Richard situe les aubépines parmi les « objets herméneutiques », et retrouve en elles un inédit « caractère de festivité[8] » ; Jean Milly les qualifie d'« essence proustienne par excellence[9] » ; Stefano Agosti attribue à cette page une « précise valeur emblématique[10] », tandis que pour Bernard Brun elle pose « les problèmes essentiels du roman et de sa genèse : l'inscription de la description dans un récit, et la différence entre souvenir involontaire et expériences esthétiques (la musique en particulier), héros et narrateur[11] ». Nous sommes convaincue à notre tour que cet épisode constitue un pivot de la "vérité perceptive" dont nous parlions tout à l'heure, et que la structure rhétorique dans laquelle il est organisé démontre que dans la *Recherche* il n'y a de connaissance que sensorielle.

---

temps de l'extase : sur des synesthésies proustiennes », p. 169-183 ; « Diversité des sens, unité sensible : dans la chair de l'écriture proustienne », p. 199-211).

5 M. Verna, *Le sens du plaisir. Des synesthésies proustiennes*, « Annexes statistiques », p. 211-216.

6 *Cf.* L. Maranini, « Senso e valore degli aggettivi "congiunti" nello stile di Proust », *Studi Francesi*, 13, 1961, p. 40-62, et A. Simon, « Proust et la superposition descriptive », *Bulletin d'informations proustiennes*, n. 25, 1994, p. 151-166.

7 La fréquence varie d'un tome à l'autre, en relation avec le "thème" spécifique de chaque roman : les échanges entre l'audition et les autres sens prévaut dans les tomes où la musique joue un rôle majeur (dans la *Prisonnière*, surtout), même si on remarque une majorité d'échanges intéressant le toucher dans presque tous les tomes.

8 J.-P. Richard, *Proust et le monde sensible*, *op. cit.*, p. 204.

9 J. Milly, *La phrase de Proust dans* À la recherche du temps perdu, Service de reproduction des thèses, Université de Lille III, 1974, p. 148.

10 S. Agosti, *Realtà e metafora. Indagini sulla* Recherche, *op. cit.*, p. 77.

11 B. Brun, « Aubépines », in *DMP*, p. 92.

Nous concentrerons l'analyse sur trois moments cruciaux de la narration, où la progressive densification de l'écriture se dispose dans un climax sensoriel et spirituel qui tend à la parfaite fusion des deux dimensions et ce grâce à un emploi magistral – et inédit – de la synesthésie.

LES AUBÉPINES À L'ÉGLISE

Fleurs spirituelles et charnelles à la fois, les aubépines représentent pour le jeune héros de la *Recherche* un inextricable mélange de dévotion et de grâce féminine, de plaisir et d'élévation. Sur ce mélange le narrateur construira l'édifice stylistique qui permettra au lecteur d'entrer dans la dynamique même de cette polarisation, mais sans la résoudre (résoudre signifierait dissoudre, et rien ne resterait de cet instant de perfection). Le premier noyau culturel de l'association "aubépines-dévotion et plaisir" se situe dans un passage de Ruskin que Proust avait commenté pour la première fois en 1900. Dans ce passage Ruskin fait l'éloge de la statue de la Madone située au transept sud de la Cathédrale d'Amiens :

> arrivant tout à fait au porche, chacun doit aimer la jolie petite Madone française qui en occupe le milieu, avec sa tête un peu de côté, son nimbe de côté aussi, comme un chapeau seyant. Elle est une Madone de décadence, en dépit, ou plutôt en raison de sa *joliesse* et de son gai sourire de soubrette [...] le peuple fit *une foi plus joyeuse* pour la France et voulut avoir partout une Madone *soubrette* aux regards brillants, laissant sa propre Jeanne d'Arc aux yeux sombres se faire brûler comme sorcière ; et depuis lors les choses allèrent leur joyeux tour tout droit [...]. Mais pourtant ils savaient encore sculpter au XIVe siècle, et la Madone *et son linteau d'aubépines en fleurs* sont dignes que vous les regardiez[12]...

Les deux pôles de l'expérience qui sera celle de Marcel à Combray sont déjà inscrits dans ce texte de Ruskin : la joliesse, la foi joyeuse, une

12 Proust publia un premier article sur la *Bible d'Amiens* (qui contient ce morceau traduit) dans le *Mercure de France* pour les célébrations occasionnées par la mort du critique. Cet article fut ensuite incorporé dans la « Préface » de la traduction de la *Bible d'Amiens* (1904). Aujourd'hui dans « Journées de Pèlerinage, Ruskin à Notre-Dame d'Amiens, à Rouen, etc. », in *Pastiches et Mélanges*, éd. Pierre Clarac et Yves Sandres, Paris, Gallimard, 1971, p. 69-105, cit. aux p. 78, 79, 80-81.

Madone « soubrette » encadrée dans un linteau d'aubépines. L'insertion de ces éléments dans la narration se fait à un moment précis et soigneusement choisi par le narrateur : le samedi, jour où la « mécanique » de la tante Léonie subit un changement (on déjeune une heure plus tôt pour permettre à Françoise d'aller au marché l'après-midi), jour spécial où pendant le mois de mai toute la famille sort après le dîner pour se rendre au « Mois de Marie » : « C'est au mois de Marie que je me souviens d'avoir commencé à aimer les aubépines[13] ». Il s'agit donc d'un temps doté d'une essence particulière de festivité, qui rompt l'uniformité de l'habitude : C'est là une condition narrative nécessaire pour que le style puisse se manifester et agir, mais c'est aussi le caractère même que l'écriture tentera de reproduire, ou plutôt d'instituer : l'essence de la fête, de la joie pleine que le lecteur sera invité à vivre – presque physiquement – avec le jeune héros. L'organisation de l'isotopie mystique/perceptive qui va réaliser cet objectif stylistique prend ses racines dans la première rencontre avec les aubépines, dans l'église[14] :

> N'étant pas seulement dans l'église, si *sainte*, mais où nous avions le droit d'entrer, posées sur l'autel même, *inséparables des mystères* à la célébration desquels elles prenaient part, elles faisaient courir au milieu des flambeaux et des vases sacrés leurs branches attachées horizontalement les unes aux autres *en un apprêt de fête*, et qu'enjolivaient encore les *festons* de leur feuillage sur lequel étaient semés à profusion, *comme sur une traîne de mariée*, de petits bouquets de boutons d'une blancheur éclatante.

Les deux directions sémantiques déjà identifiées dans le texte de Ruskin (dévotion/grâce féminine, juvénile et insouciante) se retrouvent dans la description des aubépines posées sur l'autel, lesquelles cessent d'être un ornement pour incarner le sens même de la fête. C'est volontairement, sciemment que les fleurs participent aux mystères divins : l'apprêt de fête et les festons ne sont pas l'œuvre d'un décorateur, ils sont nécessaires, comme l'art et la nature seulement peuvent l'être. La comparaison explicite « comme sur une traîne de mariée » introduit le champ sémantique de la féminité, lequel est continué dans la longue comparaison finale qui fond parfaitement les deux dimensions :

---

13 *CS*, p. 110.

14 *Cf.* Bernard Brun sur l'histoire du manuscrit de ce texte, et le choix de situer la première rencontre avec les fleurs dans l'église, contrairement à une première version où la promenade précédait le moment mystique (*DMP*, *ad vocem*).

> *je sentais que ces apprêts pompeux étaient vivants* et que *c'était la nature elle-même* qui, en creusant ces découpures dans les feuilles, en ajoutant l'ornement suprême de ces blancs boutons, avait rendu cette décoration digne de *ce qui était à la fois une réjouissance populaire et une solennité mystique*. Plus haut s'ouvraient leurs corolles çà et là avec une *grâce insouciante*, retenant si négligemment *comme un dernier et vaporeux atour le bouquet d'étamines, fines comme des fils de la Vierge*, qui les embrumait tout entières, qu'en suivant, qu'en essayant de mimer au fond de moi le geste de leur efflorescence, je l'imaginais comme si ç'avait été le mouvement de tête étourdi et rapide, au regard coquet, aux pupilles diminuées, *d'une blanche jeune fille, distraite et vive*[15]

Le comparant choisi pour le bouquet d'étamines (« fines comme des fils de la Vierge »), pleinement motivé d'ailleurs et fondé sur une analogie morphologique évidente, réalise la parfaite identification entre les deux expériences : l'expérience de la dévotion et l'émotion presque amoureuse de la rencontre avec « une jeune fille distraite et vive[16] ». La locution « fils de la Vierge » renvoie de manière magistrale au domaine de la nature (produits par des araignées, substance flexible et très délicate, comme les étamines) et à celui de la dévotion populaire à Marie : l'expression est bâtie en effet sur la légende des fils qui auraient échappé au fuseau de la Vierge, ce qui est d'ailleurs également cohérent avec la dimension de la grâce féminine[17]. La synthèse rhétorique restitue donc le noyau psychologique qui a engendré l'expérience narrative et la rêverie intérieure du style que nous sommes invités à partager.

Selon Jean Milly, Proust construit en effet dans ces pages sur les aubépines une série de relations, et c'est grâce à ces relations qu'il parvient à nous donner du réel une expérience et non une description :

> La plus importante de ces relations est celle de *mimer*, car elle correspond à une relation de sens fondamentale du passage : comme les aubépines prennent part au mystère du mois de Marie, le Narrateur prend part à leur vie mystérieuse par le *mimétisme*, la confidence profonde avec leur geste, en deçà de l'analyse intellectuelle, à un niveau quasi biologique, en tout cas archétypique[18].

15 *CS*, p. 110-111.

16 Les réflexions sur les éventuelles significations sexuelles des aubépines (rencontre avec Gilberte, couleur rose etc.) sont nombreuses, mais nous ne nous y attarderons pas ici. Nous croyons d'ailleurs que ces significations sont filtrées par la volonté de restituer une expérience complexe, dans laquelle la dimension religieuse n'est pas nécessairement teintée de profanation.

17 *Cf. TLF*, *ad vocem*.

18 J. Milly, *La phrase de Proust dans* À la recherche du temps perdu, *op. cit.*, p. 143.

Or les relations que Proust continue de tisser dans la suite du morceau réalisent une progressive superposition et implication perceptive, et la synesthésie devient l'instrument principal de ce « contact de l'expérience sensible, où s'engendrent les fleurs et les jeunes filles, à partir desquels se déploieront le temps et la construction du livre », l'instrument principal de ce que Milly nomme l'« essence proustienne par excellence[19] » :

> Quand, au moment de quitter l'église, je m'agenouillai devant l'autel, je sentis tout d'un coup, en me relevant, s'échapper des aubépines *une odeur amère et douce d'amandes*, et je remarquai alors sur les fleurs *de petites places plus blondes, sous lesquelles je me figurai que devait être cachée cette odeur comme sous les parties gratinées le goût d'une frangipane* ou sous leurs taches de rousseur celui des joues de Mlle Vinteuil[20].

La perception de l'odeur des aubépines[21] est soudaine et imprévue, comme toute irruption d'une vérité dans la *Recherche*, et renvoie par métaphore à l'odeur des amandes ; une synesthésie à triple composition sensorielle – odeur/couleur/goût – se construit sur cette base par adjonction métonymique d'abord (« je remarquai *alors* sur les fleurs de petites places plus blondes » : la couleur est là, et l'odeur aussi), par analogie en un deuxième moment (le lien analogique étant constitué par la similitude des expériences : la couleur des parties gratinées qui cache le goût de la frangipane ; le désir suscité par les taches de rousseur sur les joues de Mlle Vinteuil, de forme et couleur analogues).

La synesthésie proustienne n'est pas, on l'a vu, nécessairement synchronique[22] : les agrégations sensorielles ne se réalisent pas toujours dans la *Recherche* sur le plan de la synchronie, pour la bonne raison qu'il n'existe pas, pour Proust, de synchronie au sens traditionnel du terme. Le temps est pour Proust le Temps, et l'association perceptive se fait dans une épaisseur dont il est impossible d'établir les limites. Il est d'ailleurs assez rare de rencontrer dans la *Recherche* des synesthésies du type attributif simple

19 *Ibid.*, p. 148.

20 *CS*, p. 112.

21 La description de l'odeur surprend par l'hyperbate qui met en première position la sensation de l'amer, alors que la langue française possède l'adjectif composé « doux-amer » : de cette façon est soulignée la subjectivité de la perception, qui n'est jamais classifiable dans une taxinomie préétablie.

22 *Cf.* le chapitre : « La synesthésie comme véhicule d'extase dans *Du côté de chez Swann* », p. 169-183. Pour la définition de synesthésie littéraire voir P. Paissa, *La sinestesia. Storia e analisi del concetto*, Brescia, La Scuola, 1995, p. 100.

(du genre « couleur sonore ») : la syntaxe suivant les atermoiements de la conscience, le croisement des sens se fait par adjonctions successives et par renvois, dont la fusion fulgurante n'est que la dernière étape.

Dans le cas présent, par exemple, on pourrait soutenir qu'« imaginer une odeur cachée sous des taches plus blondes » n'est pas *stricto sensu* une synesthésie : elle l'est dans le cas de Proust, qui analyse l'*avènement* des sensations et rarement se borne à en enregistrer la simultanéité foudroyante – quand il le fait, on le verra dans la suite de l'analyse, c'est après avoir longuement préparé un moment qui acquiert de ce fait une intensité inédite –.

> Malgré la silencieuse immobilité des aubépines, cette intermittente odeur était comme le murmure de leur vie intense dont l'autel vibrait ainsi qu'une haie agreste visitée par de vivantes antennes, auxquelles on pensait en voyant certaines étamines presque rousses qui semblaient avoir gardé la virulence printanière, le pouvoir irritant, d'insectes aujourd'hui métamorphosés en fleurs[23].

La comparaison sensorielle qui identifie l'odeur à un « murmure » (intermittent comme un son qui va et qui vient, sur base, donc, métonymique) engendre la synesthésie à double composition sensorielle (odorat/ouïe) qui fait « vibrer » l'autel de sensualité printanière. À cette première rencontre suit une phase réflexive dysphorique : la tentative de comprendre la nature du plaisir provoqué par les aubépines aboutit notoirement à ce que Stefano Agosti appelle une « épiphanie sans révélation[24] ». La tentative de conceptualisation de la perception olfactive se révèle un échec, car la pensée suit la seule voie qui empêche la com-préhension de l'expérience, soit l'isolement de la sensation :

> Mais j'avais beau rester devant les aubépines à *respirer, à porter devant ma pensée* qui ne savait ce qu'elle devait en faire, à perdre, à retrouver *leur invisible et fixe odeur*, à m'unir au *rythme* qui jetait leurs fleurs, ici et là, avec une *allégresse juvénile et à des intervalles inattendus comme certains intervalles musicaux*, elles m'offraient indéfiniment le même *charme* avec une profusion inépuisable, mais sans me le laisser approfondir davantage, comme ces mélodies qu'on rejoue cent fois de suite sans descendre plus avant dans leur secret[25].

---

23 *CS*, p. 112.

24 S. Agosti, *Realtà e metafora. Indagini sulla* Recherche, *op. cit.* Le problème est traité aux p. 30-55.

25 *CS*, p. 136.

Invisible, comme dans une sorte de paradoxe synesthésique (l'odeur ne peut qu'être invisible), fixe, et partant frustrante, l'odeur se distribue en un rythme et à des intervalles mélodiques : le champ sémantique de la musique est repris par les mots « allégresse » et « charme », dans lesquels se synthétise le sens complexe de l'expérience. Comme une musique religieuse et magique, l'image des aubépines cache encore son sens, qui ne sera accessible qu'à la plénitude des sens. Dans la *Recherche* le problème de l'opération perceptive est en effet posé dès l'ouverture et reste situé au centre de l'esthétique – et de l'éthique, nous ajoutons – qui se développe dans l'œuvre. Nathalie Aubert observe justement que dans le roman proustien « ce n'est pas l'œil qui voit, mais ce n'est pas l'âme non plus ; c'est le corps comme totalité ouverte[26] ». Proust ne considère pas le monde comme un "objet" séparé d'un sujet qui serait censé le comprendre du dehors : « La mutité du monde est d'abord l'indice d'une énigme et non le signe de l'altérité d'un monde objectif privé de sens mais susceptible d'être entièrement éclairé par la raison[27] ». La tentative de réduire à explication rationnelle l'expérience de l'extase ne peut donc qu'échouer : mais l'insuccès concerne Marcel, non l'écriture, qui a su au contraire restituer la jouissance plénière des sens dans le miracle du style.

LA PROGRESSION DE L'EXPÉRIENCE : LA PROMENADE À TANSONVILLE

Dans le raidillon de Tansonville se concentrent toutes les directions sémantiques, sensorielles et rhétoriques qui ont été longuement et soigneusement préparées jusqu'à ce moment. Nous assistons dans ce passage à une progression de l'implication sémantique mystique/perceptive déjà esquissée dans le premier texte des aubépines à l'église, en vue d'une culmination de l'expérience qui aura lieu seulement avec l'épine rose.

26 N. Aubert, *La traduction du sensible*, Oxford, European Humanities Research Centre, 2002, p. 107.

27 *Ibid.*, p. 108.

> Je le [le petit chemin] trouvai tout bourdonnant de l'odeur des aubépines. La haie formait comme une suite de chapelles qui disparaissaient sous la jonchée de leurs fleurs amoncelées en reposoir ; au-dessous d'elles, le soleil posait à terre un quadrillage de clarté, comme s'il venait de traverser une verrière ; leur parfum s'étendait aussi onctueux, aussi délimité en sa forme que si j'eusse été devant l'autel de la Vierge, et les fleurs, aussi parées, tenaient chacune d'un air distrait son étincelant bouquet d'étamines, fines et rayonnantes nervures de style flamboyant comme celles qui à l'église ajouraient la rampe de jubé ou les meneaux du vitrail et qui s'épanouissaient en blanche chair de fleur de fraisier[28].

Si le chemin vers les champs est « tout bourdonnant » de l'odeur des aubépines, c'est grâce à la fusion sensorielle qui avait déjà eu lieu dans l'autel qui « vibrait » de l'odeur des fleurs, mais c'est grâce aussi au rythme, aux intervalles musicaux qui organisent leur disposition dans la haie. La perception des fleurs "se dépose" progressivement dans la conscience du héros, et l'écriture tente de restituer une relation complexe entre la psyché du héros et le réel, où le rôle de l'instrument linguistique (et rhétorique, comme il n'y a pas de langue sans style) n'est pas simplement celui de définir et décrire un monde objectif, mais celui de participer à l'action de la connaissance. La synesthésie n'est donc pas un « enjolivement », elle agit plutôt comme une partie active dans la prise de conscience du réel. Connues pour la première fois dans l'église, les aubépines gardent leur caractère de religiosité même à l'extérieur, et leur odeur continue de « vibrer, bourdonner » (mais cette fois la synesthésie s'enrichit d'une relation métonymique qu'elle n'avait pas dans l'église, les insectes étant probablement présents dans la réalité)[29].

L'isotopie du cultuel et du naturel est ici reprise de manière systématique ; la comparaison entre la haie et les chapelles est motivée par une effective analogie de forme qui trouve toutefois son origine dans l'expérience du héros : rencontrées une première fois dans l'église, les

28 *CS*, p. 136.

29 La polysémie du nom du « bourdon » n'est d'ailleurs pas indifférente en ce contexte : le « long bâton de pèlerin surmonté d'un ornement en forme de pomme » (sémantisme religieux) indique aussi l'« insecte au corps velu » qui produit le bruit dont il est question dans ce passage. Le mot possède un sens musical qui n'est pas sans relation avec la complexe implication sémantique du texte : le « ton de basse continue » et « le jeu de l'orgue qui fait la basse » sont évidemment cohérents avec le court-circuit sensoriel qui a lieu ici : l'odeur qui accompagne la vue des aubépines et dont la religiosité et la vitalité vibrent dans la haie. *Cf. TLFI*, *ad vocem*.

aubépines ont acquis un caractère sacré dont la conscience cherche une confirmation. La métaphore est notoirement pour Proust un instrument cognitif qui codifie le réel sans jamais sortir de l'immanence du vécu ; les *Esquisses* du passage sur les aubépines confirment la nature psychologique et cognitive des associations mises à l'œuvre dans ce texte :

> des associations que je fis d'elle avec l'autel du mois de Marie, le soir, avec les robes de Mme Goupil, de ses étamines peut-être avec l'étoffe appelée étamine, et de son calice avec l'instrument sacré appelé calice, et de ses taches brunes avec la petite tache des œufs du rouge-gorge, et des taches de rousseur de Mme Goupil, et de ses poils blancs avec ceux du fraisier et du pommier, et de sa grâce sur l'autel avec la piété de Mme Goupil, et de sa gaieté et de son parfum dans ma chambre quand j'étais malade avec la douceur et la gaieté et la piété de Mme Goupil, toutes ces associations et tant d'autres formées à un âge où les associations sont des croyances parce qu'on sent mal le sens des mots et parce que les métaphores s'imposent à l'esprit comme des réalités[30].

« Les chapelles », « la jonchée de leurs fleurs amoncelées en reposoir (renvoyant donc à un autel naturel), le soleil qui "pose à terre un quadrillage de clarté" après avoir traversé une verrière nous introduisent en effet à l'intérieur de l'église, devant cet autel de Marie à qui on offre l'épine blanche ou rose pendant le mois de mai, ce même autel devant lequel le héros avait admiré pour la première fois les aubépines, et c'est dans ce parcours que s'engendre l'agrégat synesthésique suivant. Le parfum acquiert le caractère spatial de l'étendue[31], et se fait en même temps onctueux : or l'adjectif « onctueux » concerne en français les quatre domaines sensoriels du toucher, du goût, de la vue et de l'ouïe, et touche en même temps le champ sémantique du religieux. L'appropriation de la fleur de la part du jeune héros procède par la voie des sens, qui parviennent à l'opération de synthèse que l'intelligence n'arrive pas à accomplir : onctueux, le parfum peut être touché, regardé, écouté, mangé, assimilé. L'idée de la jouissance devient ici prédominante, tandis que le développement de la métaphore aubépine / jeune fille conduit subrepticement à la couleur rose, qui doit couronner l'expérience et la conduire au diapason de la perfection du sensible.

---

30 *Esquisse* LXI (1909), *CS*, I, p. 854.

31 Étendue et volume sont rangés par Paissa dans le domaine sensoriel du toucher. Il s'agit donc d'une synesthésie à double composition sensorielle, sur base métonymique : l'extension du parfum dépend de la dimension de la série de « chapelles » formées par la haie d'aubépines.

Comme le remarque en effet Stefano Agosti, le climax sensoriel qui se réalisera dans l'épine rose est annoncé ici par la « blanche chair de fraisier » des épines blanches : « ce qui anticipe non seulement l'épine rose mise en relation avec le fromage écrasé dans les fraises, mais aussi la dimension de corporéité, de matérialité (le goût, en somme), auxquelles renvoie ladite fleur, en opposition à la dimension mystique ("catholique") de l'aubépine véritable[32] ». Plutôt que d'opposition, nous parlerions d'une tension jamais résolue, d'une dialectique dont le jeu reste perpétuellement ouvert, peine la fin – et l'échec – de l'expérience ; l'épine blanche n'est d'ailleurs pas étrangère, on l'a vu, au goût et à la corporéité du plaisir, déjà introduits auparavant dans la comparaison qui rapprochait l'odeur des fleurs à la saveur de la frangipane et des joues de Mlle Vuinteuil.

L'ÉPAISSEUR DE L'EXPÉRIENCE
L'épine rose

C'est en effet grâce à la dimension du goût que se réalise la parfaite fusion du sensoriel et du religieux : sens qui par excellence permet l'appropriation du réel, il s'ajoute ici à la vue, à l'odorat, au toucher, à l'ouïe déjà convoqués par Proust dans la description des épines. Le goût consentira l'accomplissement du sens profond de la fête, l'expérience entière de la festivité. L'épine rose

> aussi avait une parure de fête – de ces seules vraies fêtes que sont les fêtes religieuses, [...] – mais une parure plus riche encore, car les fleurs attachées sur la branche, les unes au-dessus des autres, de manière à ne laisser aucune place qui ne fût décorée, comme des pompons qui enguirlandent une houlette rococo, étaient « en couleur », par conséquent d'une qualité supérieure selon l'esthétique de Combray, si l'on en jugeait par l'échelle des prix dans le « magasin » de la Place, ou chez Camus où étaient plus chers ceux des biscuits qui étaient roses. Moi-même j'appréciais plus le fromage à la crème rose, celui où l'on m'avait permis d'écraser des fraises. Et justement ces fleurs avaient choisi une de ces teintes de chose mangeable[33]...

32 S. Agosti, *Realtà e metafora. Indagini sulla* Recherche, *op. cit.*, p. 77.
33 *CS*, p. 137-138.

Si le héros est loin de comprendre la signification de l'expérience, le narrateur au contraire procède à sa reconstruction, ou plutôt à la recréation du vécu entier, et de son implication dans la dimension de la durée : on va à l'église, c'est un jour de fête, une fête qui est religieuse et populaire en même temps. « Justement » (maintenant, pendant que nous lisons) les fleurs ont choisi d'être roses comme le fromage blanc avec les fraises. Le court-circuit sensoriel réalise – provoque – l'anéantissement du temps linéaire, et chaque nouvelle lecture met en branle le même "miracle" d'une perception totale : des aubépines, du temps, du parfum, de la fête ou plutôt de son essence. Les jours de fête religieuse sont en effet « essentiellement fériés », et là est selon nous le noyau générateur de toute la thématiques des aubépines : l'expérience intégrale du festif.

LA CULMINATION DE L'EXPÉRIENCE

> Et certes, je l'avais tout de suite senti, comme devant les épines blanches mais avec plus d'émerveillement, *que ce n'était pas facticement, par un artifice de fabrication humaine, qu'était traduite l'intention de festivité dans les fleurs, mais que c'était la nature qui, spontanément, l'avait exprimée* avec la naïveté d'une commerçante de village travaillant pour un reposoir.

Le sens caché dans la haie des épines roses est ce qui dans l'esthétique proustienne s'appelle une « essence » : il est donc vrai et naturel. Ce n'est pas « facticement » – est factice ce qui est fait artificiellement, « imité, faux, fabriqué, insincère[34] » – qu'est exprimée l'intention de festivité. Cette plante simple et sacrée est inhérente à la fête et au mois de Marie, dont elle est l'expression authentique et consacrée par la légende. "Exprimer" signifie en effet « rendre sensible en dégageant le sens », littéralement presser à l'extérieur[35]. On voit bien que les deux

34 *TLFI*, *ad vocem*.

35 L'utilisation de ce verbe dans une situation de perception sensorielle privilégiée (et synesthésique) est assez fréquente dans la *Recherche*. Dans la promenade du côté de Guermantes il y a par exemple un moment également extatique quand le héros passe près du clocher de Saint-Hilaire et entend sonner les cloches : « Et j'aurais voulu pouvoir m'asseoir là et rester toute la journée à lire en écoutant les cloches ; car il faisait si beau et si tranquille que, quand sonnait l'heure, on aurait dit non qu'elle rompait le calme du jour mais

dimensions du sacré et du sensible sont ici impliquées l'une dans l'autre, fondues en une synthèse qui est celle de l'expérience en toute son épaisseur. La couleur rose est en effet inévitable, consubstantielle à la fleur, mais également au mois de mai, à la Vierge Marie (représentée par la pureté du blanc et par le rouge de la souffrance)[36], à la décoration de l'autel, aux gâteaux du dimanche :

> Au haut des branches [...] pullulaient mille petits boutons d'une teinte plus pâle qui, en s'entrouvrant, laissaient voir, comme au fond d'une coupe de marbre rose, de rouges sanguines et trahissaient plus encore que les fleurs, *l'essence particulière, irrésistible, de l'épine*, qui, partout où elle bourgeonnait, où elle allait fleurir, ne le pouvait qu'en rose. Intercalé dans la haie, mais aussi différent d'elle qu'une jeune fille en robe de fête au milieu de personnes en négligé qui resteront à la maison, tout prêt pour le mois de Marie, dont il semblait faire partie déjà, tel brillait en souriant dans sa fraîche toilette rose, *l'arbuste catholique et délicieux*[37]

L'essence de l'épine – révélée par le rouge sanguine au fond des bourgeons – est en effet « irrésistible », soit dotée d'une logique irréfutable. L'arbuste des épines est partant « catholique et délicieux ». Dans ce couple d'adjectifs se condense de manière magistrale toute la complexité du vécu : c'est en effet à partir de la profondeur d'une conscience que sont sorties ces fleurs, mais la nature de la narration et de l'écriture proustiennes obligent le lecteur à s'investir dans une dialectique qui est censée ne jamais se fermer.

Stefano Agosti parle à ce propos de « précipité lexical », définition qui nous paraît particulièrement heureuse dans le cas en question : le terme « précipité » condense en effet toute la complexité rhétorique du procédé – la lente élaboration qui l'a provoqué – et en même temps en restitue la simplicité, la synthèse limpide, l'inévitabilité stylistique. Comme un précipité chimique, en effet, le mot dans lequel se réalise la vérité du style est "libéré" par l'activité de fusion qui l'a engendré, et la

---

qu'elle le débarrassait de ce qu'il contenait et que le clocher avec l'exactitude indolente et soigneuse d'une personne qui n'a rien d'autre à faire, venait seulement – pour exprimer et laisser tomber les quelques gouttes d'or que la chaleur y avait lentement et naturellement amassées – de presser, au moment voulu, la plénitude du silence » (*CS*, p. 164).

36 Parmi les légendes qui entourent la fleur de l'épine en Europe on compte celle qui voit la Vierge se blesser un doigt avec une épine du buisson. La goutte de sang tombée sur les fleurs les aurait colorées de rose.

37 *CS*, p. 137-138.

conformation des éléments qui ont donné lieu au phénomène n'est plus relevable. Nous sommes toutefois convaincue qu'Agosti sous-estime le rôle de la synesthésie dans ce procédé, et que la concentration sur un seul des deux adjectifs – le précipité, notamment, en ce cas « catholique » – diminue en quelque sorte la puissance de l'instrument stylistique proustien[38]. Nous ferons alors recours à un autre concept critique, celui d'« adjectifs conjoints », élaboré par Lorenza Maranini en 1961 : les adjectifs conjoints sont ces adjectifs qui font normalement partie d'une triade, mais qui sont reliés entre eux par une conjonction. Cette union comporte selon le critique une modification sémantique pour les deux adjectifs, qui produisent un sens nouveau ensemble, en reflétant leur sens l'un sur l'autre réciproquement, et en créant en même temps une signification complètement inédite. Un exemple particulièrement évident est celui de la célèbre clochette de Combray, dont le « tintement » est « timide, ovale et doré ». « Ovale et doré » sont les adjectifs conjoints de la triade – le couple « catholique et délicieux » fonctionne de la même manière et, comme la plupart des autres exemples portés par Maranini, contient une synesthésie[39].

CONCLUSIONS

La question s'impose une nouvelle fois : « catholique et délicieux » forment-ils une synesthésie ? Et : si synesthésie il y a, quel est son rôle dans la dimension esthétique de ces pages ? La réponse serait normalement négative à la première question, au moins si l'on s'en tient à une correcte définition du trope. Comme nous l'avons toutefois annoncé plus haut,

38 « Catholique, qui traduit la substance mystique de la fleur, est le précipité lexical qui constitue le pivot des deux dimensions et en active l'échange », S. Agosti, *Realtà e metafora nella* Recherche, *op. cit.*, p. 75-76.

39 L. Maranini, « Senso e valore degli aggettivi "congiunti" nello stile di Proust », *op. cit.*, p. 48, 56 et 61. Spécialement sur les aubépines : « Ce passage, avec les autres cités, sont un exemple typique du mode d'expression proustien. Proust en effet, y applique sa méthode d'"approximation successive" et se représente en même temps, non dans l'acte de décrire, mais de mimer, ou mieux de tenter de mimer le geste de la réalité, soit le devenir du réel dans l'intériorité de l'observateur, jusqu'à ce qu'il devienne image métaphorique, c'est-à-dire style » (p. 56-57.).

l'écriture proustienne tend à une synthèse du perceptif et du spirituel qui nous oblige à reconsidérer les limites de la figure ; « catholique », précipité d'une lente élaboration de la psyché, forme donc avec « délicieux » un court-circuit sensoriel dans lequel toutes les dimensions de l'existence sont convoquées : le corps, l'esprit, le temps. Non seulement ces adjectifs conjoints forment ensemble une synesthésie, mais seule la synesthésie pourrait rendre ici cet « au-delà » du sensible qui conduit à la connaissance. Comme le remarque Julia Kristeva, « il faudra bien se résoudre à penser que l'élément minimal de l'écriture proustienne n'est pas le mot-signe, mais un doublet : sensation *et* idée ; perception représentée ou image incarnée[40] ». Matière et esprit ne sont pas pensables séparément, et là est le rôle de ce que Proust appelle la « métaphore » :

> le miracle suprême, la transsubstantiation des qualités irrationnelles de la matière et de la vie dans des mots humains [...]. Le but véritable de la métaphore consiste à rendre à l'objet terrestre sa vocation d'absolu. L'absolu, c'est-à-dire l'épiphanie plénière de l'être, ce qu'Elstir appelle la "dernière incarnation"[41].

Merleau-Ponty avait compris que l'essence proustienne n'est pas interprétable comme un concept platonicien ; dans son cours de 1953-1954 il observait par exemple :

> Dira-t-on que [la parole littéraire] traduit et évoque des idées au sens platonicien ? [...] Qu'elle va au concept ? L'originalité de Proust est précisément ici de présenter une théorie de la signification littéraire qui n'est pas platonicienne du moins au sens d'un univers des idées préalables. Car ce qu'on appelle son platonisme se développe justement à propos de l'art qui ne dit rien, la musique, ce qui signifie que l'idée / le concept est second par rapport à un pouvoir d'expression qui est originaire [...]. Par la musique ou par la peinture qui elle non plus n'est pas le langage de concepts ; la peinture est métaphore, i.e. participation de fragments du monde l'un par l'autre : et la littérature rend des idées communicables, exprime, comme la peinture impose de telles métaphores[42].

---

40 J. Kristeva, *Le Temps sensible*, *op. cit.*, p. 372.

41 N. Aubert, *La Traduction du sensible*, *op. cit.*, p. 95.

42 M. Merleau-Ponty, *Cours du Collège de France* 1953-1954, transcrit et édité en partie par Frank Robert dans « Proust phénoménologue ? Merleau-Ponty lecteur de Proust », *Bulletin Marcel Proust*, n. 53, 2003, p. 139-154, cit. à la p. 151. Robert conduit un commentaire approfondi d'une partie des notes du cours tenu par Merleau-Ponty en 1953-1954 au Collège de France où il est souvent question de la *Recherche* (Inédit déposé à la Bibliothèque Nationale de France, Volume XII, Collège de France. 1953-1954. Cours du jeudi, « Le

Les réflexions de Merleau-Ponty sur l'œuvre de Proust démontrent que celle-ci « a une portée philosophique éminente : aucun écrivain n'est parvenu à traduire avec autant de profondeur *l'avènement même du sens*, dans le monde sensible et dans l'œuvre[43] ». Or si la "philosophie" de Proust a conduit Merleau-Ponty « à une compréhension ontologique du sensible », c'est grâce à une « articulation entre expérience sensible et expérience langagière[44] ». Dans cette articulation il nous semble que la synesthésie, en tant que figure ouverte, destinée à reproduire l'entre-deux de la sensation, est non seulement appropriée, mais cruciale : nécessaire. Accéder au sens et en jouir, tel nous paraît le but des quelques célèbres pages sur les aubépines dans la *Recherche* proustienne ; la synesthésie permet ainsi au langage de gagner ce pari, en franchissant les frontières entre toutes les dimensions de l'expérience.

problème de la parole », et Cours du lundi, « Matériaux pour une théorie de l'histoire ». Préparation. 172 feuillets. MF 9847). Voir aussi Frank Robert, « La naissance de l'amour. Notes de cours de Merleau-Ponty sur l'institution du sentiment dans la *Recherche* », *Bulletin Marcel Proust*, n. 55, 2005, p. 103-118.

43 F. Robert, « Proust phénoménologue ? Merleau-Ponty lecteur de Proust », *op. cit.*, p. 139.

44 *Ibid.*, p. 142.

D'UNE CHEVELURE ODORANTE AU TEMPS DE L'EXTASE

Sur des synesthésies proustiennes

La synesthésie est certainement l'une des techniques rhétoriques les plus couramment associées au Symbolisme, et notamment à la poétique baudelairienne[1]. L'importance de ce trope dans l'œuvre de Marcel Proust est moins connue, la critique lui ayant privilégié la métaphore, notoirement au centre de la réflexion proustienne sur le style[2].

Dans la première partie de ce chapitre nous tenterons d'esquisser le cadre du problème d'un point de vue théorique et d'essayer une définition de la synesthésie proustienne en relation à son prestigieux modèle baudelairien[3]. Dans la seconde partie nous analyserons un texte qui à notre avis constitue un exemple particulièrement clair et significatif de cette relation. Nous nous proposons de démontrer en conclusion que

---

1 Sur l'esthétique de Baudelaire Nous renvoyons à S. Cigada, « Charles Baudelaire : anthropologie et poétique », in *Études sur le Symbolisme*, éd. Ge Bernardelli et M. Verna, trad. it. Giulia Grata, Milano, EduCatt, 2011, p. 1-42. Sur la synesthésie littéraire et sa définition voir P. Paissa, *La sinestesia. Storia e analisi del concetto*, Brescia, La Scuola, 1995.

2 Sur la synesthésie dans l'œuvre de Marcel Proust nous renvoyons à notre livre sur le sujet, qui a été publié successivement à l'article dont nous tirons ce chapitre : M. Verna, *Le sens du plaisir. Des synesthésies proustiennes*, Oxford / Bern / Berlin / Bruxelles / Frankfut am Main / New York / Wien, Peter Lang, 2013. Nous renvoyons en outre aux études de S. Ullmann, *Transposition of sensations in Proust's imagery*, in *Style in French Novel*, Oxford, Basil Blackwell, 1964, p. 189-209, et à L. Fraisse, « Efflorescences de synesthésies », in *Proust au miroir de sa correspondance*, Paris, SEDES, 1996, p. 173-180. La bibliographie sur la métaphore dans la *Recherche* est notoirement immense : nous indiquerons partant les références principales qui constituent la base théorique de notre étude : G. Genette, « Proust et le langage indirect », in *Figures II*, Paris, Seuil, 1969, p. 223-294 ; *Id.*, « Métonymie chez Proust », in *Figures III*, Paris, Seuil, 1972, p. 41-63 ; *Id.*, « Combray-Venise-Combray », in *Figures IV*, Paris, Seuil, 1999, p. 263-282 ; *Id.*, « Matière de Venise », *Ibid.*, p. 251-262 ; A. Contini, « Proust : la Metafora e il sapere », *Rivista di* Estetica, 37, 1991, p. 73-98 ; R. Billermann, *Die « métaphore » bei Marcel Proust*, München, Wilhelm Fink Verlag, 2000). La critique a d'ailleurs souvent identifié la synesthésie à la métaphore, niant de cette manière la spécificité d'une figure en vérité fort complexe.

3 *Cf.* dans le présent ouvrage, *Infra*, p. 169-183, le chapitre « La synesthésie comme véhicule d'extase dans *Du côté de chez Swann* ».

c'est dans une complète et consciente affirmation d'originalité que Proust réinterprète l'une des plus célèbres marques stylistiques du Symbolisme, en la réutilisant dans une perspective qui est celle de son esthétique propre, une esthétique qui n'exclut pas les dettes et les hommages mais qui se démarque nettement de toute forme d'imitation[4]. L'esthétique de Marcel Proust se situe notoirement à la lisière d'une transformation : synthèse de ce qui la précède et, en même temps, avant-poste d'une modernité parfois surprenante, son « ambiguïté propre » étant selon Antoine Compagnon « assise entre deux siècles comme entre deux chaises, bancale ou boiteuse, et trouvant son énergie dans ce décalage[5] ». Le paradoxe en paraît d'emblée une clé de lecture acceptable, et nous allons voir que tenter de réduire l'écart qu'il laisse béant aboutirait à manquer le sens de l'œuvre.

Charles Baudelaire est selon le même critique l'« ange gardien » de cette esthétique « boiteuse[6] », le maître sous le patronage duquel le narrateur du *Temps retrouvé* pose l'un des fondements de sa théorie de l'art. Dans une page célèbre du roman le héros, qui attend d'être admis au concert de la Princesse de Guermantes, vient de recevoir, coup sur coup, une série d'illuminations, de révélations mémorielles qui vont enfin lui donner le courage d'aborder cette œuvre toujours rêvée et renvoyée. Ce sont les célèbres « réminiscences », seules « impressions vraiment esthétiques[7] » sur lesquelles il va échafauder son projet d'écriture, et desquelles il va chercher des antécédents chez les écrivains qui l'ont précédé.

Après avoir mentionné Chateaubriand et Nerval il en vient à Baudelaire :

> Chez Baudelaire enfin, ces *réminiscences*, plus nombreuses encore, sont évidemment moins fortuites et par conséquent, à mon avis, décisives. C'est le poète lui-même qui, avec plus de choix et de paresse, recherche *volontairement*, dans l'odeur d'une femme par exemple, de sa chevelure et de son sein, les *analogies inspiratrices* qui lui évoqueront "l'azur du ciel immense et rond", et un "port

---

4 Une imitation que Proust pratiquait notoirement dans les *pastiches*, exercice « purgatoire » de libération. S'il n'y a pas de pastiche de Baudelaire, c'est que la dette était trop importante. Voir sur ce point le très beau volume d'A. Compagnon, *Proust entre deux siècles*, Paris, Seuil, 1989, en particulier les chapitres V et VI.

5 A. Compagnon, *Proust entre deux siècles*, *op. cit.*, p. 49.

6 *Ibid.*, p. 20.

7 *TR*, p. 497-498.

rempli de flammes et de mâts". J'allais chercher à me rappeler les pièces de Baudelaire à la base desquelles se trouve ainsi une *sensation transposée*, pour achever de me replacer dans une filiation aussi noble, et me donner par là l'assurance que l'œuvre que je n'avais plus aucune hésitation à entreprendre méritait l'effort que j'allais lui consacrer, quand[8]...

Dans les deux pièces des *Fleurs du mal* que Proust cite ici – chacun les aura reconnues, il s'agit de « La chevelure » et de « Parfum exotique » – le narrateur isole le phénomène de la « réminiscence », qu'il appelle plus loin « sensation transposée », en identifiant d'emblée un phénomène de mémoire à une expérience d'échange sensoriel, absente cette dernière des deux autres écrivains qu'il a élu "garants" de son nouveau procédé artistique. Or, Proust est conscient que cet échange sensoriel n'a pas chez Baudelaire le même sens qu'il lui attribue lui-même. Le poète des *Fleurs* agit « volontairement », pour rechercher des « analogie inspiratrices » : la « transposition sensorielle » n'est pas due à un miracle fortuit (et gratuit) de l'expérience, mais à la volonté de reconstituer une harmonie objective à partir d'une donnée sensorielle subjective. Les souvenirs qui « dorment » dans les tresses lourdes de la « Chevelure » sont en effet des souvenirs d'un autre monde, des souvenirs d'extase et de béatitude qui n'ont aucune relation avec les données d'une existence personnelle.

C'est une extase dense d'une pluralité sensorielle proche du vertige : l'esprit du poète « nage » sur le parfum de la chevelure, son âme peut « boire / à grands flots le parfum, le son et la couleur », la chevelure de la femme est une « gourde » où il « hume à longs traits le vin du souvenir[9] ». Là sont les « sensations transposées » où le narrateur du *Temps Retrouvé* voit un antécédent de sa propre esthétique, et qu'il identifie à la « réminiscence », trop souvent interprétée par la critique comme une expérience purement mémorielle, alors que déjà chez Baudelaire il s'agit (dans « La chevelure ») d'une mémoire presque cosmique, et que « Parfum exotique » ne contient aucune allusion à la mémoire, mais uniquement un croisement perceptif[10]. Or, la relation entre sensation et souvenir – et entre Baudelaire et Proust – est très complexe, et la

8 *Ibid.*, p. 498-499. Voir aussi les *Esquisses* de ce passage, surtout les p. 831-832.

9 C. Baudelaire, « La chevelure », in *Les fleurs du mal*, XXIII, Paris, Laffont, 1980, p. 19-20, v. 16-17 et 34-35.

10 C. Baudelaire, « Parfum exotique », in *Les fleurs du mal*, XXII, *op. cit.*, p. 18-19, v. 9-10 et 12-14.

définition de Roderich Billermann nous paraît très bien choisie, qui parle de « *Konjektur der Erinnerung* » (« conjecture du souvenir »), qui de Baudelaire conduit à Proust à travers une progressive radicalisation de la subjectivation de l'expérience. De la « conjecture mémorielle », que Billermann identifie dans l'écriture baudelairienne de la sensation, on passerait à la « métaphore palimpseste » de la *Recherche*, où les différentes stratifications du moi entrent en corrélation et s'établissent dans le palimpseste « authentique » (en tant qu'artistique) de la métaphore, capable de superposer et d'englober tous les stades du temps et toutes les dimensions perceptives du moi. Comme l'observe Robert Billermann, en effet :

> *Bei [...] Übernahme der Palimpsest-Struktur der Memoria radikalisiert Proust zwar die willentliche Erinnerung Baudelaires zum mémoire involontaire, doch weist das Imaginäre beim Verfasser der* Recherche *wie beim Schöpfer der* Fleurs du Mal *eine doppelte Intentionalität auf : ihre Bilder zeigen nicht nur eine "sensation d'autrefois", sondern stets auch eine "vérité nouvelle". Proust "image" möchte jene Lebensweltlichen (und seltenen) Identitätserfahrung der "mémoire involontaire" im Text ein rhetorischen Analogon schaffen. Die Konstitution solcher Bilder folgt einerseits den von Baudelaire markierten Verfahren der "imagination" ("analyse" und "synthèse") andererseits ist sie dem Palimpsest-Prinzip der "supersposition" verpflichtet*[11].

Retrouver dans le hasard de l'existence *une* sensation du passé ne suffit donc pas pour atteindre l'éternité de l'art : il faut que cette sensation ne revienne pas seule, qu'elle soit « transposée », dans le temps mais aussi dans la complexité perceptive que contient toujours la profondeur du vécu. Dans une *Esquisse* du long passage connu comme « Adoration perpétuelle » le narrateur était encore plus explicite sur ce point :

> Cette qualité unique d'une sensation qui vient aussi au milieu de celles qui l'environnent, est-ce parce que même semblable, éprouvée à la même heure, en de mêmes circonstances, en des lieux et à des époques différentes, cette

11 « En assumant [...] la structure en palimpseste de la mémoire Proust radicalise le souvenir volontaire de Baudelaire en mémoire involontaire, mais chez tous les deux l'imaginaire montre cette double intentionnalité : leurs images ne renvoient pas uniquement à une "sensation d'autrefois" mais posent aussi une "vérité nouvelle". L'"image" de Proust pourrait constituer l'analogon rhétorique, dans le texte, de ces expériences quotidiennes (et rares) de la "mémoire involontaire". La constitution d'images comme celles-ci suit d'un côté la conception baudelairienne de l'"imagination" ("analyse" et "synthèse"), de l'autre elle est redevable du principe-palimpseste de la superposition" » (R. Billermann, *Die « métaphore » bei Marcel Proust*, *op. cit.*, p. 454-455).

> sensation, au milieu de toutes celles que nous ressentions en même temps, est restée insérée entre elles, les évoque, les présuppose, s'en entoure, en porte sur elle les mille reflets et même quand elle semble une sensation analogue de faim, de chaleur ou de marche, est différente selon l'odeur des meubles qui nous entouraient, la lumière plus ou moins grande que les rideaux laissent entrer dans la chambre, ce que nous voyions de nos yeux, en même temps que nous la ressentions et ce que nous <ne> voyions pas mais ce que nous savions qui était autour[12].

Or, la figure rhétorique qui paraît normalement députée à restituer la fusion inter-sensorielle est sans aucun doute la synesthésie, que Baudelaire utilisa le premier avec une pleine conscience de son autonomie stylistique et poétique[13]. De Baudelaire à Proust la synesthésie change toutefois de valeur : le sens de ce trope dans la *Recherche* a subi une modification essentielle par rapport à l'esthétique symboliste, ce qui entraîne, nous le verrons, des conséquences importantes au niveau de la structure rhétorique elle-même.

Comme le remarque Sergio Cigada dans son essai sur la poésie baudelairienne, la synesthésie n'est pas pour Baudelaire une simple structure rhétorique. Elle est utilisée et présentée dans *Les fleurs du mal* « comme un acte essentiellement mystique [...] comme processus révélateur des liens analogiques, conduisant de la multiplicité vers l'Unité profonde de l'être, et dont la beauté est épiphanie dans le monde[14] ». Elle donc fondée sur l'unité foncière, métaphysique, absolue, de l'Univers : couleurs et sons se répondent objectivement, les mêmes couleurs et les mêmes sons dans tous les cerveaux[15].

Cette unité et cette métaphysique n'existent plus pour Marcel Proust : l'échange sensoriel se charge en effet dans la *Recherche* du poids et de l'épaisseur d'un temps subjectif qui est paradoxalement tendu à atteindre

12 M. Proust, « L'Adoration perpétuelle », *Esquisse* XXXIV 1, *TR*, p. 807. Le passage se trouve dans les *Cahiers* 58 et 57, et date de 1910. De nombreuses réflexions exprimées ici se trouvent déjà dans les brouillons de Combray.

13 *Cf.* P. Paissa, *La sinestesia*, *op. cit.*

14 S. Cigada, « Charles Baudelaire : anthropologie et poétique », in *Études sur le Symbolisme*, p. 28.

15 *Cf.* à ce propos le célèbre article de Baudelaire sur Wagner, *Richard Wagner à Paris*, 1er avril 1861, in C. Baudelaire, *Œuvres complètes*, *op. cit.*, p. 849-867. Cette acception des correspondances évolua dans le dernier Baudelaire vers la « prostitution dans le nombre », mais Baudelaire n'abandonna jamais la foi dans l'unité de l'Univers et dans la rhétorique qui permet de la reconstruire (Voir *Dictionnaire Baudelaire*, éd. J.-P. Avice et C. Pichois, Tusson, Éditions du Lérot, 2002, à l'entrée « Correspondances »).

la dimension de l'Éternel. Pluralité perceptive *et* souvenir : telles sont les conditions pour que se réalise l'extase, pour que l'art soit possible, pour que le réel soit retrouvé ; comme l'a en effet très bien compris Anne Simon, « Le narrateur du *Temps retrouvé* définit [...] le réel comme "sillon" tracé entre le monde et le moi, et non plus comme fait seul [...] purement utile et sans élément qualitatif ni durable, comme *mixte de sensations et non plus comme au-delà sensible*, comme "acte de création" personnelle et non plus comme stase proposée à un regard objectif[16] ».

Or, ce déplacement de la dimension objective/métaphysique à la *vision* subjective/temporelle – mais, rappelons-le, paradoxalement éternelle et universelle – où Proust situe la vérité de l'art entraîne des conséquences importantes au niveau de l'écriture. S'il paraît évident en effet que l'agrégation sensorielle nécessite pour se réaliser de la dimension du présent, d'une contemporanéité perceptive qui exclurait en principe la profondeur du souvenir, « réminiscence » et « sensation transposée » sont pour le narrateur du *Temps Retrouvé* une seule et même chose, l'une ne pouvant se réaliser sans l'autre : l'écriture réalise donc le paradoxe d'une « synchronie de la profondeur », où le vécu est la condition nécessaire à la plénitude du présent.

DES HEURES SILENCIEUSES, SONORES, ODORANTES ET LIMPIDES

Le texte que nous allons analyser est célèbre, et relate les heures estivales que le petit Marcel consacre à la lecture, des heures décrites comme une oasis de béatitude physique et spirituelle[17].

> 1) Pendant que la fille de cuisine [...] servait du café qui, selon maman n'était que de l'eau chaude, et montait ensuite dans nos chambres de l'eau chaude qui était à peine tiède, je m'étais étendu sur mon lit, un livre à la main, dans

16 A. Simon, *Proust ou le réel retrouvé*, p. 11.

17 Le texte se trouve aux p. 82-87 de *CS*. Les six citations qui suivent sont tirées de ces pages, en ordre successif. *Cf.* sur ce même texte A. Simon, *Proust et « l'acte psychologique original appelé lecture »*, in *Les textes et leurs lecteurs*, *Ela. Revue de Didactologie des langues-cultures*, 119, numéro spécial, éd. F. Cicurel, juillet-septembre 2000, p. 331-344.

> ma chambre qui protégeait en tremblant sa fraîcheur transparente et fragile contre le soleil de l'après-midi derrière ses volets presque clos où un reflet de jour avait pourtant trouvé moyen de faire passer ses ailes jaunes, et restait immobile entre le bois et le vitrage, dans un coin, comme un papillon posé.

La chaleur accablante de l'après-midi d'été empêchant de partir en promenade, l'enfant est envoyé dans sa chambre à lire ou à reposer, en attendant que le soleil baisse assez pour sortir : il est donc sur son lit, un livre à la main. Il y a là deux conditions essentielles pour que se réalise le type particulier de bonheur auquel nous allons assister : d'un côté la passivité physique, la paresse, l'absence d'effort qui permettent la perméabilité maximale à la dimension sensorielle et perceptive[18], de l'autre l'activité intellectuelle représentée par la lecture, une activité imaginative et spirituelle à travers laquelle on peut accéder à un niveau de conscience autrement impossible. Une relation contenant/contenu définit d'emblée l'espace naturel (l'été, la chaleur, la lumière) et l'espace clos où se trouve l'enfant : telle une coquille, la chambre protège le héros de la violence de la nature estivale. La perception de l'espace ouvert est filtrée par ce "nid" domestique qui n'en affaiblit pourtant pas la jouissance, au contraire, il la rend possible dans la plénitude de sa polysensorialité.

Les deux dimensions sensorielles du toucher et de la vue se fondent en effet dans la « fraîcheur transparente et fragile de la chambre » : la synesthésie se réalise, comme souvent chez Proust, selon les deux directions rhétoriques de la métonymie et de la métaphore. Tout en étant plongée dans l'obscurité, la chambre n'empêche pas la lumière de passer : la fraîcheur et la transparence sont partant de simples données de l'expérience, contiguës et contemporaines. Les fenêtres, ouvertes mais aux volets clos, sont assimilées en même temps à un fragile rempart contre l'intensité des sensations tactiles et visuelles que seraient sans cela provoquées par l'espace externe. La fragilité et la transparence sont d'ailleurs les qualités du vitrage à côté duquel se pose le papillon jaune d'un coin de lumière : métaphore qui condense

18 La nécessité de la passivité physique pour que la dimension sensorielle se réalise sans obstacle est attestée plusieurs fois au cours du roman. Pour ce morceau en particulier, nous renvoyons à l'*Esquisse* XXXII, où il est dit explicitement : « Peut-être est-ce ainsi dans une chambre obscure et fraîche que la sensation de l'éclat du soleil est la plus brillante parce qu'elle en évoque le voisinage au lieu de la montrer, et que les sens au lieu d'avoir à la percevoir, à agir, sont dans un repos complet, caressés par l'image de cette splendeur qui laisse à peine par un volet passer une frange de sa robe d'or » (*CS*, p. 754).

en une magnifique synthèse la délicatesse lumineuse et douce d'un monde naturel domestiqué et rendu inoffensif par les parois de la chambre ombreuse[19].

> 2) Il faisait à peine assez clair pour lire, et la sensation de la splendeur de la lumière ne m'était donnée que par les coups frappés dans la rue de la Cure par Camus [...] contre des caisses poussiéreuses mais qui, retentissant dans l'atmosphère sonore, spéciale aux temps chauds, semblait faire voler au loin des astres écarlates ; et aussi par les mouches qui exécutaient devant moi, dans leur petit concert, comme la musique de chambre de l'été ; elle ne l'évoque pas à la façon d'un air de musique humaine[...] elle est unie à l'été par un lien plus nécessaire ; née des beaux jours, ne renaissant qu'avec eux, contenant un peu de leur essence, elle n'en réveille pas seulement l'image dans notre mémoire, elle en certifie le retour, la présence effective, ambiante, immédiatement accessible.

Au toucher et à la vue s'ajoute le sens de l'ouïe, qui vient compléter l'état de bonheur de l'enfant ; le héros ne voit pas la lumière, il en est pénétré grâce à la sonorité ambiante : ce sont les coups de marteau de Camus (qui comme des coups sur l'enclume font voler au loin des étincelles rouges) et le « concert » des mouches qui évoquent la lumière. Imagination et actualité du réel commencent ici de se rapprocher : l'échange sensoriel se réalise en effet grâce à un ensemble de connaissances et d'expériences dont nos sens et notre intelligence sont déjà pourvus. Ce sont des connaissances déposées dans le tréfonds de notre corps et de notre conscience, qui les réutilisent sans que la perception réelle ne soit nécessaire. Les sens ont en effet une mémoire, et c'est cette mémoire qui se réactive dans le petit Marcel quand la « sonorité spéciale aux temps chauds », plus lente que la sonorité du froid, fait retentir les coups de marteau ou le bourdonnement des mouches : voilà pourquoi en effet ces sons sont *nécessaires*, essentiels à l'été, capables d'en certifier la présence effective.

Effective, donc concrète, positive, tangible, qui se traduit par un effet[20] : écoutez les mouches, et la lumière de l'été sera « accessible », soit disponible à une imagination sensorielle qui n'est pas moins réelle que nos yeux.

---

19 Ce noyau de sensations et de relations spatiales trouvera un parfait accomplissement dans *Albertine disparue*. Voir le chapitre « Le vortex de l'espace dans l'écriture de Marcel Proust », *Infra*, p. 227-237.

20 Ce sont les définition de l'adjectif « effectif » données par le *Petit Robert*, éd. 1993.

> 3) Cette obscure fraîcheur de ma chambre était au plein soleil de la rue, ce que l'ombre est au rayon, c'est-à-dire aussi lumineuse que lui, et offrait à mon imagination le spectacle total de l'été dont mes sens si j'avais été en promenade, n'auraient pu jouir que par morceaux ; et ainsi elle s'accordait bien à mon repos qui (grâce aux aventures racontées par mes livres et qui venaient l'émouvoir), supportait pareil au repos d'une main immobile au milieu d'une eau courante, le choc et l'animation d'un torrent d'activité.

C'est à cette « imagination corporelle » qu'est offert le « spectacle total de l'été » : grâce à elle et à la mémoire des sens le petit Marcel peut en effet jouir pleinement de l'été, ce qui ne lui aurait pas été possible par son corps seul, car un corps sans mémoire jouit « par morceaux », séparé comme il est de la dimension de sa propre profondeur. Ce corps est maintenant en repos, mais pénétré, comme une main dans l'eau, par la vitalité ambiante et par l'activité extraordinaire provoquée par l'autre dimension imaginaire – spirituelle cette fois – déclenchée par la lecture[21].

La deuxième phase de cette expérience est marquée en effet par le va-et-vient entre le premier et deuxième type d'imagination, soit l'imagination perceptive et l'imagination intellectuelle. Invité à sortir pour jouir du plein air, l'enfant se réfugie « dans une petite guérite en sparterie et en toile » au fond de laquelle il se cache pour fuir les éventuelles visites qui pourraient le déranger dans la lecture.

> 4) Et ma pensée n'était-elle pas aussi comme une autre crèche au fond de laquelle je sentais que je restais enfoncé, même pour regarder ce qui se passait au-dehors ? Quand je voyais un objet extérieur, ma conscience que je le voyais restait entre moi et lui, le bordait d'un mince liseré spirituel qui m'empêchait de jamais toucher directement sa matière ; elle se volatilisait en quelque sorte avant que je prisse contact avec elle, comme un corps incandescent qu'on approche d'un objet mouillé ne touche pas son humidité parce qu'il se fait toujours précéder d'une zone d'évaporation.

La petite guérite pose une nouvelle fois un contenant pour le lecteur et un contenu par rapport à la nature, qui est perçue par l'enfant

21 Une dynamique analogue du plaisir (physique et spirituel à la fois) se réalise dans le passage des « Carafes de la Vivonne », que nous n'analyserons pas ici, mais dont la lecture comparée avec le morceau qui nous intéresse dans cette étude pourrait se révéler féconde. *Cf.* P. Lejeune, « Les carafes de la Vivonne », in *Recherche de Proust*, Paris, Seuil, 1980, p. 163-196.

dans un intervalle entre sa conscience – occupée à suivre les aventures des héros des livres – et l'espace externe, habité par le corps sentant et vivant, conscient de lui-même. Cette condition d'interpénétration entre le monde physique et la vie intellectuelle est une nouvelle fois condensée par une synesthésie : l'« écran diapré », changeant et fluide que produit la pensée du lecteur et qui entoure les objets, les vaporisant dans une appréhension qui a les couleurs de l'après-midi d'été, d'un ciel estival aveuglant et dense de chaleur. C'est une écriture corporelle qui ne manque pas de rappeler cette accession extatique au sensible qui se retrouve dans la poésie d'Arthur Rimbaud, soit encore une fois d'un Symboliste (très peu cité par Proust mais dont l'esthétique est peut-être plus proche de la sienne qu'on ne l'a reconnu jusqu'à présent). Dans un très bel article sur « Sensation » Eric Marty relève en effet cette relation :

> Par le poème, par son futur, l'expérience de la sensation est [...] infiniment promise et infiniment répétable, et le sujet – assuré de l'authenticité de la promesse – accède méthodiquement à une forme de connaissance supérieure où il est tout à la fois objet et sujet, vide et désirant, traversant la Nature et traversé par elle, nu et perpétuellement enveloppé, mutique, absent à toute pensée mais au cœur de la parole poétique. Le sujet alors non seulement authentifie l'expérience sensorielle et extatique en lui assurant une pérennité absolue, mais il devient en son être même poème, espace poétique à la manière aussi dont Proust, accédant infiniment à l'être des sensations, se transfigure par là même, avec ses personnages, en son propre livre[22].

Le narrateur s'adonne en effet par la suite à une analyse approfondie de la condition psychologique de la lecture, qui ne peut jamais être complètement séparée des conditions physiques et ambiantes dans lesquelles l'enfant en fait l'expérience. Le mouvement procède cette fois de l'intérieur vers l'extérieur : de la « crèche » que représente la pensée, où le petit lecteur est « enfoncé » jusqu'à la vision « toute extérieure de l'horizon » qu'il a sous les yeux[23]. L'activité imaginative entraînée par la lecture rend sensible la perception du Temps : du désir de la beauté provoqué par le livre, en passant par l'identification aux aventures des personnages et aux paysages de la fiction, pour en arriver enfin à des

22 É. Marty, « À propos de *Sensation* d'Arthur Rimbaud », *Poétique*, n. 129, février 2002, p. 51-68, cit. aux pages 64 et 65.
23 *CS*, p. 83.

plaisirs tout matériels et quotidiens tels que la position du corps, l'odeur de l'air ou l'idée du repas préparé par Françoise, le plaisir enfin

> 5) quand une heure sonnait au clocher de Saint-Hilaire, de voir tomber morceau par morceau ce qui de l'après-midi était déjà consommé, jusqu'à ce que j'entendisse le dernier coup qui me permettait de faire le total et après lequel le long silence qui le suivait semblait faire commencer dans le ciel bleu toute la partie qui m'était encore concédée pour lire jusqu'au bon dîner qu'apprêtait Françoise et qui me réconforterait des fatigues prises, pendant la lecture du livre, à la suite de son héros.

La dimension temporelle de la lecture est donc traversée par une polysensorialité qui en constitue l'épaisseur et qui en fonde le plaisir. La durée de la lecture – gouvernée par l'expérience fictive des héros du roman mais scandée par le son de la cloche de Saint-Hilaire – fond enfin les deux dimensions de l'expérience : physique/perceptive et intellectuelle/spirituelle. Perdu dans son livre comme on s'oublie dans le sommeil, l'enfant s'aperçoit que cette magie a effacé « la cloche d'or sur la surface azurée du silence » :

> 6) L'intérêt de la lecture, magique comme un profond sommeil, avait donné le change à mes oreilles hallucinées et effacé la cloche d'or sur la surface azurée du silence. Beaux après-midi du dimanche sous le marronnier du jardin de Combray, soigneusement vidés par moi des incidents médiocres de mon existence personnelle que j'y avais remplacés par une vie d'aventures et d'aspirations étranges au sein d'un pays arrosé d'eaux vives, vous m'évoquez encore cette vie quand je pense à vous et vous la contenez en effet pour l'avoir peu à peu contournée et enclose – tandis que je progressais dans ma lecture et que lentement tombait la chaleur du jour – dans le cristal successif, lentement changeant et traversé de feuillages, de vos heures silencieuses, sonores, odorantes et limpides.

Ces heures magiques – heures de chaleur, de lumière et de silence – se sont donc renfermées autour de la vie imaginaire de l'art : elles l'ont « contournée et enclose » dans leur réalité matérielle et perceptive. Elles ne mourront donc pas, ces heures (« vous la contenez *en effet* ») où l'extase est spirituelle et sensorielle à la fois, et le temps devient synesthésique à son tour, perceptible comme une odeur ou une couleur. La synesthésie qui clôt ce long passage réalise en effet une parfaite condensation rhétorique de tout l'épisode, en associant le temps à toutes les données sensorielles qui ont été jusqu'ici déployées : l'association procède encore une fois par contiguïté (silencieuses, sonores, odorantes telles qu'elles ont effectivement été) et par métaphore (limpides comme le cristal du ciel, mais là aussi c'est un cristal *successif*, changeant comme l'est le ciel dans le temps).

La texture stylistique du passage contribue d'ailleurs à tous les niveaux à construire cette épaisseur temporelle et spatiale dans laquelle le lecteur est invité à entrer. L'écriture proustienne demande en effet la collaboration active du lecteur, qui doit « intégrer » par sa propre intuition un langage qui se sait et se veut désormais « décalé » par rapport au réel objectif. C'est ce que Lorenza Maranini constate en analysant la disposition des adjectifs dans la phrase proustienne. L'adjectif participe en effet de la « recréation du monde » de la part du personnage, lequel perçoit le réel sans que jamais une vraie description (au sens traditionnel du terme) soit nécessaire. En effet la représentation proustienne ne fonctionne pas comme une description, où l'objet est isolé du contexte spatial ou temporel de sa propre perception : l'objet est au contraire immergé dans un temps qui se déroule,

> *in uno spazio che si apre sotto gli occhi, prima del narratore, poi del lettore. Si ottiene, così, una rappresentazione spaziale e temporale ad un tempo : ogni cosa in un dato momento del suo divenire, in una certa luce, in una certa prospettiva ; la realtà è rispristinata nel momento in cui viene percepita, intuita come idea o concetto, o adombrata come sentimento*[24].

Proust ne fait pas de « natures mortes » : « la sua "natura morta" è una "natura viva", in quanto rappresenta il cammino compiuto per risalire dalla visione delle cose alla *rêverie* interiore, il passaggio dai vari *souvenirs* ad uno stato di *souvenance*[25] ».

Or, le couple d'adjectifs conjoints[26] « odorantes et limpides » est représentatif selon Maranini de cette technique descriptive inédite,

---

24 « En un espace qui s'ouvre sous les yeux, en un premier temps du narrateur, ensuite du lecteur. On obtient, de cette manière, une représentation spatiale et temporelle à la fois : chaque chose à un moment donné dans son devenir, en une certaine lumière, en une certaine perspective ; la réalité est rétablie dans le moment où elle est perçue, devinée comme une idée ou un concept, ou suggérée comme sentiment », L. Maranini, « Senso e valore degli aggettivi "congiunti" nello stile di Proust, *Studi francesi*, gennaio-aprile 1961, p. 40-62, cit. à la page 47.

25 « Sa "nature morte" est une "nature vivante", car elle représente le chemin traversé pour remonter de la vision des choses à le rêverie intérieure, le passage des divers *souvenirs* à un état de *souvenance* », *Ibid.*, p. 57. L'auteure souligne.

26 Pour la définition d'adjectifs conjoints voir chapitre « Jouir des aubépines : sur quelques pages de Proust et la synesthésie », *Infra*, p. 153-168.

qui nous amène à "trébucher"[27] sur deux ordres sensoriels différents, car la contemporanéité des sensations représentées est absolue, et divers aspects du réel se compénètrent. Ici comme ailleurs (dans le cas de la clochette, par exemple), le miracle du court-circuit temporel s'obtient aussi grâce à une syntaxe rompue, où l'hypallage, « en bousculant l'ordre des mots [...] bouscule d'ordre du temps et donne "une sorte d'éternité au style"[28] ». Le rôle de la sensation, et de l'expression de la sensation à travers ce télescopage de plans perceptifs que nous avons observés dans ce passage, n'est donc pas seulement celui de représenter un réel qui n'aurait pas de sens. Pour le héros et pour son auteur, en effet,

> *l'altro mondo, è già questo. Affermando che solo l'impressione è criterio di verità, Proust non raggiunge i Goncourt, che ha combattuto, o* "on ne sait quel philosophe analyste de la perception"*, ma ci fa avvicinare al segreto dell'esperienza del suo eroe : la profondità del mondo si scopre nella profondità di sé, e il pensiero che il narratore deve scoprire sotto i segni degli istanti profondi, è un pensiero particolare, il* suo*, vale a dire letteratura, vale a dire linguaggio*[29].

CONCLUSIONS

Certains des éléments que nous avons relevés dans l'utilisation de la synesthésie de la part de Marcel Proust la démarquent du modèle baudelairien mais aussi partiellement de la définition stricte du trope. Le rôle du temps dans la réalisation de l'écriture polysensorielle proustienne est certes le premier et le plus évident de ces éléments. Or, le Temps est dans le passage que nous avons lu – ce qui n'est pas pour surprendre dans la

27 Nous traduisons avec une certaine liberté l'expression de Maranini « portarci a cavallo di ». Nous citons d'après *Ibid.*, p. 67-68.

28 I. Serça, « Vertus de l'hypallage », dans *Swann le centenaire*, éd. Antoine Compagnon, K. Yoshikawa et M. Vernet, Paris, Hermann, 2013, p. 35-53, cit. p. 51.

29 « Pour le héros et pour son auteur, l'autre monde, est déjà celui-ci. En affirmant que seule l'impression est criterium de vérité, Proust ne rejoint pas les Goncourt, qu'il a combattus, ou "on ne sait quel philosophe analyste de la perception", mais il nous rapproche du secret de l'expérience de son héros : la profondeur du monde se découvre dans la profondeur de soi-même, et la pensée que le narrateur doit découvrir sous les signes des instants profonds, est une pensée particulière, la sienne, c'est-à-dire littérature, c'est-à-dire langage », *Ibid.*, p. 62.

Recherche du temps perdu – une donnée psychologique, et l'agrégation entre une qualité morale ou psychologique et une modalité de la perception ne rentre pas dans la définition *stricto sensu* de la synesthésie. Il est vrai que ce type d'agrégation est fréquent en littérature, et notamment dans la poésie de Baudelaire[30], mais pour qu'il y ait synesthésie, nous l'avons rappelé au début de cette étude, la synchronie perceptive est nécessaire : l'étendue temporelle n'aurait en tant qu'étendue aucun droit à entrer dans la structure de ce trope.

Or non seulement elle y entre assez souvent dans l'écriture de Marcel Proust, mais elle fonde parfois la possibilité même de l'échange sensoriel. La fusion sensorielle – condition irremplaçable du bonheur dans tant de passages du roman – est nécessairement temporelle, ancrée comme elle est dans une durée subjective du vécu que seul le miracle de l'écriture peut rendre éternel. Nathalie Aubert parle en effet de « passé de la forme », de « condensé » de l'expérience qu'il s'agit de rendre intelligible à travers la langue[31].

Là où Baudelaire posait un « acte mystique », une marque objective de l'unité foncière de l'Univers, Proust crée une unité qui est esthétique et stylistique en premier lieu. La fusion réalisée par la synesthésie réussit le miracle de la réunification d'un moi autrement parcellisé et d'un monde irrémédiablement fragmentaire : d'un moi et d'un monde capables enfin de se fondre dans l'extase perceptive et dans la profondeur du Temps.

C'est ce que le narrateur du *Temps retrouvé* appelle une « impression vraiment esthétique » : remémorative *et* polysensorielle, pleine et éternelle dans sa subjectivité. La synesthésie, ou plutôt une diffuse rhétorique de la polysensorialité, se trouve à la source même de l'esthétique proustienne ; comme le remarque Luc Fraisse dans son étude sur la correspondance de l'auteur

> c'est la transposition du temps perdu en temps retrouvé – de la réalité décevante en recréation par le souvenir – qui est déjà décrite ici [l'expérience synesthésique]. L'expérience vécue consiste à collecter à son insu un ensemble de sensations, sensations dont l'association sera précieuse à la mémoire pour restituer la poésie du passé. La synesthésie est ainsi à la source de ce que Proust appelle l'*Impression* [...]. C'est alors, non plus l'embryon d'une théorie

30 *Cf.* P. Paissa, *La sinestesia*, *op. cit.*, p. 66-67.

31 N. Aubert, *La traduction du sensible*, Oxford, European Humanities Research Centre, 2002, p. 118.

de la mémoire, mais aussi la naissance d'un art poétique, que Proust aperçoit dans l'expérience des synesthésies[32].

« Bancale », « boiteuse », paradoxale : l'esthétique proustienne garde en effet plusieurs questions ouvertes : héritière du Symbolisme, elle a renoncé à l'absolu mais non à l'éternité de l'art. En instituant une "essence subjective" elle se tient en équilibre par une acrobatie sans jamais perdre pied ; grâce à l'imagination (« organe de l'éternel » pour le narrateur du *Temps retrouvé*)[33] elle retrouve le « grimoire compliqué et fleuri[34] » de l'existence. Là est le fossé désormais creusé entre Proust et le Symbolisme : le réel *est* retrouvé, dans toute sa prégnance et son incontournable présence.

32 L. Fraisse, *Efflorescences de synesthésies*, *op. cit.*, cit. à la p. 177 et 179.
33 *TR*, p. 450-451 et 815.
34 *Ibid.*, p. 457.

POUR UNE LANGUE SENSIBLE

Écrire comme Baudelaire

UNE CLARTÉ OBSCURE[1]

Comme on l'a vu dans le premier chapitre de cet ouvrage, la relation de Proust au Symbolisme est plus complexe qu'elle n'a longtemps paru à la critique[2]. En effet, dans « Contre l'obscurité » Proust s'en prenait moins à Mallarmé qu'à une cohorte de "petits fumistes" se cachant, selon le jeune écrivain, derrière les brumes d'un faux intellectualisme philosophique d'où la poésie serait absente[3]. L'idée de langue et de style que l'article suggérait était en réalité, littéralement, éversive : elle relevait en effet de l'obscurité des sens, plutôt que de celle des idées. Comme l'affirme Sylvie Pierron, « [l]e texte plaide pour une langue sensible, non pour la langue de raison des académistes, dans des termes qui ne doivent rien à la "clarté" (à la précision sémantique) et beaucoup aux conceptions synesthésiques », qui étaient justement celles du poète apparemment attaqué dans l'article[4]. Proust comprenait profondément Mallarmé, comme ses quelques notes sur le poète le démontrent aisément. Dans une lettre à Raynaldo Hahn du 29 août 1896, par exemple – un mois après la publication de « Contre l'obscurité » – Proust proposait une belle analyse d'un quatrain de Mallarmé[5], et ajoutait :

---

1 On fait manifestement référence au titre du livre de Henri Meschonnic, *De la langue française. Essai sur une clarté obscure*, Paris, Hachette, 1997.

2 *Cf. infra*, p. 26-29. Pour une bonne référence sur le sujet, voir M. Schmid, *Proust dans la Décadence*, Paris, Champion, 2008.

3 Pour la polémique suscitée par l'article de Proust et sa véritable portée, voir les notes de Bertrand Marchal à la réponse de Mallarmé, in S. Mallarmé, *Œuvres complètes*, éd. B. Marchal, Paris, Gallimard, 2003, t. 2, p. 1648-49n.

4 S. Pierron, *Ce beau français un peu individuel. Proust et la langue*, Saint-Denis, Presses Universitaires de Vincennes, 2005, p. 28.

5 Il s'agit du *Quatrain pour Méry*, composé par le poète pour la fête de Méry Laurent, le 15 août 1896. Publié pour la première fois dans un numéro spécial de la revue *Les Lettres* en

> Pourtant puisque cela amuse mon petit Kunst de me voir patauger et puisqu'il s'intéresse à tout ce qui vient de Mallarmé, je lui dirai, de ce poète en général, que ses images obscures et brillantes sont sans doute encore les images des choses, puisque nous ne saurions rien imaginer d'autre, mais reflétées pour ainsi dire dans le miroir sombre et poli du marbre noir. Ainsi dans un grand enterrement par un beau jour les fleurs et le soleil brillent à l'envers et en noir au miroitement du noir. C'est pourtant toujours le "même" printemps qui "s'allume" mais c'est un printemps dans un catafalque[6].

Ces images « obscures et brillantes » visent si juste dans la poétique de Mallarmé – cette poétique du miroir, du reflet, de la lecture "renversée" de l'univers, qui s'exprime par exemple dans le « Sonnet allégorique de lui-même » –, qu'une remise en question de la prétendue opposition de Proust à la rhétorique Symboliste nous paraît nécessaire[7]. La dimension affective de la langue qu'il prône dans « Contre l'obscurité » est en effet ce qu'il prise davantage chez ceux qu'ils considère comme les « phares[8] » de cette école. Ceux qui s'y trompent, Daudet par exemple (« simpliste d'intelligence »), croient que Mallarmé « mystifie ». Or « il faut toujours supposer que les pactes sont faits entre l'intelligence du poète et sa sensibilité et qu'il les ignore lui-même, qu'il en est le jouet[9] ». L'intelligence que Proust reconnaît à Mallarmé est donc la même qu'il retrouve chez Baudelaire ou chez Flaubert (lequel n'est certes pas Symboliste, mais se situe pour Proust dans cette même ligne de modèles dont il s'agit d'intégrer et de dépasser la vision), « une intelligence qui s'est incorporée à la matière[10] », qui peut donc se faire style. Sans aller jusqu'à faire de Proust un mallarméen, on peut donc

---

1948, le manuscrit en fut retrouvé parmi les papiers de Reynaldo Hahn. Nous empruntons cette information à Philip Kolb, qui se réfère probablement au quatrain numéro 23 de la section « Fête et anniversaires » des « Vers de circonstance », in S. Mallarmé, *Œuvres complètes*, Paris, Gallimard, 1998, t. 1, p. 304. Bertrand Marchal date le quatrain du 15 août 1896.

6 M. Proust, Lettre à Reynaldo Hahn du 28 ou 29 août 1896, in *Corr.*, t. 2, 1976, p. 110-112, cit. à la p. 111.

7 *Cf.* par exemple Luca Pietromarchi, qui interprète ce couple d'adjectifs comme une preuve de l'aversion de Proust pour Mallarmé (« "Contre l'obscurité" : Proust contro Mallarmé », in *Obscuritas. Retorica e poetica dell'oscuro.* Atti del XXVIII Convegno Interuniversitario di Bressanone, 12-15 luglio 2001, éd. G. Lachin et F. Zambon, Trento, Dipartimento di Scienze Filologiche e Storiche, 2004, p. 485-494).

8 « Les Phares » est l'un des poèmes de Baudelaire que Proust aimait le plus, et qu'il récitait par cœur pendant ses visites su Louvre.

9 Lettre à Reynaldo Hahn, vendredi 15 novembre 1895, *Corr.*, t. 1, p. 441-442.

10 M. Proust, « Préface à *Tendres Stocks* de Paul Morand », in *Essais et Articles*, *CSB*, p. 612.

reconnaître chez l'auteur de la *Recherche* et chez le poète d'Hérodiade le même besoin (car c'est un besoin, et les véritables artistes en sont les « jouets ») de changer la langue, de la rendre "étrangère". Daniel Karlin compare justement l'attention proustienne au mot et à sa "signifiance" à la théorie que Mallarmé élabore dans *Les mots anglais*, où la langue anglaise ("étrangère") se définit par son excessive "contemporanéité"[11]. Or, même si « [u]n écrivain de génie aujourd'hui a tout à faire [et] n'est pas beaucoup plus avancé qu'Homère[12] », Proust s'est nourri de ses prédécesseurs, et l'"étrangéité" de son style est en partie redevable aux stylèmes et aux techniques de l'école Symboliste[13].

ÉCRIRE COMME BAUDELAIRE
Percevoir

Baudelaire est le poète que Proust considère dès son adolescence comme le plus grand de son siècle, un « classique, en franche opposition avec le romantisme[14] » ; sa critique à l'hermétisme des épigones ne relève

11 D. Karlin, *Proust's English*, Oxford, Oxford University Press, 2007. Karlin fait ici allusion à une expression de Mallarmé, en citant les *Mots anglais* (« contemporaine peut-être par excellence [la langue anglaise] »). *Cf.* S. Mallarmé, *Les mots anglais*, in *Œuvres complètes*, *op. cit.*, p. 1053.

12 M. Proust, *La Méthode de Sainte-Beuve*, in *CSB*, p. 220. Ce texte date probablement de 1908.

13 Nous ne ferons aucune distinction parmi les définitions de « Symbolisme », « Décadence », « Décadentisme », etc. Nous considérons la poétique de Baudelaire comme fondement de toute cette école, et Baudelaire lui-même comme le premier Symboliste. Nos références théoriques pour cette question sont S. Cigada, « Introduction à *Les déliquescences. Poèmes Décadents d'Adoré Floupette* » (1972), in *Études sur le Symbolisme*, éd. G. Bernardelli et M. Verna, trad. it. G. Grata, Milano, EduCatt, 2011, p. 43-61 ; G. Bernardelli, *Simbolismo francese : storia di un concetto*, Milano, Cisalpino-Goliardica, 1978 ; *Id.*, "L''École Décadente'. Aspetti del costume letterario parigino di fine Ottocento", in *Contributi dell'Istituto di filologia moderna. Serie francese*, t. 8, Milano, Vita e Pensiero, 1975, p. 262-299. Proust n'utilise d'ailleurs la définition de "Décadent" ni pour Baudelaire ni pour Mallarmé, rarement pour Verlaine et jamais pour Rimbaud. Il l'utilise au contraire pour certains textes de Maeterlinck (voir à ce propos A. Simon, « Proust lecteur de Maeterlinck : affinités sélectives », in *Marcel Proust au tournant des siècles*, Actes du Colloque International de l'Université de Bar-Ilan, Paris, Minard, 2004), de Régnier que pourtant il admire, et pour des textes que les amis lui envoyaient, tels des poèmes de Daniel Halévy.

14 M. Proust, [« Robert de Montesquiou »] ou [« Souvenir des choses transitoires »], in *CSB* 1971, p. 406-407. Ce texte fait probablement partie d'un article sur Montesquiou que

d'ailleurs pas d'une adhésion au purisme académique, mais d'un besoin d'organicité, car l'œuvre d'art est un organisme, où tout répond à tout, et relève d'un organisme, car elle résonne à l'intérieur de l'homme : dans ses organes et dans son esprit. La notion de « classique » n'est du reste aucunement en contradiction avec le projet proustien d'« attaquer » la langue, car toute esthétique véritablement nouvelle est classique :

> Quel sens Proust donne-t-il au classicisme, sinon celui de la tradition des œuvres qui, en leur temps, firent scandale en dépit d'elles-mêmes ? C'est la "suite presque continue" à laquelle on reconnaît à présent que Baudelaire et Manet appartiennent : un seuil est équivoque, l'enchaînement l'emporte avec le recul, la continuité efface les traces de rupture. Classicisme ne signifie donc pas intemporalité d'une œuvre, mais peut-être discordance dans tout présent, le sien et le nôtre, par opposition à l'œuvre qui passe de mode[15].

Or si le jeune Proust imite ouvertement Baudelaire – pensons aux textes que l'adolescent écrivait pour la *Revue lilas*, ou aux marines des *Plaisirs et les Jours* –[16], sa reprise du poète des *Fleurs du mal* sera autrement plus complexe dans le roman de la maturité. Nous allons nous intéresser ici à un procédé stylistique spécifique, l'association thématique, et à sa reformulation dans une page célèbre de la *Recherche* – le Port de Carquethuit – dans le but de mieux comprendre la relation dialectique entre la rhétorique symboliste et l'esthétique proustienne. En effet, si chez Baudelaire « l'art consiste [...] en une recomposition harmonique de l'univers » et que ce processus se réalise « [...] en unifiant [...] ce qui dans l'univers apparaît comme hétérogène[17] », chez Proust cette unité n'est jamais acquise, car elle ne relève pas d'une condition objective

---

Proust proposa en vain à la *Revue blanche* et à la *Revue de Paris*. Texte datable autour de 1894.

15 A. Compagnon, *Proust entre deux siècles*, *op. cit.*, p. 29.

16 Voir par exemple M. Proust, « Le ciel est d'un violet sombre », *La revue lilas*, 1888. Aujourd'hui dans *CSB*, p. 333-334. Publié une première fois par Robert Dreyfus dans *Souvenirs de Marcel Proust.* Pour les marines, voir « Avant la nuit », publié dans *Études*, II, *Revue blanche*, n. 26, décembre 1893, p. 331-338 ; repris dans « Reliquat », dans *Les plaisirs et les jours*, éd. Thierry Laget, Paris, Gallimard, 1993, « Folio classique », p. 247-252 ; « Choses normandes » : l'article fut publié dans *Le Mensuel* (revue normande destinée notamment a référer des faits et des spectacles du mois) en octobre 1891 et non repris par Proust dans *PJ*. Dans l'édition de Thierry Laget il se trouve à la page 242. « Marine » est l'une des *Rêveries couleur du temps* que Proust republia dans *PJ*. Voir éd. citée, p. 210-211. Sur ces textes, voir J. Hassine, *Essai sur Proust et Baudelaire*, Paris, Nizet, 1979.

17 S. Cigada, « Charles Baudelaire : anthropologie et poétique », *op. cit.*, p. 25.

du monde. L'unité n'existe chez Proust que dans l'entrelacs d'un moi sentant et d'un univers perçu. Encore, si l'association thématique est pour Baudelaire une figure « où deux catégories différentes du réel [...] s'échangent des caractères et des attributs [...] et s'entremêlent en une structure verbale unifiée, révélatrice de leur correspondance[18] », pour Proust elle constitue "uniquement" un instrument cognitif où le "bougé" de notre vision est restitué dans l'écriture, qui s'ouvre de cette manière au monde réel.

LE PORT DE CARQUETHUIT

L'échange de l'élément terrestre et de l'élément maritime affectionne Proust dès son premier article « Choses normandes » (1891), où il affirme préférer voir la mer depuis une colline de la Normandie, pour pouvoir mêler les impressions de la campagne à celles de la mer. L'odeur même de la mer est souvent associée à celle, plus campagnarde, du lait ; on lit par exemple dans « Avant la nuit » : « La brise mêlait les trois odeurs de la mer, des feuilles humides et du lait » ; ou dans « Marine » : « Ou plutôt je prendrais les chemins boisés où on l'aperçoit de temps en temps [la mer] et où la brise mêle l'odeur du sel, des feuilles humides et du lait[19] ». Ce mélange d'odeurs est dû au voisinage en Normandie de campagne et mer, voisinage que Proust chérissait, ainsi qu'il le déclare à plusieurs reprises dans les textes de jeunesse : il s'agit donc d'une dimension mémorielle, affective et sensorielle, dont l'écriture proustienne ne saurait se passer. On pense aussi aux associations thématiques de « Voiles au port », où les sillages des navires forment des « routes glissantes », tandis que le port est qualifié d'« auberge humide » qui accueille le tangage des bateaux en repos, faisant évidemment allusion au poème en prose baudelairien et à la prédilection du poète pour le « charme infini et mystérieux qui gît dans la contemplation d'un navire[20] ». C'est toutefois la superposition

18 *Ibid.*, p. 25-26.

19 M. Proust, « Avant la nuit », cit. à la p. 248 ; « Marine », cit. p. 211.

20 C. Baudelaire, *Fusées*, XV, in *Œuvres complètes*, Paris, Laffont, 1980, p. 397. « Le port » se trouve à la p. 201 de la même édition.

des deux dimensions, campagnarde et maritime, qui reviendra dans la célèbre “métaphore” de Carquethuit. Dans la maturité de l’écriture, néanmoins, cet échange n’aura plus rien de systématique ; Proust savait depuis longtemps que l’imitation ne conduit à rien, et il écrivait dans « À propos de Baudelaire » que « pour écrire aussi bien que Voltaire, il faudrait commencer par écrire autrement que lui[21] ».

La description du tableau d’Elstir représentant le Port de Carquethuit est notoirement la première grande “leçon” d’esthétique de la *Recherche*, que le héros reçoit du peintre, mais que la narrateur, en avance par rapport à l’adolescent Marcel, expose au lecteur comme déjà acquise dans le texte qu’il est en train de lire. Il s’agit de définir le style, une notion qui est toujours chez Proust synonyme de vision :

> Mais les rares moments où l’on voit la nature telle qu’elle est, poétiquement, c’était de ceux-là qu’était faite l’œuvre d’Elstir. Une de ses métaphores les plus fréquentes dans les marines qu’il avait près de lui en ce moment était justement celle qui, comparant la terre à la mer, supprimait entre elles toute démarcation. C’était cette comparaison, tacitement et inlassablement répétée dans une même toile, qui y introduisait cette multiforme et puissante unité [...]. C’est par exemple à une métaphore de ce genre – dans un tableau, représentant le port de Carquethuit [...] qu’Elstir avait préparé l’esprit du spectateur en n’employant pour la petite ville que des termes marins, et que des termes urbains pour la mer[22].

Voir poétiquement signifie avant tout voir vrai : la nature telle qu’elle est. L’affirmation n’est pas de moindre poids, car elle nous ramène directement sur terre. La postposition de l’adverbe poétiquement, après virgule, marque clairement que c’est là la seule manière de voir, d’appréhender le réel. Annamaria Contini a justement reconnu dans ce passage l’énonciation d’une nouvelle théorie de la métaphore :

> *qui, come altrove, il termine “metafora” viene impiegato da Proust in un’accezione che non coincide con quella corrente all’interno degli studi retorici : nessun riferimento al problema della comparazione tra due termini diversi, né alla necessità che questo rapporto sia istituito in base a qualche affinità o somiglianza. Si delineano, invece, altri temi : la metamorfosi a livello della rappresentazione visiva, considerata in analogia a quanto accade nella metafora poetico-letteraria, la metamorfosi di tipo*

21 Texte ajouté à « À propos de Baudelaire », in *Essais et Articles*, *CSB*, p. 618-639, cit. à la p. 639.

22 Tout le texte du « Port de Carquethuit » se trouve dans *JF*, II, p. 192-196. Cit. p. 192.

> *nominale, comportante un'autentica "ri-creazione" della realtà. La metafora, dunque, viene implicitamente definita come una trasformazione delle cose che procede da un mutamento di nome*[23].

Ce n'est donc pas d'une unité métaphysique du réel avec le monde de l'esprit – l'Idéal baudelairien – qu'il s'agit, mais bien plutôt d'une unité immanente à l'art lui-même. Certes, cette multiforme et puissante unité n'est pas sans rappeler la « ténébreuse et profonde unité » de « Correspondances », avec cette différence essentielle qu'elle est inhérente à la toile même, au style du peintre. Tout en étant générale – les yeux de l'artiste sont une fenêtre ouverte, et chacun peut regarder et se reconnaître à l'intérieur – elle est n'est pas objective, comme le sont pour Baudelaire les relations parmi les différentes parties du monde ou parmi les sensations de différents domaines perceptifs[24]. La description de la technique d'Elstir dans ce tableau – employer pour la petite ville des termes marins, et pour la mer des termes urbains – pourrait d'ailleurs très bien servir d'illustration de la figure de l'association thématique tout court. La technique en effet est là et savamment employée : mais l'unité sera multiforme, instituée par le peintre (le romancier), et aboutira à l'harmonie de l'œuvre, cohérence artistique pure. La description du tableau est très longue, et nous allons en choisir quelques passages seulement, pour illustrer notre thèse.

> Soit que les maisons cachassent une partie du port, un bassin de calfatage ou peut-être la mer même s'enfonçant en golfe dans les terres [...] les toits étaient dépassés [...] par des mâts, lesquels avaient l'air de faire des vaisseaux auxquels ils appartenaient quelque chose de citadin, de construit sur terre[...], et ainsi cette flottille de pêche avait moins l'air d'appartenir à la mer que, par exemple, les églises de Criquebec qui, au loin, entourées d'eau de tous

---

23 « Ici, comme ailleurs, le terme "métaphore" est employé par Proust en une acception qui diffère de celle qui est la plus courante dans les études de rhétorique : aucune référence au problème de la comparaison entre deux termes différents, ni à la nécessité que ce rapport soit fondé sur la base de quelque affinité ou ressemblance. Se dessinent, au contraire, d'autres thèmes : la métamorphose au niveau de la représentation visuelle, considérée comme analogue à celle qui se vérifie au niveau poétique-littéraire, la métamorphose de type nominal, comportant une authentique "re-création" de la réalité. La métaphore, donc, est implicitement définie comme une transformation des choses qui procède d'un changement de nom », A. Contini, « Proust : la metafora e il sapere », *Rivista di Estetica*, 37, 1991, p. 73-98, cit. à la p. 82.

24 Pour l'évolution de ce concept dans la poétique de Baudelaire, *cf. Dictionnaire Baudelaire*, éd. J.-P. Avice et C. Pichois, Tusson, Éditions du Lérot, 2002, entrée « Correspondances ».

> côtés parce qu'on les voyait sans la ville, dans un poudroiement de soleil et de vagues, semblaient sortir des eaux, soufflées en albâtre ou en écume et, enfermées dans la ceinture d'un arc-en-ciel versicolore, former un tableau irréel et mystique[25].

L'un des plus célèbres textes d'Arthur Rimbaud a probablement résonné dans la mémoire de la plupart des lecteurs avisés de ces lignes : « Marine », publié en 1886 et que Proust n'ignorait vraisemblablement pas. La ressemblance, surtout dans la dernière partie, est frappante. L'échange entre les deux éléments – terre et mer – à travers le croisement des attributs des chars d'un côté, des vaisseaux de l'autre, la conclusion dans le vortex de lumière de la métamorphose finale, tout paraît justifier le renvoi. Tout en manquant de preuve philologique à l'appui, – car Proust ne mentionne Rimbaud que treize fois dans son immense correspondance – il est tout à fait possible que ce poème rimbaldien soit présent dans la mémoire de Proust quand il écrit le passage sur Elstir. Mais les couches du souvenir littéraire sont stratifiées, et un autre hypotexte surgit sous ces quelques lignes, cette fois beaucoup plus sûr : les *Mémoires d'outre-tombe* de René de Chateaubriand. La description de la côte bretonne dans le premier volume des *Mémoires* insiste en effet justement sur l'interpénétration des deux éléments (terre et mer) et pose le même échange d'attributs linguistiques que l'on retrouve chez Proust – et chez Rimbaud, ce qui n'est peut-être pas un hasard – :

> Entre la mer et la terre s'étendent des campagnes pélagiennes, frontière indécises des deux éléments : l'alouette de champ y vole avec l'alouette marine ; la charrue et la barque à un jet de pierre l'une de l'autre, sillonnent la terre et l'eau. Le navigateur et le berger s'empruntent mutuellement leur langue : le matelot dit les vagues moutonnent, le pâtre dit des flottes de moutons. Des sables de diverses couleurs, des bancs variés de coquillages, des varechs, des franges d'une écume argentée, dessinent la lisière blonde ou verte des blés[26].

Mais un hypotexte n'est pas une source, et la greffe chez Proust ne donne jamais des fruits reconnaissables[27]. Cette "re-création" de la réalité est censée nous mettre de plein pied avec un monde que mous sommes en

25 *JF*, p. 192.

26 R. de Chateaubriand, *Mémoires d'outre-tombe*, éd. Maurice Levaillant et Georges Moulinier, Paris, Gallimard, 1951, t. 1, livre 1, p. 41-42. Sur Proust et Chateaubriand, *cf.* P.-L. Rey, « Chateaubriand », *DMP*, *ad vocem.*

27 *Cf.* G. Genette, *Palimpsestes. La littérature au second degré*, Paris, Seuil, 1982.

train de percevoir. La technique de l'échange des attributs, comme dans l'association thématique, est évidente : les mâts des vaisseaux dépassent les toits des maisons et deviennent de ce fait des clochers ou des cheminées, deviennent des éléments citadins, tandis que les églises de Criquebec se transforment, à cause de la mer qui les entoure, en éléments marins, et paraissent se métamorphoser grâce à la lumière en un « tableau irréel et mystique ». Remarquons, d'un point de vue strictement linguistique, l'emploi de subordonnées hypothétiques (« comme ils l'eussent été »), de verbes comparatifs tels que « sembler », « avoir l'air », dont le point de vue subjectif nous encre dans le domaine de l'impression sensorielle ; remarquons aussi l'emploi du comparatif d'infériorité pour établir l'analogie (« cette flottille de pêche avait moins l'air d'appartenir à la mer que, par exemple, les églises… »), un choix qui augmente le trouble du spectateur/lecteur, pris dans une vision où les élément se superposent et se croisent, sans jamais se confondre ni se définir tout à fait.

Mais ce croisement bouge : nous avons perdu notre assiette et la symétrie symboliste est perdue. Dans la suite de la description cette impression s'accroît, et on s'aperçoit que c'est l'œil du peintre qui crée l'unité entre la terre et la mer :

> un navire en pleine mer, à demi caché par les ouvrages avancés de l'arsenal, semblait voguer au milieu de la ville ; des femmes qui ramassaient des crevettes dans les rochers avaient l'air, parce qu'elles étaient entourées d'eau et à cause de la dépression qui, après la barrière circulaire des roches, abaissait la plage (des deux côtés les plus rapprochés de terre) au niveau de la mer, d'être dans une grotte marine surplombée de barques et de vagues, ouverte et protégée au milieu des flots écartés miraculeusement. Si tout le tableau donnait cette impression des ports où la mer entre dans la terre, où la terre est déjà marine, et la population amphibie, la force de l'élément marin éclatait partout[28].

Le spectateur/lecteur de ce tableau subit une impression de "tangage visuel', où les frontières parmi les choses ont disparu. On cesse de regarder, on voit ; en gommant l'entrave de l'intelligence, qui sait que les bateaux ne voguent pas au milieu des villes, on a la possibilité de pénétrer dans une réalité dont on avait perdu la clé. Cette réalité est « amphibie[29] », arrêtée

---

28 *JF*, p. 192-193.

29 Le mot « amphibie » mériterait en effet une étude à part : il est employé par Proust toutes les fois qu'il est question du style. *Cf.* E. Sparvoli, « Un Rembrandt di Proust. Analisi di un passo del côté de Guermantes », *L'analisi linguistica e letteraria*, 2002, 1-2, p. 461-480.

par le génie du style au moment même de sa transformation, telle ces nymphes qui dans Les *Métamorphoses* d'Ovide voient leurs bras se muer en branches. Juste avant de nous introduire dans l'atelier d'Elstir, le narrateur avait proposé en effet cette réflexion théorique sur l'art, suscitée par les marines du peintre, dont le charme

> consistait en une sorte de métamorphose des choses représentées, analogue à celle qu'en poésie on nomme métaphore et que si Dieu le Père avait créé les choses en les nommant, c'est en leur ôtant leur nom, ou en leur en donnant un autre qu'Elstir les recréait. Les noms qui désignent les choses répondent toujours à une notion de l'intelligence, étrangère à nos impressions véritables et qui nous force à éliminer d'elles tout ce qui ne se rapporte pas à cette notion[30].

Si Malcolm Bowie a pu parler, à propos de l'écriture proustienne, de « *working model of desirous thinking*[31] », c'est que le procès de métaphorisation du réel, qui est le fondement de l'art, se greffe dans la dimension corporelle de la perception et du plaisir, et que ce plaisir est le seul véritable principe de connaissance du réel :

> Ses peintures [d'Elstir] étaient donc des sortes de métaphores qui montraient une chose avec des qualités dont le plaisir qu'elles faisaient ressentir appartenait plutôt au plaisir que donne une autre chose ; mais de ces métaphores qui expriment l'essence de l'impression qu'une chose produit, essence qui reste impénétrable pour nous tant que le génie ne nous l'a pas dévoilée[32].

Dans la *Recherche* le problème de l'opération perceptive est posé dès l'ouverture et reste situé au centre de l'esthétique – et de l'éthique, comme il n'y a pour Proust d'éthique qu'esthétique – qui se déploie dans le roman. Aubert observe justement que dans le roman proustien « ce n'est pas l'œil qui voit, mais ce n'est pas l'âme non plus ; c'est le corps comme totalité ouverte ». Proust ne considère pas le monde comme « objet séparé » d'un sujet qui serait censé le comprendre du dehors : « La mutité du monde est d'abord l'indice d'une énigme et non le signe de l'altérité d'un monde objectif privé de sens mais susceptible d'être

30 *JF*, p. 191.

31 « Modèle fonctionnel de pensée désirante », M. Bowie, *Proust among the stars*, New York, Columbia University Press, 1999, p. 264.

32 *Esquisse* LVI, *JF*, p. 974. L'esquisse est datable probablement entre 1909-1910 au plus tard.

entièrement éclairé par la raison[33] ». De figure métaphysique, l'association thématique en est devenue, donc, phénoménologique, nous ramenant sur cette terre, corps et âme[34].

CONCLUSIONS

Dans son article sur la persistance – et le pervertissement – de certains "clichés" littéraires dans l'œuvre proustienne (clairs de lune, aurores, couchers de soleil, panoramas et paysages), Anne Simon rappelle comment Proust utilise souvent des « métaphores spatiales pour définir la psyché [...] assimilée à un "paysage moral" ou à un "domaine intérieur", d'où émane un "rayon spécial" que l'œuvre d'art est seule apte à mettre au jour[35] ». Paysages d'âme ? En effet, mais justement, sans qu'il y ait plus cette correspondance entre les deux "domaines", qui ne se répondent pas, mais où il s'agit plutôt d'un « embranchement de l'espace et de l'esprit[36] ». Un espace qui n'est plus « euclidien » mais « topologique », où c'est « l'*instance corporelle*[37] », qui est députée à la connaissance.

Si la métaphore apprend à voir, c'est en effet que dans l'art seul l'homme peut refaire le chemin, qui du corps le ramènera à l'esprit, et vice versa, sans que jamais la recherche puisse se dire terminée. Certes l'esthétique de Baudelaire est au commencement du chemin, et Lester

---

33 N. Aubert, « D'une parole à l'état naissant : Proust et Merleau-Ponty », *Romanic Review*, n. 91, 2000, 1-2, p. 105-115, cit. aux p. 107 et 108. Aubert souligne.

34 *Cf.* M. Merleau-Ponty, *Le visible et l'invisible*, Paris, Gallimard, 1964, p. 41-42. Sur Merleau-Ponty et Proust, *cf.* A. Simon, « Phénoménologie et référence : Proust et la redéfinition du réel », *Littérature*, n. 132, 2003, p. 67-82 ; *Id.*, « Le côté phénoménologique de Proust (Proust et Husserl) », in *Le moment 1900 en philosophie*, éd. Fréderic Worms, Villeneuve d'Asq, Presses Universitaires du Septentrion, 2004, p. 305-313 ; *Id.*, *Traffics de Proust*, Paris, Hermann, 2016.

35 A. Simon, « Aurores, clairs de lune et autres couchers de soleil : le paysage proustien entre persistance du cliché et déconstruction du panorama », *Textuel*, 45, 2004, *Marcel Proust. Surprises de la* Recherche, Actes du Colloque tenu à l'Université Paris VII, 27 et 28 mai 2004, éd. R. Coudert et G. Perrier, p. 111-127. p. 112-113, les citations de la *Recherche* sont issues de *AD*, IV, p. 67 ; *CS*, I, p. 344 ; *TR*, IV, p. 474.

36 *Ibid.*, p. 113.

37 J.-C. Coquet, « Préface. Comment traduire l'expérience ? », *op. cit.*, p. 18.

Mansfiel l'avait déjà compris en 1953, avant même que fussent découverts les cahiers de brouillons et le *Contre Sainte-Beuve* :

> Dans quelques décades, peut-être, ces deux hommes [Baudelaire et Proust] se rapprocheront tout seuls. C'est affaire de perspectives : ainsi, dans une marine d'Elstir, ciel et mer se confondent dans une même masse, bafouant la ligne d'horizon. Sans doute verra-t-on alors combien cette parenté est profonde, complexe, nécessaire[38].

Mais Flaubert n'est pas loin non plus : Proust n'aura jamais cessé, tout au long de sa vie, de remâcher les pages de Flaubert, en réfléchissant sur cette « beauté grammaticale[39] », où il voit un absolu du style qui est en partie le sien. Beryl Schlossman parle – très justement à notre avis – d'un "triangle de la modernité" composé de Baudelaire, Flaubert et Proust lui-même, lequel se trouverait à l'angle le plus aigu, pointant vers notre contemporain. Ce serait dans l'esthétique de Baudelaire et Flaubert que Proust aurait puisé l'idée de style telle qu'elle se développe ensuite dans son œuvre critique et littéraire. Cette idée de style coïncide selon Schlossman avec une « allegory of conversion », une « absolute Otherness of writing » qui nous rend paradoxalement à nous-mêmes[40].

Or, si vérité et style coïncident, si tout est dans le style – traduction de l'altérité irréductible du moi – le Symbolisme est derrière nous, ou plutôt "digéré" et recréé en une esthétique nouvelle ; il aura toutefois été « un vrai catalyseur pour la pensée et l'esthétique proustiennes, un tremplin pour sa conquête de la modernité[41] ». Écrire, c'est désormais restituer l'impression exacte, subjective mais généralisable, du réel : au lecteur de terminer la création. L'écrivain n'a qu'une obligation : celle du style et de sa vérité. En répondant à une enquête sur l'originalité de la forme, Proust affirmait en 1922, trois mois avant sa mort :

> Je ne « donne nullement ma sympathie » [...] à des écrivains qui seraient « préoccupés d'une originalité de forme ». On doit être préoccupés uniquement de l'impression ou de l'idée à traduire. Les yeux de l'esprit sont tournés

38 L. Mansfield, « Proust et Baudelaire », dans *Le Comique de Marcel Proust*, Paris, Nizet, 1953, p. 189-214, cit. à la p. 214.

39 M. Proust, « À propos du style de Flaubert », in *Essais et Articles*, *CSB*, p. 586-600, cit. p. 587.

40 « Allégorie de conversion » ; « absolue altérité de l'écriture », B. Schlossman, *The Orient of Style. Modernist Allegories of Conversion*, Durham and London, Duke Unversity Press, 1991, p. 4.

41 M. Schmid, *Proust dans la Décadence*, *op. cit.*, p. 240.

> au-dedans, il faut s'efforcer de rendre avec la plus grande fidélité possible le modèle intérieur. Un seul trait ajouté (pour briller, ou pour ne pas trop briller, pour obéir à un vain effort d'étonner, ou à l'enfantine volonté de rester « classique ») suffit à compromettre le succès de l'expérience et la découverte d'une loi[42].

Revenons une dernière fois à notre objet, l'association thématique dans la description du tableau d'Elstir Le Port de Carquethuit. Marque-t-elle, et dans quelle mesure, une dette de Proust vers la rhétorique symboliste ? Nous répondrons sans doute par l'affirmative à la première partie de la question, sans oublier que cette association thématique est présente, et presque dans les mêmes termes, déjà dans l'écriture de Chateaubriand, écrivain que Proust aimait notoirement beaucoup. Quant à la deuxième partie de la question, force nous est de reconnaître que cette rhétorique n'est qu'apparemment la même, et qu'elle tend désormais à s'approcher d'une matérialité linguistique qui reproduit non plus un univers harmonieux et organisé, mais la connaissance charnelle et toujours à recommencer du monde, telle que la phénoménologie contemporaine la conçoit. En effet, « seul un art métaphorique, apte à relier les domaines séparés par la conscience logique et constitué de strates superposées et entremêlées, permettra de restaurer l'expérience phénoménologique du monde et du moi[43] ».

42 M. Proust, réponse à « Une enquête littéraire : Sommes-nous en présence d'un renouvellement du style ? », *La Renaissance*, 22 juillet 1922, aujourd'hui dans *Enquête sur le renouvellement du style*, in *CSB*, p. 645.

43 A. Simon, « Phénoménologie », *DMP*, *ad vocem*.

DIVERSITÉ DES SENS, UNITÉ SENSIBLE

Dans la chair de l'écriture proustienne

Le héros de la *Recherche* semble désespérer de pouvoir un jour se rendre maître d'une vie où tout n'est que fragment et perte. L'amitié, l'amour, les voyages, l'art lui-même se dispersent et s'émiettent dans la diversité et le leurre de nos sens. L'unité existe, en effet, dans l'écriture seule, dans le fondu d'une rhétorique sensorielle qui retrouve le « petit sillon[1] » où se cache le sens de notre vie. Un réseau très dense de figures synesthésiques parcourt le texte proustien, qui enveloppe dans une gaine délicate et parfaite la diversité des perceptions humaines. Notre but est d'identifier et d'analyser quelques passages choisis de la *Recherche*, où ce stylème paraît significatif de l'unité scripturale, fondée sur la diversité existentielle. Nous tenterons de démontrer que cette rhétorique sensorielle se trouve au cœur même de la "vérité" proustienne : laïque mais spirituelle, charnelle mais éternelle.

DIVERSITÉ DES SENS. LA NEIGE

Le personnage d'Albertine sera particulièrement utile pour notre démonstration : en tant qu'« être de fuite », elle n'offre d'elle-même que des images partielles, toujours décevantes, insondables pour le héros qui désire la posséder corps et âme. Néanmoins, les sens de Marcel n'arrivent pas à la cerner et sa personne s'émiette en ne laissant que des traces trompeuses. Au début d'*Albertine disparue*, le héros supplie Robert de Saint-Loup de l'aider à retrouver la jeune fille, et lui montre une photographie qui la reproduit. Le visage de la fugitive surprend l'ami de

1 *TR*, p. 470.

Marcel, qui s'attendait à voir une fille « merveilleuse ». L'amour est bien sûr individuel, et, « quand nous ne le ressentons pas, le trouver évitable et philosopher sur la folie des autres nous est naturel[2] ». Néanmoins, la raison de la déception de Robert est beaucoup plus profonde. Saint-Loup ne voit pas la beauté d'Albertine, car pour voir il aurait besoin de sentir. Ce que la vue nous restitue n'est en effet qu'un fragment, souvent fallacieux, de notre expérience[3]. Dans le commentaire du narrateur à cet épisode, l'irrémédiable fragmentation de la dimension sensorielle est explicitement théorisée :

> Le temps était loin où j'avais bien petitement commencé à Balbec par ajouter aux sensations visuelles quand je regardais Albertine, des sensations de saveur, d'odeur, de toucher. Depuis, des sensations plus profondes, plus douces, plus indéfinissables s'y étaient ajoutées, puis des sensations douloureuses. Bref Albertine n'était, comme une pierre autour de laquelle il a neigé, que le centre générateur d'une immense construction qui passait par le plan de mon cœur[4].

Les conséquences de cette fragmentation sont notoires et néfastes : aucune connaissance ne paraît accessible, et aucun amour possible. La formation du sentiment amoureux passe en effet par l'apprentissage des sens : le lecteur l'a déjà compris dans les volumes précédents : dans l'épisode du baiser manqué dans les *Jeunes filles en fleur* (« Je *regardais* les joues d'Albertine pendant qu'elle me parlait et je me demandais quel *parfum*, quel *goût* elles pouvaient avoir[5] »), ou, plus douloureusement, dans celui du baiser réussi dans le *Côté de Guermantes*, où le héros est sûr qu'embrasser le visage d'Albertine signifiera

> *connaître le goût, la saveur, d'une couleur bien souvent regardée* [...]. Enfin, n'y ayant pas réussi à Balbec, je vais *savoir le goût* de la rose inconnue que sont *les joues d'Albertine*. Et puisque les cercles que nous pouvons faire traverser

2 *AD*, p. 22.

3 S. Guindani, « "Je ne savais pas voir". Malentendu, connaissance et reconnaissance chez Proust », in *Proust, la mémoire et la littérature. Séminaire 2006-2007* au Collège de France, éd. A. Compagnon, Paris, Odile Jacob, 2009, p. 157-176. Pour la vision fragmentée d'Albertine, voir D. Vago, "Far memoria dell'incontro", in *Proust e lo spazio*, éd. M. Verna et A. Frigerio, Milano, EduCatt, 2009, p. 85-99. Pour l'insuffisance du sens de la vue, voir *Die Korrespondenz der Sinne. Wahrnehmungsästhestische und intermediale Aspekte in dem Werk von Proust*, éd. Ute Felten, Leipzig, Wilhelm Fink, 2008.

4 *AD*, IV, p. 22.

5 *JF*, II, p. 242.

> aux choses et aux êtres, pendant le cours de notre existence, ne sont pas bien nombreux, peut-être pourrai-je considérer la mienne comme en quelque manière accomplie, quand, ayant fait sortir de son cadre lointain le visage fleuri que j'avais choisi entre tous, je l'aurai amené dans ce plan nouveau, *où j'aurai enfin de lui la connaissance par les lèvres*[6].

Attendu plus par l'imagination que par la chair, le baiser manifeste un désir de possession, d'« assimilation [...] d'une réalité immatérielle » : des rêves, des couleurs, des impressions de toute une vie maritime qu'Albertine tient « liées autour d'elle ». L'embrasser sera comme « embrasser toute la plage de Balbec[7] ». La déception qui attend le héros est due à l'insuffisance structurelle des organes de nos sens, incapables, paraît-il, de sentir à l'unisson, et partant de connaître. La réflexion théorique qui s'intercale à la narration de cet épisode se concentre en effet sur l'aspiration à la *connaissance*, ce que témoignent les choix linguistiques du narrateur : « *savoir* le goût de la rose inconnue que sont les joues d'Albertine » ; « j'aurai enfin de lui [le visage d'Albertine] la *connaissance* par les lèvres » ; « j'allais *connaître* le goût de cette rose charnelle ». Mais l'homme est dépourvu d'un organe « qui serve au baiser » et les lèvres ne sont pas faites pour connaître[8]. Si une connaissance charnelle existe, elle se situe au diapason d'une unité perceptive parfaite, ce qui ne semble pas accessible à notre corps insuffisant ; la déception de Marcel s'aggrave en effet progressivement et procède par "soustraction sensorielle". D'abord, le déplacement optique empêche une vision pleine du visage et du cou de la jeune fille ; ensuite, l'odorat est gêné par la position du nez et le désir du goût des « joues roses » reste à jamais inassouvissable. Certes la vie a "ajouté" à cette insuffisance une quantité de sensations, et depuis les temps de Balbec la figure d'Albertine s'est accrue du goût, de l'odeur, du toucher qui lui manquaient. Le souvenir d'elle est traversé par ces expériences sensibles, dont s'imbibe sa photographie. Des émotions douloureuses accompagnent cette émergence du passé, qui font de la jeune fille « une pierre autour de laquelle il a neigé ». Le temps a réussi son œuvre, et le froid de la neige encercle la *vérité* de la personne représentée par le portrait. Mais qui est Albertine ? Les sens de Marcel sont incapables de l'atteindre.

---

6 *JF*, II, p. 658 et 659.
7 *JF*, II, p. 658.
8 *JF*, II, p. 658 et 659.

DIVERSITÉ DES SENS
Du géranium au raisin

Le besoin d'Albertine se manifeste toujours dans la *Recherche* par une irritation sensorielle, un "signal" perceptif qui fonctionne comme un signe linguistique, dont Marcel ne connaîtrait que la face sonore, physique, mais dont il voudrait à tout prix décrypter le sens. Car le corps d'Albertine parle une langue étrangère[9]. Dans *Sodome et Gomorrhe*, Marcel a décidé de quitter le Casino de Balbec pour se rendre chez les Verdurin, mais il finit par rester :

> C'est que je venais de l'entendre rire. Et ce rire évoquait aussi les roses carnations, les parois parfumées contre lesquelles il semblait qu'il vînt de se frotter et dont, âcre, sensuel et révélateur comme une odeur de géranium, il semblait transporter avec lui quelques particules presque pondérables, irritantes et secrètes[10].

Dans ce passage le circuit sensoriel est presque complet : au son du rire sont attribués les caractères de la perception visuelle (« roses carnations »), gustative (« âcre »), tactile (« sensuel »), olfactive (« parfumées », « comme une odeur de géranium »). Le héros désire dévorer Albertine : tout se passe comme si le transfert du son à la vue, à l'odorat et au toucher n'était provoqué que par un besoin proche de la faim et de la soif. La contiguïté des organes où le rire prend naissance (la bouche d'Albertine, les parois de son palais et de ses joues) est fantasmée par le héros, qui voudrait s'en emparer. Cette contiguïté est élevée à la seconde puissance, car le son « irrite » les organes perceptifs de Marcel, en pénétrant dans le corps du héros lui-même. Le rire devient ainsi « pondérable », tout en gardant le secret d'Albertine : car, si « aucun corps n'est aussi présent que le sien dans la *Recherche*[11] », il est aussi le plus fragmenté et fragmentaire, impossible à fondre dans une seule et parfaite jubilation du cœur et de la chair.

---

9 Sur la valeur de la voix d'Albertine dans l'œuvre de Proust, *cf.* D. Vago, « Traduire le *pneuma* : sur la vocalité proustienne », in E. Eells et N. Toth, *Son et traduction dans l'œuvre de Proust*, Paris, Champion, 2018, p. 91-104.

10 *SG*, III, p. 191.

11 A. Chevalier, « Albertine », in *Dictionnaire Marcel Proust*, éd. A. Bouillaguet et B. Rogers, Champion, Paris 2014, *ad vocem*.

L'écriture réussit, toutefois, ce que les sens ne sauraient achever : elle comble les fissures, elle remplit les intervalles entre un son et l'autre, une couleur et un goût, en refaisant la plénitude qui semble se soustraire à notre expérience. Le passage que nous venons de citer en est une preuve : en disant la frustration de Marcel face au mystère de l'être aimé, les mots que nous lisons refont l'unité qu'ils semblent nier. Ils permettent au lecteur d'entrer dans le vécu du désir, de le "com-prendre" au sens transitif du verbe, donc de l'inclure en soi-même[12]. En lisant ces lignes nous sommes en effet invités à percevoir en même temps que le héros, grâce à une écriture qui n'imite pas, mais qui « mime » le geste du réel ; comme l'observe Jean Milly, il s'agit d'une opération qui se situe « en deçà de l'analyse intellectuelle, à un niveau quasi biologique, en tout cas archétypique[13] ».

La synesthésie contribue pour une large part à la réussite de cette entreprise. Dans notre livre sur le rôle de cette figure dans le roman proustien nous avons constaté qu'elle est présente tout au long du texte de la *Recherche*, et qu'elle est même thématisée par Proust comme opérateur théorique de son esthétique[14]. Pour notre analyse nous nous sommes servie de la définition de la synesthésie littéraire proposée par Paola Paissa, dont le principal avantage est celui de ne pas enfermer la figure dans le schéma analogique, ce qui nous a permis de mieux cerner son rôle dans l'esthétique proustienne : la dimension de la contiguïté est en effet cruciale pour l'auteur de la *Recherche*, et l'ignorer signifie manquer l'effet rhétorique visé par l'auteur[15]. Si nous analysons le passage que nous venons de citer, nous constatons en effet que la relation de contiguïté est à l'origine même du transfert, et que la relation analogique n'intervient que dans un deuxième temps : le rire d'Albertine est « âcre,

12 « Comprendre : l'idée dominante est celle d'un rapport quantitatif de contenant à contenu ; *inclure* dans sa nature propre ou dans un système telle et telle choses ou personnes », *TLF*, *ad vocem*.

13 J. Milly, *La phrase de Proust dans* À la recherche du temps perdu, Service de reproduction des thèses, Université de Lille III, 1974, p. 143.

14 M. Verna, *Le sens du plaisir. Des synesthésies proustiennes*, Oxford / Bern / Berlin / Bruxelles / Frankfut am Main / New York / Wien, Peter Lang, 2013.

15 P. Paissa, *La Sinestesia. Storia e analisi del concetto*, Brescia, La Scuola, 1995. Voir aussi S. Ullmann : *Panchronistic tendencies in synaestesia*, in *The principles of semantics*, Glasgow, Jackson, Oxford, 1963, p. 266-346, et pour ce qui concerne plus directement Proust, *Transposition of sensations in Proust's imagery*, in *Style in Franch Novel*, Oxford, Basil Blackwell, 1964, p. 189-209.

sensuel et révélateur » grâce à la proximité des parties de la bouche où il prend vie (il se « frotte » contre les parois du palais). La comparaison « comme une odeur de géranium » est fondée sur cette contiguïté. L'analogie entre le rire et l'odeur de géranium est basée sur le *tertium comparationis* « irritant », explicité dans la suite du paragraphe, qui est propre de l'odeur de la fleur et peut s'appliquer aux sens de l'odeur et du goût[16]. Les « roses carnations » de la bouche d'Albertine ont d'ailleurs déjà évoqué la couleur rose, que le géranium suggère indirectement et qui dans le roman est associée à la dimension amoureuse[17].

Du point de vue sensoriel l'échange se réalise entre l'ouïe, qui est le sens de destination[18], les sens source étant le toucher, l'odorat, le goût et la dimension psychologique, qui n'est normalement pas classée dans les études sur la synesthésie, mais qui est incontournable dans l'écriture proustienne[19]. Selon la hiérarchie sensorielle établie par Ullmann et confirmée par Paissa, la direction du transfert est dans ce cas ascendante (du toucher et du goût à l'ouïe, d'un sens donc "bas" et élémentaire à un sens "noble"). Cette constatation n'est pas anodine ; s'il est vrai que la direction ascendante est la plus fréquente[20], il est vrai aussi que Proust est

16 « Âcre : qui est irritant aux sens et principalement au goût et à l'odorat », *TLF*, *ad vocem*.

17 *Cf.* D. Vago, *Proust en couleur*, Paris, Champion, 2012, p. 142-142, où ce même passage est étudié du point de vue chromatique.

18 La destination est définie par Ullmann, qui se sert de la théorie des "rangs syntaxiques" de Otto Jespersen (*The Philosophy of Grammar*, Londres, George Allen and Unwin, 1924, édition consultée : Chicago, University of Chicago Press, 1992). Le plus haut des rangs est la destination, "the element about which the poet is saying something" (S. Ullmann, *Principles of semantics*, Glasgow, Jackson, Oxford, 1963, p. 266-346, cit. p. 278), le plus bas la source.

19 *Cf.* pour ce problème P. Paissa, *La sinestesia. Analisi contrastiva delle sinestesie lessicalizzate nel codice italiano e francese*, La Scuola, Brescia, 1995. À l'époque de Proust on croyait d'ailleurs fermement au lien entre domaine psychique et phénomènes synesthésiques. Voir à ce propos Alfred Binet, « Travaux du Laboratoire de Psychologie Physiologique. Résumé d'une observation d'audition colorée ; L'Application de la psychométrie à l'Étude de l'audition colorée », *Revue philosophique de la France et de l'Étranger*, 1893, t. 36, p. 330-336.

20 Selon les résultats des statistiques obtenues sur un grand nombre d'auteurs par Ullmann et confirmées par Mancaş et Dombi du côté linguistique et littéraire et par Marks du côté de la recherche psychologique, le type le plus fréquent de synesthésie est celui qui se meut du bas vers le haut dans l'échelle sensorielle, selon l'ordre suivant : toucher/chaleur/goût/odorat/ouïe/vue. La source principale du transfert synesthésique est le toucher, alors que la *destination* est le plus souvent l'ouïe. *Cf.* Michaela Mancaş, « La synesthésie dans la création artistique de M. Eminescu, T. Arghezi et M. Sadoveanu », *Cahiers de Linguistique Théorique et appliquée*, 16, 1962, p. 57-82 ; E. Dombi, « On the semantic basis of Synaestesia », *Revue Roumaine de linguistique*, 16, 1971, p. 47-52 ; L. E. Marks,

l'un des premiers à valoriser les soi-disant sens "vulgaires", comme le goût, l'odorat (il suffit de penser à l'épisode de la madeleine) et le toucher[21], plus proches du savoir du corps, plus fiables donc pour nous restituer le vécu dans sa plénitude. Comme l'observe Anne Henry en effet :

> La *Recherche* a fait entrer dans la littérature une réalité nouvelle, le corps [le] corps éprouvé du dedans dans une intimité transparente, présence à soi immédiate, prise dans la mouvance des sentiments et des sensations [...]. La reconnaissance du corps subjectif est le fait de la modernité à ses débuts. Proust est bien le contemporain d'Edmund Husserl, le fondateur de la phénoménologie, de Wassily Kandinsky [...], du romancier Robert Musil qui travaille en 1906 à un disque de mesure optique, de Martha Graham dont la réflexion sur la genèse du mouvement a ouvert pour la danse une ère nouvelle. Ils se sont fondés sur la formation, au creux de la subjectivité corporelle, d'un rapport au monde qui n'est ni matériel ni spirituel[22].

Pour que le corps entre dans la littérature, il faut que l'écriture se fasse chair et parvienne à fondre ce qui dans la réalité de nos perceptions est fragmenté et séparé. Or, bien que cette fragmentation soit l'un des thèmes principaux du roman – le désespoir d'arriver jamais à trouver un sens à l'existence touche dans le *Temps retrouvé* à la valeur de la littérature elle-même –[23], le style réussit ce que la narration décrit comme un échec. Dans un passage d'*Albertine disparue* le narrateur réfléchit par exemple à la nature du plaisir, toujours décalé par rapport à son objet, toujours destiné à se réaliser dans une expérience qui n'est que le substitut de ce qui a suscité le désir :

> ces plaisirs qui, séparés les uns des autres par des nuances indiscernables, font de notre vie comme une suite de zones concentriques, contiguës, harmoniques et dégradées, autour d'un désir premier qui a donné le ton, éliminé ce qui ne se fond pas avec lui et répandu la teinte maîtresse (comme cela m'était arrivé aussi, par exemple, pour la duchesse de Guermantes et pour

---

The unity of senses, New York, Academic Press, 1978. *Cf.* aussi M. Mazzeo, *Storia mentale della sinestesia*, Macerata, Quodlibet, 2005.

21 *Cf.* G. Schuhen, *Tasten und Berhüren. Anmerkumgen zu Erinnerung und Erotik in der* Recherche, et U. Felten, *Voir, savoir et savourer. Le plaisir des yeux et le plaisir du palais chez Marcel Proust*, in D*ie Korrespondenz der Sinne. Wahrnehmungsästhestische und intermediale Aspekte em Werk von Proust*, éd. U. Felten, Leipzig, Wilhelm Fink, 2008, p. 57-65, et p. 183-194.

22 A. Henry, « Corps », in *Dictionnaire Marcel Proust*, éd. A. Bouillaguet et B. Rogers, Paris, Champion, 2014, *ad vocem.*

23 *TR*, IV, p. 433, où le héros parle de « vanité, mensonge de le littérature après avoir lu le *Journal* des Goncourt.

> Gilberte). Andrée, ces femmes, étaient pour le désir, que je savais ne plus pouvoir exaucer, d'avoir auprès de moi Albertine ce qu'un soir, avant que je connusse Albertine autrement que de vue, avait été *l'ensoleillement tortueux et frais* d'une grappe de raisin[24].

Comme Albertine, qui est une « pierre autour de laquelle il a neigé », de même notre vie est comparée à une suite de zones concentriques organisées autour d'un désir primitif, qui nous conduit par une force centripète vers le centre de l'énergie désirante. L'opération de *substitution* d'un désir par l'autre est parfaitement synthétisée dans l'agrégat synesthésique qui clôt le paragraphe, où le narrateur rappelle à la mémoire une sorte de "futur dans le passé" du désir : à Balbec Marcel avait faim d'Albertine sans savoir s'il pourrait l'avoir, et la remplaçait par la vue d'une grappe de raisin.

Dans l'expression « l'ensoleillement tortueux et frais d'une grappe de raisin » le narrateur utilise un procédé typique de l'écriture artiste, à laquelle Proust doit beaucoup, bien qu'il la considère comme insuffisante à l'expression littéraire[25]. La substantivation du participe "ensoleillé" vise à un effet de synthèse visuelle, sur lequel est bâti l'agrégat synesthésique qui suit : par une journée d'été le héros voit une grappe de raisin frappée par les rayons du soleil. La perception du goût du raisin, de sa fraîcheur, est associée de manière inextricable à la forme et à la position de la grappe. La forme, normalement associée au sens du toucher, distribue en effet la lumière du soleil de manière inégale (« tortueuse »), alors que la fraîcheur se réfère évidemment au goût, ou bien au désir du goût, car nous ne savons pas si le héros a vraiment goûté au fruit. Le sens de destination est partant la vue (« l'ensoleillement »), les sens de départ le toucher (« tortueux », « frais ») et le goût (« frais »).

La relation rhétorique est encore une fois métonymique, car c'est la contiguïté de la lumière, de la chaleur, de la fraîcheur juteuse du raisin qui créent le transfert sensoriel. L'opération de substitution du désir est néanmoins doublement métaphorique. D'un côté, le héros de Balbec a tenté d'assouvir un désir sensuel en le remplaçant par un plaisir du goût ; de l'autre, cette substitution renvoie à l'expérience actuelle du héros vieilli, et constitue partant une métaphore temporelle.

---

24 *AD*, IV, p. 133.

25 F. Gaillard, *Les Célibataires de l'art. Le découragement de Marcel ou le "contre Goncourt" de Proust*, in *Les frères Goncourt : art et écriture*, éd. J.-L. Cabanès, Bordeaux, Presses Universitaires de Bordeaux, 1997, p. 323-337.

MERS DIVERSES, PLÉNITUDE DES SENS

La série des “marines” des *Jeunes filles en fleur* prépare notoirement la rencontre du héros avec Elstir, pendant laquelle il va recevoir sa première leçon sur la vérité artistique. Si le héros n'est pas mûr, le narrateur, lui, a accompli sa tâche et l'écriture que nous avons sous les yeux réalise d'ores et déjà l'unité que la vie semble nier. Même les pages qui paraissent le plus dysphoriques, voire tragiques, cachent à notre avis la jubilation de l'art, laquelle ne serait d'ailleurs pas possible sans la “descente aux enfers” de la souffrance. Vers la fin de son séjour à Balbec, le héros remarque le changement du spectacle de la mer, qu'il contemple tous les jours depuis les fenêtres de sa chambre :

> Bientôt les jours diminuèrent et au moment où j'entrais dans la chambre, le ciel violet, qui semblait stigmatisé par la figure raide, géométrique, passagère et fulgurante du soleil (pareille à la représentation de quelque signe miraculeux, de quelque apparition mystique), s'inclinait vers la mer sur la charnière de l'horizon comme un tableau religieux au-dessus du maître-autel, tandis que les parties différentes du couchant exposées dans les glaces des bibliothèques basses en acajou qui couraient le long des murs et que je rapportais par la pensée à la merveilleuse peinture dont elles étaient détachées semblaient comme ces scènes différentes que quelque maître ancien exécuta jadis pour une confrérie sur une châsse[26]...

L'isotopie religieuse qui organise tout ce passage introduit la tonalité tragique qui se figera dans les lignes suivantes : le ciel violet, normalement liée dans la tradition chrétienne à la célébration de la Passion et au Carême ; le participe « stigmatisé », qui renvoie aux stigmates du Christ ; le soleil couchant qui se reflète dans les vitres des bibliothèques, qui de ce fait figurent un retable, tout prépare au sacrifice et à la mort[27]. La description de la mer automnale confirme cette hypothèse :

> Quelques semaines plus tard, quand je remontais, le soleil était déjà couché. Pareille à celle que je voyais à Combray au-dessus du Calvaire à mes retours de promenade et quand je m'apprêtais à descendre avant le dîner à la cuisine,

26 *JF*, p. 160.

27 *Cf.* C. Robin, « Le Retable de la cathédrale », *Études Proustiennes*, III, Paris, Gallimard, 1979, p. 67-93.

> une bande de ciel rouge au-dessus de *la mer compacte et coupante comme de la gelée de viande*, puis bientôt, *sur la mer déjà froide et bleue comme le poisson appelé mulet*, le ciel, du même rose qu'un de ces saumons que nous nous ferions servir tout à l'heure à Rivebelle, ravivaient le plaisir que j'allais avoir à me mettre en habit pour partir dîner[28].

La comparaison avec Combray rappelle une fois de plus l'idée de la Passion (« au-dessus du Calvaire »), alors que les synesthésies décrivant la mer assimilent cette dernière à une nourriture, à une matière solide mais morte comme la gelée de viande ou le mulet : le sens de destination est la vue, le sens de départ le toucher, la relation rhétorique la métaphore. Les synesthésies qui suivent sont aussi fondées sur une relation métaphorique, et le transfert est également de type ascendant, du toucher à la vue, avec une gradation savante d'un sens à l'autre. L'image est inquiétante : le noir de suie des vapeurs qui surplombent la mer, tout en acquérant le « poli » et la « consistance » de l'agate, semblent, avec leur « pesanteur visible », sur le point de précipiter dans la mer :

> Sur la mer, tout près du rivage, essayaient de s'élever, les unes par-dessus les autres, à étages de plus en plus larges, des *vapeurs* d'un noir de suie mais aussi *d'un poli, d'une consistance d'agate*, d'une *pesanteur visible*, si bien que les plus élevées penchant au-dessus de la tige déformée et jusqu'en dehors du centre de gravité de celles qui les avaient soutenues jusqu'ici, semblaient sur le point d'entraîner cet échafaudage déjà à demi hauteur du ciel et de le précipiter dans la mer

Le héros, « de tous côtés entouré des images de la mer », est prêt à admettre que « bien souvent ce n'étaient [...] *que des image*s » et que « sous leur couleur se creusait le triste vide de la plage[29] ». Le tragique est lié dans cette description à la structure narrative, qui prépare le parcours initiatique de Marcel. La densité de cette description est toutefois une preuve de la résurrection qui nécessairement vainc la mort dans le récit de la Passion. Le *style* est cette résurrection, dont le héros n'a pas encore conscience mais dont nous pouvons déjà jouir.

Le dernier passage que nous allons analyser précède du point de vue narratif celui de la mer automnale, mais de notre point de vue ceci n'est guère important. La poly-sensorialité de l'écriture proustienne se

---

28 *JF*, p. 161.
29 *Ibidem*.

manifeste dans cette page à un degré d'intensité tel, qu'elle pourrait servir de manifeste pour une théorie de la rhétorique sensorielle. Le mouvement (le héros va et vient de sa chambre à celle de sa grand-mère) et la différente disposition de l'espace sont à l'origine du court-circuit sensoriel qui est représenté dans ce passage. L'odeur « agréable et fraîche » que l'on perçoit en entrant dans la chambre de la grand-mère semble émaner, en effet, des « fauteuils brodés de filigranes métalliques et de fleurs roses », alors que les rayons du soleil

> brisaient les angles du mur, à côté d'un reflet de la plage *mettaient sur la commode un reposoir diapré* comme les fleurs du sentier, *suspendaient à la paroi les ailes repliées, tremblantes et tièdes d'une clarté* prête à reprendre son vol, *chauffaient comme un bain un carré de tapis provincial* devant la fenêtre de la courette que le soleil festonnait comme une vigne, *ajoutaient au charme* et à la complexité de la décoration mobilière *en semblant exfolier la soie fleurie des fauteuils* et détacher leur passementerie, *cette chambre* que je traversais un moment avant de m'habiller pour la promenade[30].

La lumière est l'agent d'une véritable métamorphose : après avoir perçu l'odeur fraîche qui émane des fleurs « brodées », où la vue est le sens source et l'odorat le sens de destination, le lecteur est invité à entrer dans une chambre magique où tous les plaisirs de l'esprit et des sens sont possibles. Du point de vue grammatical, les rayons du soleil sont le sujet de l'action : ils « distribuent », ils « brisent », ils « chauffent », ils « semblent exfolier la soie fleurie des fauteuils », ils « mett[ent] sur la commode un reposoir diapré ». La fusion sensorielle culmine dans le *prisme* et dans la *ruche* où toutes les couleurs, tous les goûts et toutes les odeurs (« sucs »), se manifestent dans un fabuleux « jardin de l'espérance », où tout se *dissout* en une « palpitation de rayons d'argent et de pétales de rose ». Dans la palpitation se résout en effet toute la progression sensorielle qui a été déclenchée par l'action de la lumière : la mer qui est décrite quelques lignes plus bas est une Nymphe qui se prélasse et respire, en jouant mollement dans la « transparence d'une vaporeuse émeraude[31] ».

Comme le remarque Julia Kristeva

> plus qu'une métaphore, les thèmes sensoriels chez Proust ont l'intensité des métamorphoses d'un Baudelaire [...]. Pourtant [...] la joie sensorielle de

30 *JF*, p. 64-65.
31 *JF*, p. 65.

> Proust, toute saisie qu'elle est par l'osmose entre le moi et l'objet senti, ne cesse d'interroger la dérobade de la sensation. Ainsi la mémoire est à la fois l'agent qui nous restitue la sensation, et le voile qui nous en écarte. Équivalent du langage, elle confère à celui-ci un rôle de *filtre* qui signifie le senti (*in absentia*) mais aussi lui imprime (*in præsentia*) sa marque[32].

CONCLUSIONS

L'émiettement du monde n'est pas sans retour, car l'écriture peut refondre ce qui paraissait irrémédiablement fragmenté. Le style est pour Proust contenu et contentant, le monde se fait dans le geste même de l'écrire. La synesthésie est l'un des instruments privilégiés pour réussir la fusion des éléments divers qui font le kaléidoscope de l'existence. Figure non exclusivement analogique, syntagmatique et ouverte, la synesthésie est en effet cohérente avec l'« alliance de mots » que le narrateur avait indiquée à la place de la métaphore dans les avant-textes de la célèbre déclaration théorique du *Temps retrouvé* :

> Comme la réalité artistique est un rapport, une loi réunissant des faits différents (par exemple *des sensations différentes que la synthèse de l'expression fait naître*) la réalité n'est posée que quand il y a eu style, c'est-à-dire quand il y a alliance de mots [...] l'œuvre d'art ne commence à exister qu'au style ; jusqu'alors il n'y a qu'un *écoulement sans fin de sensations séparées qui ne s'arrêtent pas de fuir*[33].

Si Jean-Marc Quaranta, qui a aussi analysé le passage ci-dessus, identifie dans l'hypallage la figure clé de la *Recherche*, ce n'est pas sans raison. Cette lecture n'est pas en contradiction avec la nôtre, car la synesthésie chez Proust est souvent incluse et soudée dans une hypallage. Le critique signale aussi l'importance de la synecdoque, plus fréquente que la métonymie dans le roman, les deux se confondant souvent l'une avec l'autre :

> Chacune de ces deux figures paraît, en effet, incarner *l'un des phénomènes perceptifs qui fondent la littérature* : la métonymie est à la synecdoque ce que la mémoire

---

32 J. Kristeva, *Le Temps sensible*, Paris, Gallimard, 1994, p. 363-364.

33 M. Proust, *Cahier* 28, 1910, f. 33-34r°, in *TR*, IV, p. 1406-1407n.

> est à la perception globale. Si la métonymie fonde la métaphore, c'est que la synecdoque fonde la métonymie et que la capacité de la partie à susciter le tout est indissociable de la capacité qu'a le sujet de percevoir le tout dans une partie. En d'autres termes, on peut dire que le mécanisme associatif de la métaphore n'est possible qu'à partir de l'expérience, non associationiste, de la perception globale d'un phénomène. Dans les deux cas, l'association d'éléments contigus, objets ou souvenirs, voisine avec le sentiment d'une unité qui les englobe dans une perception unique[34].

Si l'écriture se fait chair, c'est que le corps est enfin sujet de la connaissance, et que l'esprit, la beauté, l'éternité n'existent que dans un corps sentant. En retrouver les traces, c'est le lot de la littérature : refaire l'unité sensible.

34 J.-M. Quaranta, *Le génie de Proust. Genèse de l'esthétique de la* Recherche, *de* Jean Santeuil *à la madeleine du* Temps retrouvé, Paris, Champion, 2011, p. 307.

DES MOTS MANGEABLES

La gelée comme synecdoque du style dans le roman proustien

Dans la chambre de la tante Léonie à Combray l'air se densifie et se purifie comme une « gelée industrieuse et limpide[1] ». Françoise sait, elle, sculpter la gelée de son bœuf mode comme Michel-Ange son marbre de Carrare. Le vieux bon français si savoureux de la Duchesse de Guermantes – et de Françoise – ne se retrouve plus que dans de vieux livres de recettes où les « gelées, le beurre, le jus, les quenelles sont authentiques[2] ». Marcel espère, d'ailleurs, pouvoir confectionner son livre de la même façon, en y ajoutant les morceaux qu'il faut pour en enrichir la gelée. Le mot n'est pas très fréquent dans le roman : dix-sept occurrences du substantif "gelée" seraient insuffisantes à justifier une enquête sur cette image, si une approche strictement quantitative à la *Recherche* pouvait sonder une écriture d'une telle complexité. L'attention que nous accordons à cet élément n'est d'ailleurs thématique non plus : le sujet de l'alimentation dans la *Recherche* n'est pas notre objet d'étude[3], le domaine de la nourriture étant assumé dans ce chapitre en tant que métaphore de l'expérience artistique. Le but de cet essai est notamment l'analyse des situations narratives et des configurations stylistiques dans lesquelles la gelée apparaît comme une synecdoque de toute l'esthétique de Marcel Proust : un mot pour le style.

---

1 *CS*, p. 49.
2 *CG*, II, p. 792.
3 G. Gourdeau-Wilson, « L'immangeable repas proustien », *Bulletin de la Société des Amis de Marcel Proust*, 1986, 36, p. 477-486.

LE TEMPS D'ÉCRIRE
La cuisine des mots

À la fin du *Temps retrouvé* le héros se dit qu'il est « grand temps » de se mettre à l'œuvre, grand temps de prendre la plume pour écrire ce livre auquel il aspire depuis toute une vie. Il se demande d'ailleurs s'il en aura le temps, si la mort ne viendra pas mettre le mot "fin" avant que le temps ne soit, justement, retrouvé. La répétition du mot "temps" n'est pas de notre fait : elle est entièrement du côté du texte, où ce substantif se bouscule de ligne en ligne, en une danse sémantique et syntaxique qui le place tour à tour dans le domaine artistique et dans le domaine anthropologique, dans la vanité existentielle ou dans la vérité de l'écriture[4]. Une écriture qui puisse vaincre la mort exige en effet du temps : telle une gelée bien faite, elle a besoin des soins de l'artiste et des dons de la nature. L'analogie est célèbre ; le héros enfin prêt à devenir narrateur compare son œuvre future au bœuf mode de Françoise, le « Michel-Ange de notre cuisine[5] » :

> D'ailleurs, comme les individualités (humaines ou non) seraient dans ce livre faites d'impressions nombreuses, qui, prises de bien des jeunes filles, de bien des églises, de bien des sonates, serviraient à faire une seule sonate, une seule église, une seule jeune fille, ne ferais-je pas mon livre de la façon que Françoise faisait ce bœuf mode, apprécié par M. de Norpois, et dont tant de morceaux de viande ajoutés et choisis enrichissaient la gelée. Et je réaliserais ce que j'avais tant désiré dans mes promenades du côté de Guermantes et cru impossible[6].

Suc, jus, substance transparente à la consistance gélatineuse où les composants ont cessé d'être visibles mais restent comestibles : dans une sorte de mise en abîme[7] de toute l'esthétique proustienne, la gelée possède, grâce à sa *consistance*, tous les caractères d'une métaphore réussie. Une brève parenthèse sur la nature de la métaphore selon Proust est

4 *TR*, IV, p. 612.
5 M. Proust, *JF*, II, p. 449.
6 *TR*, IV, p. 612.
7 Il s'agit ici d'une « mise en abîme textuelle » au sens que lui attribue Lucien Dällenbach dans *Le récit spéculaire, essais sur la mise en abyme* (Seuil, Paris, 1977, p. 123 et suivantes) : une image ou un élément qui reflète le texte « sous son aspect littéral d'organisation signifiante ».

nécessaire pour éclairer notre approche. On sait depuis Gérard Genette que les métaphores proustiennes sont souvent fondées sur un lien de contiguïté, qu'elles procèdent donc de l'expérience (de la métonymie ou de la synecdoque) vers l'analogie. Le même critique a relevé la tendance de Proust à qualifier de métaphore toute sorte de trope. Or, ceci ne relève pas selon Annamaria Contini de la tendance typique de son époque à tout rassembler dans l'espace de la relation analogique :

> *rifiutando il postulato della sostituzione, che riduce la metafora a puro ornamento, egli respinge anche la connessa istanza di classificazione [...] la metafora trae il proprio fondamento veritativo dalla capacità, che Proust le riconosce, di rispecchiare fedelmente* la più intima configurazione delle cose, *riproducendone le coordinate dinamiche e relazionali : è perché la realtà presenta, in se stessa, una struttura essenzialmente metaforica, che la conoscenza può e deve attuarsi metaforicamente, in un continuo intrecciarsi di relazioni tra oggetti apparentemente lontani, in una progressiva "apertura" delle cose finalmente liberate da stereotipi e schemi*[8].

Une métaphore réussie possède pour Proust le caractère du fondu sans que cela efface les éléments qui la composent ; elle naît souvent du hasard de la contiguïté (presque toujours de la réalité matérielle) ; elle permet au lecteur d'identifier les éléments qu'elle contient tout en les métamorphosant. Elle est gluante, molle, transparente comme une gélatine. C'est ce procédé, et les passages où il paraît en tant qu'image explicite dans la *Recherche*, que nous allons étudier.

---

8 « [E]n refusant le postulat de la substitution, qui réduit la métaphore à simple ornement, il [Proust] réfute aussi l'instance classificatoire que cette conception implique la métaphore tire son fondement de vérité de la capacité, que Proust lui reconnaît, d'exprimer *la configuration la plus intime des choses*, en en reproduisant les coordonnées dynamiques et relationnelles : c'est parce que la réalité présente, en elle-même, une structure essentiellement métaphorique, que la connaissance peut et doit s'actualiser métaphoriquement, en un enchevêtrement continu de relations parmi des objets apparemment lointains, dans une progressive "ouverture" des choses enfin libérées de stéréotypes et représentations toutes faites », A. Contini, *Proust : la Metafora e il sapere*, p. 87.

STYLE ET SYNTHÈSE

Dans un fragment du *Cahier* 28, datable de 1910, Proust réfléchit sur la nature du style :

> Comme la réalité artistique est un rapport, une loi réunissant des faits différents (par exemple des sensations différentes que la synthèse de l'expression fait naître) la réalité n'est posée que quand il y a eu style, c'est-à-dire quand il y a alliance de mots [...] l'œuvre d'art ne commence à exister qu'au style ; jusqu'alors il n'y a qu'un écoulement sans fin de sensations séparées qui ne s'arrêtent pas de fuir. Il prend celles dont la *synthèse* fait un rapport, les bat ensemble sur l'enclume et s*ort du four un objet où les deux choses sont attachées.* Peut-être l'objet sera fragile, peut-être il est sans valeur [...]. Mais avant il n'y avait pas d'objet, rien[9].

Le « rapport » dont il est question dans ce texte ne gomme pas les différences entre les objets rapprochés dans l'« alliance de mots ». Si les deux choses sont « attachées », elles n'ont pas pour autant disparu dans leur individualité. Les deux *sensations* rassemblées dans la figure sortent d'un four qui les a cuites et transformées, mais elles gardent une partie de leur nature dans l'objet final du style, comme c'est le cas, justement, de la farine dans un gâteau ou des fruits dans une gelée. Une telle conception de l'écriture implique la nécessité de la dimension sensorielle, dans laquelle le *sens* est engainé, et que nous pouvons extraire dans une dialectique infinie entre le corps et l'esprit. Comme l'observe Anne Simon, en effet,

> cette double vocation du sensible proustien à déborder ou à se contenir renvoie dans les deux cas à une latence du sensible, toujours déjà enfui, ou à l'inverse encore tendu vers son à-venir [...]. Elle impose à l'écriture de se proposer non pas comme un point d'aboutissement [...], mais comme une origine, un désir, un élan qui réinvente l'effort sensible et son instance – son ek-stase [...] le sensible conçu comme frayage d'une profondeur invisible[10].

Encore, Nathalie Aubert :

---

9 M. Proust, *Cahier* 28, 1910, in *TR*, IV, p. 1406-1407n., f. 33-34r°. La version définitive se trouve dans *TR*, IV, p. 467-468.

10 A. Simon, « Phénoménologie et référence. Proust et la redéfinition du réel », *Littérature*, n. 132, décembre 2003, p. 55-70, cit. p. 66-67.

> [c]'est le rôle de la métaphore proustienne [...] que de tenter la reconstitution d'un ordre naissant, d'un objet en train d'apparaître, de *s'agglomérer* sous les yeux du voyant [...]. C'est une tension, un repli fertile et fuyant. L'art que le narrateur ambitionne [...] s'attache moins à sembler parfait qu'à rendre apparente sinon une équivoque, du moins une interrogation [...]. L'auteur assigne à la métaphore la tâche de retracer le cheminement de la traversée des apparences parce qu'en elle peut se réaliser "le miracle suprême, la *transsubstantiation* des qualités irrationnelles de la matière et de la vie dans des mots humains" [...]. Le but véritable de la métaphore consiste à rendre à l'objet terrestre sa vocation d'absolu[11].

L'agglomération, la transsubstantiation du réel visent à la création d'une langue nourricière qui ne se borne pas à *décrire* le monde et la vie, mais les rende assimilables pour chaque lecteur. Or cette écriture est souvent "mise en scène" par le narrateur à travers des images et des éléments du monde où elle se trouve à la fois transformée en des « mots humains » et *contenue* dans la matière la plus humble et quotidienne : telle la gelée, justement. Richard avait déjà observé que « [l]a *phrase* de Proust se rêve bien avec les mêmes qualités que l'aliment heureux : onction, douceur glissante, épaisseur liée, faculté de réunir le paradoxal, ou l'inconséquent, ou l'indéfiniment divisé, dans un seul nappement imperturbable[12] ». Il ne s'agit donc pas seulement de faire une œuvre unique avec beaucoup de jeunes filles, une seule sonate avec beaucoup de sonates, une seule église avec beaucoup d'églises, ce qui reviendrait à une idée de synthèse à la manière flaubertienne, mais de fondre cette même synthèse dans une "gelée", de con-fondre des éléments épars en une seule absorption gustative, dans une unité du sensible où chaque élément a cédé à l'autre une partie de son être intime. Le lecteur est invité à en avoir *faim* : à se nourrir de mots.

11 N. Aubert, *La Traduction du sensible*, Oxford, European Humanities Research Centre, University of Oxford, 2002, p. 95. Les citations de Marcel Proust sont tirées de : Lettre à Lucien Daudet, 27 novembre 1913, *Corr.*, p. 324 et *JF*, II, p. 219.

12 J.-P. Richard, *Proust et le monde sensible*, Paris, Seuil, 1974, p. 42.

GELÉES

La base de données *Frantext* relève vingt-trois occurrences du mot « gelée » dans la *Recherche* : dix-sept seulement sont pertinentes pour notre thèse, six d'entre elles renvoyant au phénomène de la congélation de l'eau. Parmi celles qui nous intéressent, neuf se réfèrent au bœuf mode de Françoise, soit comme objet de la narration, soit comme métaphore de l'écriture ; huit font en revanche partie d'un procès de métaphorisation plus complexe (soit le mot se trouve en position de métaphorisant soit il est contenu dans une métaphore filée)[13]. Les données statistiques ne suffisent évidemment pas pour identifier le rôle esthétique d'une image, mais il reste que le retour constant d'un élément sous la plume de Marcel Proust n'est jamais casuel. Nous allons d'abord nous concentrer sur la gelée de Françoise, laquelle est explicitement assumée par le narrateur comme modèle et métaphore de son œuvre.

LE MICHEL-ANGE DE NOTRE CUISINE
Métaphores

Le thème de la gelée de Françoise est encadré dès sa première apparition dans la dimension de l'art et de ses contraintes. Le héros attend de voir la Berma au théâtre : c'est notoirement sa première approche d'une expérience artistique, dont il ne sait pas encore profiter, aveuglé comme il l'est par une idée totalement immatérielle du plaisir artistique. De son côté, Françoise est chargée de préparer un bon dîner pour Norpois, qui est attendu ce soir même, et est « heureuse de s'adonner à cet *art* de la cuisine pour lequel elle avait certainement un don[14] ». Elle devra « composer » son œuvre, et vit dans l'« effervescence de la création ».

13 http://www.frantext.fr. Les occurrences relevées dans l'édition Gallimard de 1989 sont les suivantes : *CS*, I, p. 49 (deux occurrences) ; *JF*, I, p. 437, 449, 450 (deux occurrences), 476 (trois occurrences) ; *JF*, II, p. 161, 165, 180 ; *CG*, II, p. 476, 792 ; *SG*, III, p. 134 ; *TR*, IV, p. 288, 612.

14 *JF*, p. 437.

Comme « Michel-Ange [qui] passait huit mois dans les montagnes de Carrare à choisir les blocs de marbre les plus parfaits pour le monument de Jules II », elle se rend aux Halles acheter les meilleurs ingrédients pour préparer son bœuf mode, car elle attache une « importance extrême à la *qualité intrinsèque* des matériaux qui [doivent] entrer dans la fabrication de son œuvre[15] ». Composer, création, marbre, œuvre, fabrication : le champ lexical de l'art recouvre l'espace entier des métaphorisants utilisés pour décrire l'habilité de l'humble servante des parents de Marcel. Elle est d'ailleurs le « Michel-Ange de [leur] cuisine », l'artiste par antonomase. Michel-Ange en tant que métaphorisant ne paraît en effet, à notre connaissance, qu'une autre fois sous la plume de Proust : dans une lettre à Charles du Bos, où il qualifie Baudelaire de « vraie figure de Michel-Ange dans notre siècle[16] ». Françoise, Baudelaire : le rapprochement n'est pas irrévérencieux, même si le héros est encore trop immature pour apprécier la *matière* de l'esprit. Quand le bœuf froid aux carottes fait « son apparition, couché sur d'énormes cristaux de gelée pareil à des blocs de quartz transparents », le commentaire de Norpois introduit en effet l'exposition de cette théorie de l'art qui ne deviendra explicite qu'à la fin du roman, quand le héros sera prêt à devenir narrateur : « Voilà ce qu'on ne peut obtenir au cabaret, je dis dans les meilleurs : une daube de bœuf où la gelée ne sente pas la colle, où le bœuf ait pris le parfum des carottes, c'est admirable ! Permettez-moi d'y revenir, ajouta-t-il faisant signe qu'il voulait encore de la gelée[17] ».

Le secret de la gelée de Françoise, ainsi que d'une bonne métaphore, est le parfait *amalgame :* une matière où les éléments qui la composent soient tous encore présents, perceptibles, et en même temps métamorphosés en un objet nouveau, quelque chose qui n'existait pas encore, qui est donc une « création ». Interrogée sur le secret de ses gelées, Françoise n'est pas pressée de répondre ; les artistes ne dévoilent pas facilement leurs secrets, et d'ailleurs ils les connaissent mal eux-mêmes. Une indication nous est pourtant donnée, qui est précieuse pour comprendre la voie pour une écriture réussie : le *fondu*, encore une fois, le bon mélange des parties. Les grands restaurateurs « font cuire

15 *Ibidem.*

16 M. Proust, Lettre à Charles du Bos, juillet 1922, *Corr.*, t. 21, 1993, p. 381. Déjà en 1894 Proust écrivait que Baudelaire est « le plus grand poète du XIXe siècle […] seul intellectuel et classique » (*Robert de Montesquiou [Souvenir des choses transitoires]*, in *CSB*, p. 406-407.

17 *JF*, I, p. 450.

trop à la va-vite [...] et puis pas tout ensemble. Il faut que le bœuf, il devienne *comme une éponge*, alors il boit tout le jus jusqu'au fond[18] ». Le bœuf de Françoise, comme la plume de l'écrivain, boit tout le jus, absorbe et amalgame tout ce que la vie a éparpillé et paraît fragmenté et perdu. Une bonne gelée, elle a le « fondu » des grandes œuvres, la « patine », le « vernis d'un maître » : le même fondu que l'on trouve dans les notes de la sonate de Vuinteuil[19], ou dans la bille d'agate que Gilberte fait choisir au héros (« Elles avaient la transparence et le fondu de la vie »)[20] ; une bonne gelée peut faire d'un taudis un « inestimable Rembrandt[21] ». Or, si la gelée est une métaphore de l'écriture, c'est que l'idée même de métaphore est soumise à une révision radicale : la gelée ne *remplace* pas, en effet, les éléments qui la composent. Elle les rassemble, les unifie, les fond. Mais ils restent perceptibles et tous présents à la fois. Si tout pour Proust aboutit à une métaphore, la conséquence en est une remise en question de la figure, et avec elle, forcément, de l'idée de réel et de connaissance. Proust ne croit pas à l'existence dans le langage d'un sens propre et d'un sens figuré, ni à un réel objectivement connaissable et catégorisable[22]. La dichotomie matériel/spirituel n'a plus de sens dans la *Recherche*. Le corps est investi dans le procès de la connaissance, alors que l'accès à la "vérité" ne peut jamais se considérer comme conclu :

> Le triomphe de la vie infuse dans la beauté du monde est à la fois cause et condition de la rédemption du héros. C'est pourquoi l'imaginaire esthétique de Proust n'appréhende jamais la création en dehors d'une impression sensible affectant le sujet. Tel est le point cardinal de la pensée de Proust : il n'est pas de création qui ne rende compte de la rencontre du sujet avec le monde. Son imaginaire n'est pas un imaginaire du langage seul : le texte se pense comme engendré par un corps qui jouit du monde. La représentation de l'écriture est toujours liée à la conservation ou à l'approfondissement d'une épiphanie sensuelle[23].

18 *JF*, I, p. 476.
19 *CS*, I, p. 206.
20 *Ibid.*, p. 395.
21 *CG*, II. p. 395.
22 *Cf.* A. Contini, « Proust : la metafora e il sapere », *op. cit.*
23 Stéphane Chaudier, *Proust et le langage religieux. La cathédrale profane*, Paris, Champion, 2004, p. 481.

GELÉES ÉCRITES
La synecdoque de l'œuvre

L'aspiration du héros du *Temps retrouvé* à faire son livre « de la façon que Françoise faisait ce bœuf mode, apprécié par M. de Norpois, et dont tant de morceaux de viande ajoutés et choisis enrichissaient la gelée[24] » a évidemment été réalisée, dans les pages que nous venons de lire. En effet, le livre est là, et dans certains passages ce procédé de "gélification" de l'écriture est mis "en scène", représenté dans une mise en abîme de la création littéraire que Proust ne dénonce pas en tant que telle – « [u]ne œuvre où il y a des théories est comme un objet sur lequel on laisse la marque du prix[25] » – mais qui renvoie tout lecteur attentif à l'esthétique, à l'idée de style qui sous-tend la création.

Pour l'analyse des passages qui suivent nous allons nous servir du concept de configuration, tel qu'il a été élaboré par Joëlle Gardes-Tamine. Ce concept est particulièrement utile pour une écriture comme celle de Proust, où il est souvent difficile, voire impossible, de distinguer nettement la présence d'une "figure", car la complexité du réseau syntaxique, sémantique et plus largement narratif, participe de plein droit de la construction de toute la figurativité du texte. Selon Gardes, en effet

> les figures ne constituent pas des phénomènes à part dans la langue, ce ne sont pas des écarts, mais des modes de construction qui, pour être spécifiques, n'en reposent pas moins sur des mécanismes généraux du *logos* [...]. Les figures ne sont en définitive que des configurations du logos que certaines caractéristiques rendent susceptibles d'un effet de figurativité. Ce sont des *matrices chargées de virtualité*, elles ne sont pas données comme figuratives, elles sont à interroger dans le cadre d'un questionnement plus ou moins explicite[26].

Notre hypothèse est que la gelée, en tant que lexème, figure, image, objet narratif, est dans le texte de Proust une synecdoque du *logos* – et de l'*ethos*, bien évidemment – de l'œuvre entière.

---

24 *TR*, IV, p. 612.
25 *TR*, IV, p. 461.
26 J. Gardes-Tamine, *Pour une nouvelle théorie des figures*, *op. cit.*, p. 124.

LA CHAMBRE DE LA TANTE LÉONIE

Dans le long passage descriptif consacré à la chambre de la tante Léonie dans le *Côté de chez Swann* la jubilation du petit Marcel est due à une expérience perceptive très complexe, où tous les sens s'activent en même temps, et rendent de ce fait l'entrée de l'enfant dans le *sancta sanctorum* de la malade un moment d'extase[27]. L'importance narrative de cet épisode est évidente, car c'est dans la chambre de la tante Léonie que la célèbre madeleine sera trempée dans une tasse de tisane. Il n'est donc pas indifférent que ce soit justement dans ce passage que la gelée paraît pour la première fois comme une mise en abîme de l'œuvre réussie. L'épisode de l'attente de l'enfant s'étend sur quarante-deux lignes de texte, et prépare avec beaucoup de soin celui de la madeleine.

D'un point de vue syntaxique, le texte est organisé par des structures récurrentes dans l'écriture proustienne ; deux triades parallèles et sémantiquement opposées se suivent dans la première partie du paragraphe : les odeurs de la chambres sont émanées par « les vertus, la sagesse, les habitudes » (des qualités morales, donc), auxquelles fait suite dans la ligne suivante une triade de qualités naturelles et matérielles de ces mêmes odeurs, qui sont définies « casanières, humaines et renfermées ». Les deux dimensions – morale et naturelle –, se figent dans la « gelée exquise industrieuse et limpide » préparée avec les fruits du jardin, et dans laquelle se résume toute la réalité que l'art est censé représenter : le corps et l'esprit, l'élévation et la matière. Le côté de Guermantes et le côté de chez Swann ont déjà trouvé un chemin pour les relier. La gelée « exquise industrieuse et limpide » est en effet le suc obtenu par la fusion d'éléments divers, apparemment incompatibles, où le plaisir (« exquise ») constitue le point de départ d'une nouvelle triade, qui voit les deux éléments moral et matériel dans l'ordre opposé à celui qui avait été proposé une première fois. À ces deux axes sémantiques s'ajoutent dans les lignes suivantes les dimensions spatiales de l'extérieur et de l'intérieur, organisées elles aussi en triades et en couples binaires d'adjectifs, relevant les uns du champ sémantique de la nature (le dehors, les saisons), les autres de la vie intime et domestique

27 *Cf.* dans le présent ouvrage, *Infra*, p. 169-183, le chapitre « La synesthésie comme véhicule d'extase dans *Du côté de chez Swann* ».

« saisonnières, mais mobilières et domestiques » / « corrigeant le piquant de la gelée blanche par la douceur du pain chaud ». Les qualificatifs suivants, organisés par couples binaires, confirment l'effet d'amalgame qui est évidemment le but du narrateur : « flâneuses et rangées / insoucieuses et prévoyantes / lingères, matinales / dévotes, heureuses », pour en arriver enfin à cette « poésie » qui est le véritable thème du passage entier. Car le prosaïsme et l'anxiété s'unissent une nouvelle fois pour former ce « réservoir de poésie » absorbée et *goûtée* par le personnage, qui les « traverse sans y avoir vécu ». Comme Micheal Finn l'avait bien compris, « *[t]he body [...] remains at the centre of "word-processing" in Proust ; it is the mechanism through which authentic metaphor is created*[28] ».

RIVEBELLE

La description du restaurant de Rivebelle précède la rencontre avec Elstir. C'est dans ce restaurant que le héros le verra pour la première fois, même s'il ne semble pas lui accorder beaucoup d'importance, pris comme il l'est par les plaisirs de la vie mondaine qu'il mène avec Saint-Loup. La situation narrative est donc comparable à celle que nous venons de voir dans le dîner avec Norpois et dans chambre de la tante Léonie : un héros immature, incapable de *voir* la beauté du monde et partant de reconnaître l'art lui-même. Le narrateur, de son côté, nous offre un exemple d'écriture accomplie, tout en la situant dans le co-texte de l'échec de la vocation dont le roman entier est l'histoire[29].

> Les premiers temps, quand nous y arrivions, le soleil venait de se coucher, mais il faisait encore clair ; dans le jardin du restaurant dont les lumières n'étaient pas encore allumées, *la chaleur du jour* tombait, *se déposait*, comme au fond d'un vase le long des parois duquel *la gelée transparente et sombre de l'air*

28 « [L]e corps [...] reste au centre du "traitement de texte" chez Proust ; c'est le dispositif à travers lequel la métaphore authentique est créée », M. R. Finn, *Proust, the body and Literary Form*, Cambridge, Cambridge University Press, 1999, p. 90.

29 Les deux jeunes gens admirent Elstir, et désirent le connaître, mais c'est « de l'admiration à vide, le cadre nerveux, l'armature sentimentale d'une admiration sans contenu, c'est-à-dire quelque chose d'aussi indissolublement attaché à l'enfance que certains organes qui n'existent plus chez l'homme adulte » (*JF*, II, p. 183-184).

> semblait si *consistante* qu'un grand rosier, appliqué au mur obscurci qu'il *veinait de rose*, avait l'air de l'arborisation qu'on voit au fond d'une pierre d'onyx[30].

Le mouvement de l'écriture encercle l'espace narratif dans un vortex centripète, qui du clos du jardin conduit au métaphorisant du vase, dans lequel le lecteur précipite, jusqu'à se retrouver, comme par magie, « au fond d'une pierre d'onyx[31] ». L'agent de cette transmutation est, comme c'est souvent le cas chez Proust, la lumière, solidifiée en une « *gelée sombre et transparente* », qui se donne comme chair et matière au regard dans le produit artistique. C'est cette lumière, l'épaisseur gélifiée de cette lumière, que le narrateur devra reconstituer dans l'ouvrage dont la forme et le sens lui paraissent enfin clairs dans le *Temps retrouvé.* Le héros avait reçu un premier signal (au sens linguistique du terme, porteur donc d'une fonction conative qui est restée inécoutée), vers la moitié de son parcours. Dans le *Côté de Guermantes* Marcel s'était en effet aperçu que, s'il avait voulu un jour mettre dans un ouvrage les souvenirs de Rivebelle, il aurait dû « veiner de rose, rendre tout d'un coup compacte, fraîchissant et sonore, la substance jusque-là analogue au grès sombre et rude de Combray[32] ». Mais le temps s'est écoulé, l'amour, le deuil, la maladie ont apparemment passé une éponge sur cette matière gélatineuse. Ce n'est qu'au moment de l'« Adoration perpétuelle » que le narrateur retrouve la transparence de cette gelée, qu'il n'est plus besoin de nommer :

> Car j'en devrais exécuter les parties successives dans une matière en quelque sorte différente. Elle serait bien différente, celle qui conviendrait aux souvenirs de matins au bord de la mer, de celle d'après-midi à Venise, une matière distincte, nouvelle, d'une transparence, d'une sonorité spéciale, compacte, fraîchissante et rose, et différente encore si je voulais décrire les soirs de Rivebelle où, dans la salle à manger ouverte sur le jardin, la chaleur commençait à se décomposer, à retomber, à se déposer, où une dernière lueur éclairait encore les roses sur les murs du restaurant tandis que les dernières aquarelles du jour étaient encore visibles au ciel[33].

30 *Ibid.*, p. 165.
31 *Cf.* le chapitre « Le vortex de l'espace dans l'écriture de Marcel Proust », *Infra*, p. 227-237.
32 *CG*, II, p. 691.
33 *TR*, IV, p. 449.

CONCLUSIONS

Comme plus tard pour Gianfranco Contini, pour Proust « [c]haque position stylistique [...] même grammaticale, est une position gnoséologique[34] ». Mise en abîme, métaphore, synecdoque de l'écriture, la gelée fonctionne donc dans la *Recherche* comme un rappel du miracle que l'art a le devoir d'accomplir : refaire le monde, et le rendre accessible à la connaissance de chacun. La vérité n'est pas, en effet, dans les idées ou les mouvements de l'âme, rien d'aussi simple. Dans une lettre à Henry Bordeaux Proust affirmait :

> Et pourtant si, il y a une reprise de possession possible du passé. C'est celle qu'on tente en remontant le cours de souvenirs enchantés et en écrivant un beau livre. À celle-là vous avez réussi. *La Voie* [le roman de Bordeaux] est sans retour dans la réalité. Mais non dans l'art. Et par là encore l'art mérite le nom de consolateur. C'est ainsi que votre livre, par le fait même que vous avez réussi à l'écrire, contient une philosophie plus optimiste que celle qu'il exprime. *Vérité dans le monde des sens*. Erreur au-delà[35].

Comme la morve sur la veste de Lemoine dans le pastiche de Régnier, la gelée se condense dans le diamant de l'écriture du roman[36]. Écrire une œuvre d'art, et rester dans la vérité, équivaut à faire une gelée. Avec des mots qui soient bons, plutôt que justes.

---

34 G. Contini, « Una Lettura su Michelangelo » (1937), in *Esercizi di lettura*, Torino, Einaudi, 1974, cité et traduit par U. Motta, in « "Mettre de l'ordre dans la vie". L'expérience de Gianfranco Contini », *Nouvelle Fribourg*, n. 1, juin 2015. URL : http://www.nouvellefribourg.com/universite/mettre-de-lordre-dans-la-vie-lexperience-de-gianfranco-contini/

35 Lettre à Henry Bordeaux, Lundi 28 mars ou 4 avril 1904, in *Correspondance de Marcel Proust*, éd. Philip Kolb, Plon, Paris 1978, t. 4, p. 97-99, cit. à la p. 98. Proust se réfère au livre de Henry Bordeaux, *La Voie sans retour*, Paris, Plon-Nourrit, 1902.

36 *Cf. Infra*, « Contre la clarté. Proust et l'idéologie de la langue », p. 23-42.

LE VORTEX DE L'ESPACE DANS L'ÉCRITURE DE PROUST

Bien que répertoriée par Pierre Nora parmi les « Lieux de mémoire[1] », la *Recherche* n'est pas qu'un "monument" à la culture française, un "lieu" qui contribue à nous sauver de l'oubli. La *Recherche* n'est pas, non plus, qu'un roman sur le temps (ou le « désoubli », selon Yves Ouallet)[2], c'est aussi un roman sur « l'espace *enfin* retrouvé », comme l'avait déjà compris Georges Poulet en 1963[3]. Le roman proustien nous situe d'emblée, en effet, dans le vortex de l'espace-temps, d'un temps qui ne peut que définir l'espace, et vice-versa : la *Recherche* semble donc s'engager dans le défi narratif de raconter le continuum théorisé par la physique du XXe siècle. Selon Diane Leonard, en effet, dans la *Recherche* « *there is no "time", for time has become space, spread out before us like a map as is the landscape seen from the top of the steeple of Combray*[4] ». Il ne s'agit pas d'affronter ici le problème de la relation de la narrative proustienne avec les découvertes de la physique contemporaine, problème qui d'ailleurs est au centre d'enquêtes extrêmement fécondes et prometteuses[5]. Il s'agit, plus modestement, d'analyser la manière dont cette écriture enlace le temps dans l'espace, de décrire donc quelques stratégies stylistiques adoptées par Proust pour nous placer au centre de ce vortex et nous montrer le mouvement d'un peu de « temps à l'état pur[6] ».

---

1 *Les lieux de mémoire*, éd. P. Nora, Paris, Gallimard, 1984, 3 vol. Le texte relatif à Proust est d'Antoine Compagnon et se trouve au volume III, t. 2, « Les France », section « Traditions », p. 927-967.

2 J'emprunte le concept de désoubli à Y. Ouallet, « Le désoubli de soi : destin et liberté dans *La règle du jeu* de Michel Leiris », *Mnemosyne o la costruzione del senso*, 4, 2001, p. 183-197.

3 G. Poulet, *L'espace proustien* [1963], Paris, Gallimard, 1982, p. 76.

4 « Il n'y a aucun "temps", car le temps est devenu espace, déployé devant nous comme une cartographie, comme l'est le paysage vu depuis le sommet du clocher de l'église de Combray », D. Leonard, « Proust in the Fourth Dimension », in *Au seuil de la modernité*, éd. N. Harkness et M. Schmid, Oxford / Bern / Berlin / Bruxelles / Frankfut am Main / New York / Wien, Peter Lang, 2011, p. 165-178, cit. p. 170.

5 *Cf.* J. Jordan, « Proust's narrator : travels in the space-time *continuum* », *Ibid.*, p. 151-164.

6 *TR*, p. 451.

FILER LE TEMPS, FILER DES NŒUDS

Dès le début la *Recherche* les heures (et les murs), « filent » dans un espace qui est sans cesse en mouvement. La polysémie de ce verbe (« transformer en fil ; faire un/des fils [...] dessiner, peindre un filet ; tracer un trait [...] couler lentement [...] passer très vite [...] s'enfuir »)[7] correspond bien à l'expression du continuum spatio-temporel qui se déroule dans le roman. Le clocher de Combray « fil[e] tour à tour sur tous les sillons du ciel[8] », tandis que le pédoncule du nénuphar, refaisant tout le temps le parcours d'une rive à l'autre de la Vivonne, « fil[e] » pour atteindre « l'extrême limite de sa tension » quand il touche l'un des bords de la rivière[9]. La journée (le temps) qui s'annonçait solitaire avant l'arrivée d'Albertine dans le *Côté de Guermantes*, « lasse, résignée [...] fil[e] sa passementerie de nacre[10] », et bien sûr les automobiles « filent », en laissant Albertine stupéfaite de découvrir « qu'il était facile d'aller dans une même après-midi à Saint-Jean et à La Raspelière[11] ». L'exploitation de toutes les ressources sémantiques d'un mot pour ouvrir des voies aux paradoxes du sens est une technique souvent choisie par Proust ; en effet, le verbe "filer" semble fonctionner ici comme une véritable prédication spatio-temporelle, un pivot où les deux dimensions se tiennent en équilibre[12]. Un passage d'*Albertine Disparue* nous paraît illustrer parfaitement le fonctionnement de cet "espace temporel", qui se définit uniquement par l'interpénétration des deux structures et par la bascule de l'une à l'autre ;

> en descendant pour rejoindre maman qui m'attendait, à cette heure où à Combray il faisait si bon goûter le soleil tout proche, dans l'obscurité conservée par les volets clos, ici, du haut en bas de l'escalier de marbre dont on ne savait pas plus que dans une peinture de la Renaissance s'il était dressé dans un palais ou sur une galère, la même fraîcheur et le même sentiment de la splendeur

7 *TLFI*, *ad vocem.*
8 *CS*, p. 5-6.
9 *Ibid.*, p. 166.
10 *CG*, p. 646.
11 *SG*, p. 385.
12 *Cf. supra*, « Proust et l'art de la langue. La synonymie comme idolâtrie linguistique », p. 55-56.

> du dehors étaient donnés grâce au vélum qui se mouvait devant les fenêtres perpétuellement ouvertes et par lesquelles, dans un incessant courant d'air, l'ombre tiède et le soleil verdâtre *filaient comme sur une surface flottante* et évoquaient le voisinage mobile, l'illumination, la miroitante instabilité du flot[13].

Dans ce passage le narrateur compare deux différents moments du temps (Combray, les "heures de lectures", et Venise, où le héros se prépare à sortir avec sa mère)[14]. Le plaisir de deviner le soleil est donné dans les deux cas par une frontière spatiale (« les volets clos », « le vélum »), qui tout en fermant l'espace où se trouve le héros, ouvre sur sa jouissance à travers le mouvement de l'imagination. Mais si à Combray les volets constituaient une véritable délimitation entre l'intérieur et l'extérieur, à Venise le « vélum » bouge, et l'ombre et la lumière, non plus séparées, filent « comme sur une surface flottante ». L'espace et le temps fusionnent donc dans un mouvement qui ne permet plus de les distinguer, la métaphore temporelle s'amalgamant avec un espace mouvant. Comme Jack Jordan l'observe justement, aucune inertie n'est possible dans cet espace : "*[a]s with memory, inertia is broken*"[15]. Seul le mouvement du héros – ou plutôt les ruptures de son mouvement, empêché par les brusques déviations du parcours dans le couloir – permet d'ailleurs la perception de cet espace : la « parcimonie du sol » dictée par la mer est donc définie par une projection imaginative et non par une géométrie euclidienne.

Le « voisinage mobile » ne peut être évoqué que par la lumière, celle-ci étant un élément indispensable à la perception d'un espace instable et fluctuant, dont les dimensions elles-mêmes sont changeantes. Dans l'ascenseur que le héros emprunte désormais sans gêne dans les *Jeunes Filles en fleur*, l'hôtel est perçu dans une perspective paradoxale, le bâtiment étant observé comme extérieur à la cabine, laquelle se trouve toutefois à son intérieur. Il s'agit partant d'un de ces jeux de triangulation

13 *AD*, p. 224.

14 Sur les "heures de lecture" voir, d'Anne Simon, « Proust et "l'acte psychologique original appelé lecture" », in *Ela. Revue de Didactologie des langues-cultures. Les textes et leurs lecteurs*, n. 119, numéro spécial, éd. F. Cicurel, juillet-septembre 2000, p. 331-344. Voir aussi « D'une chevelure odorante au temps de l'extase : sur des synesthésies proustiennes », *infra*, p. *169-183*. Sur Combray et Venise voir G. Genette, « Combray-Venise-Combray », in *Figures IV*, Paris, Seuil, 1999, p. 263-281.

15 « Comme pour la mémoire, l'inertie est brisée », J. Jordan, « Proust's narrator : travels in the space-time *continuum* », *op. cit.*, p. 151.

que Proust affectionne dans la description de lieux intérieurs, qui lui permettent de faire culbuter la soi-disant solidité de l'espace. Dans « la courte traversée dont [l'ascenseur] *filait les nœuds* » l'hôtel est « évidé comme un jouet », et déploie « ses ramifications de couloirs dans les profondeurs desquels la lumière se veloutait, se dégradait, *amincissait les portes* de communication ou les degrés des escaliers intérieurs *qu'elle convertissait* en cette ambre dorée, inconsistante et mystérieuse comme un crépuscule, où Rembrandt découpe tantôt l'appui d'une fenêtre ou la manivelle d'un puits[16] ». Si la lumière amenuise les portes, c'est que l'ascenseur bouge et permet une perception altérée, à partir de laquelle l'écriture développe la métamorphose alchimique qui change la pierre en or[17]. Ces deux éléments, le regard de l'extérieur (avec ou sans triangulation) et l'action modificatrice de la lumière sur l'espace perçu, interviennent ensemble dans de nombreux passages de la *Recherche* comme agents de transformation de l'espace, qui de géométrique et rationnel devient tourbillonnant et inconscient. Pour le dire avec les mots de Jack Jordan, tout se passe comme si le narrateur avait descendu tout le fleuve d'Héraclite pour en arriver aux "*Einsteinian eddies in the space-time continuum*"[18]. Nous allons dans la suite analyser quelques-uns de ces passages, en nous concentrant surtout sur la dimension stylistique de ce voyage.

Roman « stéréoscopique[19] », la *Recherche* affectionne la description de lieux fermés observés d'un point de vue extérieur. Baudelaire avait le premier affirmé la supériorité de ce point de vue sur celui, plus traditionnel en littérature, de l'observation à partir d'une fenêtre ouverte, car ce qu'on « peut voir au soleil est toujours moins intéressant que ce qui se passe derrière une vitre[20] ». La référence baudelairienne (« véritable figure de Michel-Ange de notre siècle »)[21] nous paraît significative

---

16 *JF*, II, p. 158.

17 *Cf.* le chapitre « Melting in translation Les mots du style en italien et en anglais », *infra*, p. 101-129.

18 « On peut dire que le narrateur a descendu le fleuve d'Héraclite jusqu'aux tourbillons ensteiniens du continuum de l'espace-temps », J. Jordan, « Proust's narrator : travels in the space-time *continuum* », *op. cit.*, p. 151.

19 M. Proust, Lettre à André Lang, seconde quinzaine d'octobre 1921, *Corr.*, t. 20, p. 496-497.

20 C. Baudelaire, *Les fenêtres*, in *Petits Poëmes en prose*, in *Œuvres complètes*, Paris, Laffont, 1980, p. 198.

21 M. Proust, Lettre à Charles Du Bos 24 août 1922, *Cahiers Charles Du Bos*, n. 9, 1964, p. 12.

en ce contexte, vu la dimension psychique qu'acquiert l'espace dans la narration proustienne. Apprendre à voir est d'ailleurs la première tâche de l'artiste, qui est souvent « comme Nabuchodonosor à qui le mur présentait une vision qu'il était seul à voir. Les autres ne voyaient que le mur nu[22]. Or, si les études sur le "voyeurisme" proustien sont nombreuses[23], les études sur la dimension spatiale du regard dans la *Recherche* restent rares. Nous allons donc nous intéresser à quelques passages du roman où cette perspective montre toute son importance pour la définition même du "temps proustien". Comme l'affirme Sara Guindani, en effet, *"ritrovare il tempo significa divenire capaci di vedere. Nel millenario nodo in cui la nostra cultura li ha avvolti [...] Tempo e visione si svelano insieme, lasciandoci intuire l'impossibilità di ripensare l'orizzonte temporale senza ripensare, simultaneamente, quello della nostra visione"*[24]. Proust en est profondément conscient, qui attribue aux visions de l'extérieur un rôle de "marqueur de style", ou plutôt de « senhal », comme Eleonora Sparvoli a si bien défini ce phénomène textuel[25]. Tel un nom codé, un secret que le lecteur averti saurait interpréter, ce type de description nous introduit en effet dans un "morceau" de style, et dans un vortex où le temps et l'espace n'obéissent plus à une mensuration rationnelle.

---

22 M. Proust, Lettre à Gabriel de La Rochefoucault, vendredi, derniers mois de 1904 (datée par Kolb), in *Corr.*, t. 4, p. 332-335, cit. p. 333.

23 *Cf.* M. Lavagetto, *Chambre 43. Un lapsus de Proust* (1991), Paris, Belin, 1996. *Cf.* aussi A. Compagnon, « Le Narrateur en procès », in *Marcel Proust 2. Nouvelles directions de la recherche proustienne*, Rencontres de Cerisy-la-Salle, 2-9 juillet 1997, éd. B. Brun, Paris/Caen, Lettres Modernes Minard, 2000, p. 309-334.

24 « Retrouver le temps signifie devenir capables de voir. Dans le nœud millénaire dans lequel notre culture les a enveloppés, en effet, Temps et vision se révèlent en même temps, en nous permettant de comprendre que l'horizon temporel ne peut être pensé que si on ne repense en même temps celui de notre vision », S. Guindani, *Lo stereoscopio di Proust. Fotografia, pittura e fantasmagoria nella "Recherche"*, Milano, Mimesis, 2005, p. 111.

25 *Cf.* E. Sparvoli, « Un "Rembrandt" di Proust. Analisi di un passo del *Côté de Guermantes* », *L'analisi linguistica e letteraria*, 2002, 1-2, p. 461-480, p. 481-512.

DU JARDIN D'HIVER À L'AQUARIUM
Le regard de l'extérieur

En épiant l'arrivée de la voiture des ducs de Guermantes, le héros se choisit « un bon poste de vigie », d'où il pourra surprendre la duchesse. Le poste est mal choisi, car il ne voit guère la cour où la voiture doit arriver. Mais il aperçoit plusieurs autres cours et maisons, ce qui le « divertit un moment[26] ». La gratuité du temps est en soi un signal que l'observation qui va suivre comportera un moment de transformation, de « style en action[27] ». Le temps "vide" d'occupation et l'étrangeté du point de vue permettent en effet d'entrer dans une dimension autre, où le miracle du style est possible. Le poste choisi par le héros est un « de ces points de vue sur plusieurs maisons à la fois qui [à Venise] ont tenté les peintres », et qui peuvent tout aussi bien être observés à Paris. Le reflet du soleil sur les cheminées donne aux maison une coloration rosée et « c'est tout un jardin [...] qui fleurit en nuances si variées, qu'on dirait, planté sur la ville, le jardin d'un amateur de tulipes de *Delft ou de Haarlem*[28] ». La mention des villes hollandaises de Delft et de Harlem est un autre signal évident de ce que le style va entrer en action ; ces lieux du monde ne sont suscités que par leur importance dans l'univers artistique, comme la suite du passage le démontre aisément :

> D'ailleurs l'extrême proximité des maisons aux fenêtres opposées sur une même cour y fait de chaque croisée le cadre où une cuisinière rêvasse en regardant à terre, où plus loin une jeune fille se laisse peigner les cheveux par une vieille à figure, à peine distincte dans l'ombre, de sorcière ; ainsi chaque cour fait pour le voisin de la maison, en supprimant le bruit par son intervalle, en laissant voir les gestes silencieux dans un rectangle placé sous verre par la clôture des fenêtres, *une exposition de cent tableaux hollandais juxtaposés*[29].

Le regard est organisé selon une perspective triangulaire : le héros observe de l'intérieur d'une fenêtre (ouverte) d'autres fenêtres fermées – des rectangles placés sous verre, où le comparant de l'art est subrepticement

26 *CG*, II, p. 868.
27 E. Sparvoli, « Un "Rembrandt" di Proust », *op. cit.*, p. 461.
28 *CG*, II, *Ibidem*.
29 *Ibidem*.

introduit –, lesquelles constituent à leur tour des points d'observation pour d'autres fenêtres, d'autres « tableaux », à l'intérieur desquels des scènes de vie quotidienne se transforment en œuvres d'art. Dans le vas-et-viens du regard, le temps (ou plutôt le creux du temps) se fait visible : il se fait, en d'autres mots, espace. La phrase proustienne mime la galerie de tableaux hollandais grâce à la juxtaposition des coordonnées, ajoutées l'une après l'autre comme dans un musée intérieur, où le regard du spectateur se déplace, en créant de cette manière un monde imaginaire, une « entité topologique inédite[30] », où nos modalités de perception du monde sont reproduites "en action". À Doncière, déjà, le héros observait :

> quelque vaste appartement ancien dont les volets n'étaient pas fermés et où des hommes et des femmes *amphibies*, se réadaptant chaque soir à vivre dans *un autre élément que le jour*, *nageaient* lentement dans la *grasse liqueur* qui, à la tombée de la nuit, sourd incessamment du réservoir des lampes pour remplir les chambres jusqu'au bord de leurs parois de pierre et de verre, et au sein de laquelle ils propageaient, en déplaçant leurs corps, *des remous onctueux et dorés*[31].

Le tourbillon de l'espace-temps se manifeste ici explicitement dans les « remous onctueux et dorés », qui traduisent une condition seconde, inédite, de l'expérience, où « nagent » des personnages transformés en « amphibies ». Le spectateur est absorbé dans ces remous, dont l'expression est rendue possible par la métaphore, qui peut changer un « taudis » en un « inestimable Rembrandt[32] ». Le mouvement fluide et tournoyant d'une lumière ambrée constituent d'ailleurs un ensemble récurrent dans la *Recherche*, dont la fonction est justement de signaler la transmutation du réel en écriture, et l'entrée dans la dimension autre de l'art, où les frontières – irréelles, en tant que seulement rationnelles – entre l'espace et le temps n'ont plus de mise.

Le jardin d'hiver de Madame Swann dans la première partie des *Jeunes Filles en fleur* est un parfait exemple de ce phénomène. Décrit par le narrateur comme quelque chose qui « ne se voit plus que dans les héliogravures des livres d'étrennes de P.-J. Stahl[33] », le jardin d'hiver d'Odette est soumis

30 G. Poulet, *L'espace proustien*, *op. cit.*, p. 46.

31 *CG*, II, p. 395-396. Pour l'analyse de ce passage nous renvoyons à l'article d'Eleonora Sparvoli déjà cité.

32 *CG*, II, p. 395.

33 *JF*, I, p. 582.

à un procès de métaphorisation continu et, encore une fois, tourbillonnant, où l'espace est totalement absorbé par la dimension temporelle du souvenir. L'observateur de cette scène est en effet le passant anonyme d'un temps révolu : le contraste entre ce que l'on pouvait voir « alors » et ce que l'on voit dans un vague présent de l'écriture est constamment souligné jusqu'à la fin du passage, dans un mouvement en entonnoir, qui emporte le lecteur dans une zone de la conscience où temps et espace "fondent" définitivement dans la magie du style. Le jardin d'hiver que l'on pouvait voir « dans les hôtels d'alors » est comparé successivement à ces « serres minuscules et portatives » que les enfants recevaient en cadeau le Jour de l'An, ensuite aux serres (fictives) que recevait Mlle Lili dans les livres de P.-J. Stahl. L'enchaînement des souvenirs évoqués par la vue du jardin d'hiver crée un mouvement centripète dans lequel la mémoire "s'enroule" vers un centre qui est à la fois spatial et temporel :

> Enfin, au fond de ce jardin d'hiver, à travers les arborescences d'espèces variées qui de la rue faisaient ressembler la fenêtre éclairée au vitrage de ces serres d'enfants, dessinées ou réelles, le passant, se hissant sur ses pointes, apercevait généralement un homme en redingote, un gardénia ou un œillet à la boutonnière, debout devant une femme assise, tous deux vagues, comme deux entailles dans une topaze, au fond de l'atmosphère du salon, *ambrée par le samovar* – importation récente alors – de *vapeurs* qui s'en échappent peut-être encore aujourd'hui, mais qu'à cause de l'habitude personne ne voit plus[34].

L'allusion à la collection de Mademoiselle Lili nous transporte dans le monde de l'enfance, quand l'espace et le temps sont perçus par l'imagination plus que par les sens, et ils sont donc « pleinement vécu[s][35] », les frontières étanches que la raison établit entre le rêve, la mémoire et la perception n'étant qu'illusion pour Proust. L'emboîtement des souvenirs conduit enfin le passant « d'alors » à la scène "réelle" qu'il a sous les yeux, et qu'il décèle « à travers les arborescences » des plantes élevées dans la serre. La forme tordue des branches "mime" le tourbillon spatio-temporel dans lequel l'observateur imaginaire (et le lecteur) sont en train de plonger, jusqu'à la chute de l'image, qui se résout dans le vortex de la vapeur ambrée, au fond de laquelle un homme en redingote et une femme assise sont comme entaillés dans une topaze. Le présent de l'écriture théorise ce que le style

34 *Ibidem.*

35 Nous faisons allusion à la célèbre déclaration théorique sur la littérature du *Temps retrouvé*, *TR*, IV, p. 1182.

vient de faire, soit rendre le temps visible. En effet, les vapeurs s'échappent probablement encore des samovars du réel : il s'agit de les voir. L'aquarium, comme le jardin d'hiver, sert à Proust, entre autres, pour représenter ces distorsions heureuses de la vision qui permettent de dépasser le niveau de l'observation à deux dimensions[36]. Nous allons analyser deux exemples, particulièrement intéressants pour notre propos. Le premier se situe dans le Grand-Hôtel de Balbec, dans la salle à manger devenue aquarium, où le groupe d'amis dont il est question dans ce point du roman ne dînent pas. La description est donc apparemment gratuite, mais on l'a vu, c'est au moment où rien ne se passe que le temps se fait visible :

> Et le soir ils ne dînaient pas à l'hôtel où les sources électriques faisant *sourdre à flots la lumière* dans la grande salle à manger, celle-ci devenait comme un immense et merveilleux aquarium devant la paroi de verre duquel la population ouvrière de Balbec, les pêcheurs et aussi les familles de petits bourgeois, invisibles dans l'ombre, s'écrasaient au vitrage pour apercevoir, *lentement balancée dans des remous d'or*, la vie luxueuse de ces gens, aussi extraordinaire pour les pauvres que celle de poissons et de mollusques étranges (une grande question sociale, de savoir si la paroi de verre protègera toujours le festin des bêtes merveilleuses et si les gens obscurs qui regardent avidement dans la nuit ne viendront pas les cueillir dans leur aquarium et les manger)[37].

Ce passage, célèbre pour d'autres raisons qui ne nous occuperont pas ici[38], décrit encore une fois un lieux fermé vu de l'extérieur. Le héros se trouve à l'intérieur de cet espace, alors que le narrateur se trouve à l'extérieur, dans une sorte de dédoublement du point d'observation. Le narrateur, en tant qu'« amateur d'ichtyologie humaine », se regarde dans l'acte de regarder, en triangulant à nouveau la vision[39]. Ici aussi, les

36 Les passages où paraît l'image de l'aquarium sont assez nombreux pour mériter d'être considérés comme un « motif » (*Cf.* Anne Simon, « Proust et la superposition descriptive », *Bulletin d'informations proustiennes*, 25, 1994, p. 151-166). Les références à l'aquarium dans les romans sont les suivantes : *CS*, I, p. 285-286 et p. 322 ; *JF* I, p. 551, II, p. 41-42 et p. 170. *CG* I, II, p. 343 et p. 578 ; *SG*, III, p. 436 ; *AD*, IV, p. 102.

37 *JF*, II, p. 41-42.

38 Il s'agit de la "grande question sociale" de la parenthèse, pour laquelle nous renvoyons à A. Henry, « Le Kaléidoscope », *Cahiers Marcel Proust*, n. 9, *Études Proustiennes* III, Paris, Gallimard, 1979, p. 27-66 ; pour une étude étendue et approfondie de la dimension politique dans l'œuvre de Proust *cf.* E. Hugues, *Proust, Class, and Nation*, Oxford, Oxford University Press, 2011 et à *Proust politique. De l'Europe des Goncourt 1919 à l'Europe de 2019*, éd. A. Simon, D. Vago et M. Verna, *Quaderni Proustiani*, Hors série, 2020, sous presse.

39 Ce type de vision triangulée se trouve aussi dans *Madame Bovary*, quand Emma, en regardant le bouillon sur la table, est assaillie par le *taedium vitae*. Le narrateur, là aussi,

« remous d'or » produits par la lumière électrique provoquent le mouvement ondulatoire des personnages contenus dans la salle, qui, comme le feront les habitants du taudis de Doncière, nagent dans cet élément doré. Le verbe « sourdre », qui apparemment contraste avec la nature des lumières électriques, régit la métaphore aquatique d'où l'aquarium surgit magiquement, peuplé de créatures dont le « comique presque caricatural[40] » marque la bascule des espaces, l'intérieur et l'extérieur, dans leur nature physique aussi bien que sociale. Comme l'observe Anne Simon, en se bornant à « élaborer une "jolie phrase" » (en faisant donc du style), Proust « se complaît à enjoliver une thématique symbolisant le cloisonnement apparent des mondes, et le désir, des deux côtés, mais surtout du côté extérieur – de franchir le "cadre de bois"[41] ».

Le dernier exemple que nous allons analyser complique ultérieurement le jeu des points de vue, en provoquant une sorte de tangage de la vision, une véritable "porosité" du visible. À Rivebelle l'aquarium se trouve en effet à l'extérieur des parois de verre de la salle à manger où le héros se trouve avec Saint-Loup :

> Quelques heures plus tard, pendant le dîner qui, lui, était naturellement servi dans la salle à manger, on allumait les lumières, bien qu'il fît encore clair dehors, de sorte qu'on voyait devant soi, dans le jardin, à côté de pavillons éclairés par le crépuscule et qui semblaient les pâles spectres du soir, des charmilles dont la glauque verdure était traversée par les derniers rayons et qui, de la pièce éclairée par les lampes où on dînait, apparaissaient au-delà du vitrage non plus, comme on aurait dit, des dames qui goûtaient à la fin de l'après-midi, *le long du couloir bleuâtre et or*, dans un filet étincelant et humide, mais comme les végétations d'un *pâle et vert aquarium géant à la lumière surnaturelle*[42].

Le point d'observation du héros se trouve à l'intérieur de la salle, laquelle est inondée par la lumière des lampes, comme dans tous les cas où la transmutation alchimique du style est censée se produire. C'est en effet la lumière qui produit le phénomène optique décrit ici :

---

se regarde regarder (en regardant Emma). Voir sur ce point Erich Auerbach, *Mimésis – la représentation de la réalité dans la littérature occidentale*, trad. Cornélius, Paris, Gallimard, 1968, et S. Cigada, *Il pensiero estetico di Gustave Flaubert*, in *Contributi dell'Istituto di Filologia moderna. Serie francese*, vol. III, Milano, Vita e Pensiero, 1961, p. 184-456.

40 A. Simon, « Proust et la superposition descriptive », *op. cit.*, p. 153-154.

41 *Ibidem.*

42 *JF*, II, p. 170.

allumée trop tôt, elle altère la perception et permet le mouvement d'interpénétration entre l'intérieur et l'extérieur. Le focus de la vision, comme il est normalement conçu, est perdu : on ne sait plus au juste si on est dedans ou dehors, si ce qui est dehors n'est pas pris dans un filet ou dans un aquarium. La vision, ici, bascule dans le « surnaturel », ce qui revient à dire, pour Proust, dans l'artistique, la seule dimension où il nous soit possible de voir les distorsions du soi-disant réel. Comme l'observe Jack Jordan, en effet, dans l'œuvre de Proust :

> *No longer is one anchored in a stable universe based on rational, causal principles. The Cartesian and Newtonian mechanical universe, open to rational, conscious observation, is left behind for an Einsteinian and Freudian one, in which space is confounded with time [...] and conscious, rational observation is replaced by an inverted quest in the unconscious*[43].

Si l'espace bouge avec les personnages et avec le lecteur, en s'enroulant de cette manière dans le temps, c'est grâce à la savante distribution des points de vue adoptés par le narrateur : duplication, triangulation, dédoublement. Mais c'est le style, seule fenêtre ouverte sur la vérité de notre existence, qui "mue" les matières et les dimensions physiques. Baudelaire avait déjà compris que l'« idéalisation forcée », qui est l'opération de l'artiste, « est le résultat d'une perception *enfantine*, c'est-à-dire d'une perception aiguë, magique, à force d'ingénuité[44] ». La perception, pour atteindre au vrai, doit donc retourner à un stade pré-rationnel, ou plutôt avancer vers ce stade, où l'absence de frontières entre les dimensions du réel se fait évidente. Le réel de la physique mécanique, soit un espace géométriquement et analytiquement conçu, n'existe pas pour Proust, qui décrivait l'esthétique naturaliste comme « cette parodie de la vérité où le "néo-italianisme" trouve le moyen de supprimer toute réalité véritable et profonde[45] ».

---

43 « On n'est plus ancrés dans un univers stable, basé sur des principes rationnels de causalité. L'univers mécanique de Descartes et de Newton, ouvert à une observation rationnelle et consciente, est abandonné pour un autre, Einsteinien et Freudien, dans lequel l'espace se confond avec le temps, la causalité est remplacée par la probabilité statistique, et l'observation rationnelle est remplacée par une quête inverse dans l'inconscient », J. Jordan, « Proust's narrator : travels in the space-time *continuum* », *op. cit.*, p. 151.

44 C. Baudelaire, « Le peintre de la vie moderne, à propos de Constantin Guy », in *Œuvres complètes*, *op. cit.*, p. 797.

45 Article rédigé en 1913, publié posthume dans « Les œuvres de M. Reynaldo Hahn », *Conferencia*, 1er décembre 1923, publié ensuite dans *Textes retrouvés*, Paris, Gallimard, 1971, p. 278.

CORPS CONNAISSANT(S) ET PENSÉE MATÉRIELLE CHEZ PROUST

Les sens du Temps

UN TEMPS MATÉRIEL

Si le temps est bien l'alpha et l'oméga de l'univers proustien, il n'y est pour autant pas désincarné, ni le moins du monde abstrait. Dans la préface à sa traduction de *Sésame et les Lys*, Proust s'attardait sur l'impression que lui procuraient certaines pages de Racine, « d'avoir devant [lui], inséré dans l'heure présente, actuel, un peu du passé[1] ». La nature tangible – donc en principe inassimilable par la conscience – de ce passé est signifiée par la locution adverbiale « un peu », laquelle, suivie de l'article partitif « du », accentue la matérialité de cette portion du temps, un temps concrètement présent dans les expressions surannées des écrivains du passé. Cette matérialité du passé s'incarne quelques lignes plus bas dans les deux célèbres colonnes de la Piazzetta de Venise, porteuses d'un réseau sensoriel complexe, dont le tracé et le sens ne s'accompliront que dans la révélation ultime du *Temps retrouvé*.

> qui toutes deux [...] sur cette place publique où brille encore leur sourire distrait, continuent à attarder au milieu de nous leurs jours du XIIe siècle *qu'elles intercalent* dans notre aujourd'hui [...]. Autour des colonnes *roses*, jaillies vers leurs larges chapiteaux, les jours actuels *se pressent et bourdonnent*. Mais, interposées entre eux, elles les écartent, réservant de toute leur mince épaisseur la place inviolable du passé : – du Passé familièrement surgi au milieu du présent avec cette couleur un peu irréelle des choses qu'une sorte d'illusion nous fait voir *à quelques pas* et qui sont en réalité *situées à bien des siècles* [...] pourtant là, au milieu de nous, *approché, coudoyé, palpé, immobile, au soleil*[2].

1 *SL*, p. 57.
2 *SL*, p. 57-58.

La longue métaphore des deux « belles étrangères » qui se prélassent au soleil, au milieu des passants qui les coudoient et les palpent sans les reconnaître, constitue en effet l'une des premières définitions du temps de la part de Proust, qui ne cessera de la perfectionner tout au long de son œuvre. Comme nous allons le voir, ces mêmes éléments perceptifs, toujours relatifs au temps, vont revenir plusieurs fois dans la *Recherche*, enchâssés, comme les colonnes dans la Piazzetta, dans l'espace d'une écriture qui ne peut les assimiler complètement, mais qui va enfin leur redonner la parole, à ces colonnes qui ne « comprennent pas les propos qui s'échangent autour d'elles dans une langue qui n'est pas celle de leur pays[3] » : car elles sont là, et ailleurs en même temps. Les deux colonnes, dont la coloration gris et rose avait été décrite par Ruskin dans *Saint Mark's rest* (« *These pillars that you look upon, of rosy and grey rock* »)[4], sont représentées comme vivantes, et semblent personnifiées en deux figures que l'on peut imaginer comme féminines, même si seule la morphologie du pronom sujet nous y autorise. En fait ces deux créatures « distraites et souriantes » ne sont pas analysables comme étant partie d'un procès métaphorique, car ici *vehicle* et *tenor* coïncident : les colonnes *sont* le passé, elles ne le représentent pas[5]. C'est en tant qu'objets concrets, en tant que matière pesante, qu'elles peuvent "être" le passé, donc en restant ce qu'elles sont : des colonnes gris et rose. Le présent, au contraire, est introduit par la métaphore verbale « en bourdonnant », qui se clarifie une ligne plus bas dans la similitude « comme des abeilles repoussées ». La même structure rhétorique est répétée avec insistance plus loin : les colonnes roses n'autorisent pas les abeilles importunes des jours actuels à les toucher, « réservant de toute leur mince épaisseur la place inviolable du passé ». Nous croyons que Diane Leonard a raison quand elle identifie dans cette description la première tentative de la part de Proust de redéfinir le temps comme la « quatrième dimension de l'espace » :

> *Here Proust appears to re-write Ruskin's description of the columns in order to translate them into a figure for the four dimensional interpenetration of different planes*

---

3 *Ibidem.*

4 « Ces colonnes que vous regardez d'en bas, en pierre rose et grise », J. Ruskin, *St. Mark's rest*, in *The Works of John Ruskin*, éd. E. T. Cook et A. Wedderburn, London, George Allen, 39 vol., 1903-12, vol. 24, p. 216.

5 Nous faisons référence bien évidemment à l'interprétation de la métaphore de I. A. Richards, dans *The Philosophy of Rhetoric*, Oxford, Oxford University Press, 1936.

> *of time in literary texts, offering the reader the same possibility of time travel as the coexistence of different centuries in a cathedral*[6].

Dans une étude sur la ponctuation proustienne, Isabelle Serça avait déjà observé la relation d'interdépendance qu'entretiennent dans ce passage les catégories du temps et de l'espace, qui en deviennent de ce fait sensibles :

> « [l]e passé » est « à quelques pas » et en même temps, « il est situé à bien des siècles » : la description de l'église de Combray développe la même image, qui traduit le *temps* en termes d'*espace*, en lui donnant ainsi une forme *sensible* ou, comme le dit le texte, « palpable[7] ».

Or, cette forme « forme palpable » va reparaître dans le roman de la maturité, où les mêmes champs sémantiques seront réorganisés et réemployés dans la construction du Temps "pur" de l'écriture. Le rose, le miel, les abeilles, des colonnes évasées : ces matériaux bruts se représenteront et s'assembleront en effet en un ordre différent mais toujours liés au temps, dont ils constitueront la matière, la couleur, le corps.

Le temps de la *Recherche* existe, en effet, matériellement, comme en témoigne cette église de Combray qui, dans le *Côté de chez Swann*, est notoirement décrite comme « un édifice occupant, si l'on peut dire, un espace à quatre dimensions – la quatrième étant celle du Temps[8] ». Cette quatrième dimension est formée par l'agglomération dans l'église des strates qui la composent, et qui renvoient explicitement à la consistance du miel dans les pierres tombales des Abbés, que, on s'en souvient, « le temps [a] rendues douces » et « fait couler comme du miel ». Les couleurs de la tapisserie ont aussi fondu, et « un peu de rose » flotte maintenant sur les lèvres d'Esther, tandis que le jaune de sa robe en devient onctueux

6 « Ici Proust semble re-écrire la description ruskinienne des colonnes pour les traduire en une figure de la quatrième dimension, de l'interpénétration des différents plans temporels dans des textes littéraires, en offrant de cette manière au lecteur la même possibilité de voyager dans le temps que lui offre la co-existence de plusieurs siècles dans une cathédrale », D. R. Leonard, « La langue du silence. Inscriptions ruskiniennes dans la *Recherche* », *Marcel Proust 2. Nouvelles directions de la recherche proustienne*, éd. B. Brun, *Revue des Lettres Modernes*, 2000, p. 141-157, cit. p. 171.

7 I. Serça, « Écrire le Temps. Phrase, rythme et ponctuation chez Proust », *Poétique*, n° 153, 2008, p. 23-39, cit. p. 35.

8 *CS*, p. 60.

et gras[9]. Cette "fonte" de la matière, cette superposition des éléments qui la composent font de l'église « une vallée visitée des fées », où l'on s'émerveille « de voir dans un rocher, dans un arbre, dans une mare, la trace palpable de leur passage surnaturel[10] ». Comme les colonnes de la Piazzetta, les éléments formant l'église de Combray sont donc une partie intacte du passé, prélevés directement dans une époque révolue, que par leur seule présence ils nous permettent de toucher. Comme l'affirme Malcolm Bowie, « *[t]his time is not a concept [...]. It is a stuff and there for the handling*[11] ».

Le lien de ce passage avec la Préface de *Sésame et les lys* deviendra plus évident dans *Albertine disparue*, mais avant d'en arriver à cette première révélation, le miel – sa couleur, qui devient de l'« or malléable » –, le rose – qui devient du « rose Tiepolo » –, et les colonnes elles-mêmes reparaissent dans la *Prisonnière*, sous la forme de la robe de Fortuny portée par la captive à Paris, faisant miroiter au geôlier le mirage de Venise et de sa propre liberté :

> La robe de Fortuny que portait ce soir-là Albertine me semblait comme l'ombre tentatrice de cette *invisible Venise*. Elle était envahie d'ornementation arabe, comme les palais de Venise dissimulés à la façon des sultanes derrière un voile ajouré de pierres, comme les reliures de la Bibliothèque Ambrosienne, comme les colonnes desquelles les oiseaux orientaux qui signifient alternativement la mort et la vie, se répétaient dans le miroitement de l'étoffe, d'un bleu profond qui, au fur et à mesure que mon regard s'y avançait, se changeait en *or malléable* par ces mêmes *transmutations* qui, devant la gondole qui s'avance, changent en métal flamboyant l'azur du grand canal. Et les manches étaient doublées d'un *rose cerise*, qui est si *particulièrement vénitien* qu'on l'appelle rose Tiepolo[12].

Venise est ici invisible, une ombre sans autre consistance que celle des chatoiements d'une étoffe précieuse. Tous les éléments de l'ancienne description du "temps matériel" sont présents, tout en paraissant incapables de repousser les « abeilles importunes » des « jours actuels » : engainée dans sa robe vénitienne, Albertine est le présent qui rend

9 *CS*, p. 58. *Cf. infra*, p. 101-129.

10 *CS*, I, p. 60.

11 « [C]e temps n'est pas un concept, c'est une matière et il est là pour être manié », M. Bowie, *Proust among the stars*, New York, Columbia University Press, 1999, p. 64.

12 *P*, III, p. 896-896.

Venise impossible. Insérées dans la longue similitude qui doit servir à convoquer l'« ombre tentatrice » de la ville lagunaire, les colonnes sont pourtant là, pour annoncer la mort et son alternance avec la vie, pour remettre le héros de plein pied dans un Temps[13]. C'est dans le Baptistère de Saint-Marc, dans ce « temps incorporé[14] » qu'est la Venise d'*Albertine disparue*, que la dimension temporelle redeviendra « palpable » : dans ces « larges arcades dont le temps a légèrement infléchi les *surfaces évasées et roses* », devenues, comme les pierres tombales de Combray, malléables « comme la cire de géantes alvéoles[15] ». Si cette "fusion" permet au temps de devenir « pur », c'est justement grâce à la matérialité, à l'opacité de la pierre qui se laisse coudoyer dans la Piazzetta, fouler dans l'église de Combray, regarder à Venise, mais qui dans tous les cas reste inassimilable. Dans l'église de Combray, on s'en souvient, une valve profonde a pénétré dans le tombeau de la petite fille de Sigebert : « comme la trace d'un fossile[16] », d'un temps que l'on peut toucher mais non comprendre. Ce n'est donc pas un hasard que ce soit dans le Baptistère de Saint-Marc que la mère du narrateur ait « sa place réservée et immuable, *comme une mosaïque*[17] ». Comme les « belles étrangères » qui ne comprennent pas les propos qui se tiennent autour d'elles, elle restera à jamais « dans un autre temps où il est interdit au présent de pénétrer[18] ». Comme l'observe Eleonora Sparvoli, les deux "manières" de la mémoire proustienne (la fusion métaphorique et le résidu temporel) « se côtoient dans l'œuvre, se consolidant l'une l'autre dans leur opposition réciproque : l'architecture [métaphorisante] en lutte contre la parcellisation, l'assemblage et l'inertie mortifère de la mélancolie[19] ».

---

13 Nous avons analysé ces trois passages et leur lien sensoriel dans notre livre sur la synesthésie proustienne, nous les reprenons ici d'un autre point de vue, même s'il est évident que le rapport sensoriel qu'ils enchaînent à travers les mêmes synesthésies n'est pas étranger à l'argument de la présente étude. *Cf.* M. Verna, *Le sens du plaisir. Des synesthésies proustiennes*, Oxford / Bern / Berlin / Bruxelles / Frankfut am Main / New York / Wien, Peter Lang, 2013. *Cf.* aussi D. Vago. *Proust en couleur*, Paris, Champion, 2012.

14 J. Kristeva, *Le Temps sensible*, Paris, Gallimard, 1994, p. 212.

15 *AD*, p. 224.

16 *CS*, p. 61.

17 *AD*, p. 225.

18 *SL*, p. 57.

19 E. Sparvoli, *Proust costruttore melanconico. L'irrealizzabile progetto della* Recherche, Roma, Carocci, 2016, p. 186.

La révélation du *Temps retrouvé* sera donc celle d'un "autre temps", que la métaphore seule pourra nous restituer, car « la sensation passée ainsi retrouvée – l'inégalité des pavés de Saint-Marc à Venise – se trouve à une hauteur différente, à un niveau inférieur, de la dimension temporelle[20] ». « Incarnés et pleinement vécues dans la fulgurance et l'éclat du scandale métaphorique », les théories proustiennes du langage en deviennent selon la critique presque "irréfutables", car matériellement vivantes.

LE TEMPS DU CORPS

Ce temps matériel est aussi celui du corps, qui ne se conçoit pas en dehors d'un espace que Jean-Claude Coquet définit comme « topologique » :

> L'espace topologique, dont le sujet et la relation intersubjective sont exclus [...] est organisé à partir du corps, plus précisément de la chair (*Leib*). La spécificité de la *Recherche*, c'est la mise en évidence de l'échec de la relation intersubjective au profit de l'*instance corporelle*, [...] le "nonsujet", figure antithétique du sujet[21].

Cet espace-temps n'est donc ni passé ni présent, vu qu'il est en même temps passé et présent. Car « [i]dentifier le lieu et le temps présents exige de s'abîmer dans la concrétude de sa conscience, de s'installer, même fugacement, dans la mémoire des lieux passés[22] ». C'est ce que des matériaux bruts, rencontrés sur notre chemin par hasard, nous aident à faire : des abeilles, une couleur, la pierre usée d'un tombeau, la vitre d'une mosaïque, des dalles inégales où "vit", littéralement, le passé. Ce temps et cet espace ne s'identifient pas aux célèbres épisodes

---

20 N. Buchet-Rogers, « Proust hypotexte de théories linguistiques ou passé/pavés glissants : le scandale de la métaphore chez Proust », *Bulletin Marcel Proust*, n. 49, 1999, p. 147-165, cit. p. 153.

21 J.-C. Coquet, « Préface. Comment traduire l'expérience ? », in *Traduire* À la recherche du temps perdu, éd. G. Henrot Sostero et F. Lautel-Ribstein, *Revue d'études proustiennes*, 1, 2015, p. 15-22, cit. p. 18.

22 A. Coignard, « Les "demi-réveils" proustiens. S'abîmer dans la concrétude de sa propre conscience », *KAIROS*, 27, 2006, p. 143-171, cit. p. 164.

de mémoire involontaire, même si parfois ils contribuent à les susciter. Il s'agit, en fait, d'un temps et d'un espace à jamais inconnaissables, impénétrables, opaques comme la matière et comme la douleur, et seul un « incident » matériel peut faire glisser le « couvercle durci » qui les recouvre[23].

C'est cette opacité matérielle que Proust retrouve dans la pensée de Ruskin, et qui fait de lui un "maître" pour le jeune traducteur : non certes son idéologie, ni son approche à la spiritualité, ni, moins encore, son interprétation de l'art. Comme il l'avait déjà dit en 1904, dans la Préface à sa traduction de la *Bible d'Amiens*, c'est grâce à la « pensée matérielle » de Ruskin que Proust a retrouvé le goût du monde et le courage de se mettre à l'œuvre :

> la pensée de Ruskin n'est pas comme la pensée d'un Emerson par exemple qui est tout entière dans un livre, c'est-à-dire un quelque chose d'abstrait, un pur signe d'elle-même. L'objet auquel s'applique une pensée comme celle de Ruskin et dont elle est inséparable, n'est pas immatériel, il est répandu çà et là sur la surface de la terre [...]. *Une telle pensée* qui a un autre objet qu'elle-même, *qui s'est réalisée dans l'espace*, qui n'est plus la pensée infinie et libre, mais limitée et assujettie, qui s'est *incarnée en des corps* de marbre sculpté, de montagnes neigeuses, en des visages peints, est peut-être moins divine qu'une pensée pure. Mais elle nous embellit davantage l'univers [...] *parce qu'elle y a touché* [...]. Et ce fut ainsi, en effet ; *l'univers reprit tout à coup à mes yeux un prix infini*[24].

Comme le remarque Eleonora Sparvoli, « [l]a croyance [...] qui finit par redonner de la valeur à ce qui précocement – dès les années des *Plaisirs et les jours* – avait montré sa vanité, est le legs le plus précieux qu'il reçoit de Ruskin[25] ». Cette beauté « limitée et assujettie » est, en effet, celle du monde.

23 *AD*, p. 639-641. *Cf.* E. Sparvoli, *Proust costrutture melanconico*, *op. cit.*, p. 174.
24 J. Ruskin, *La Bibile d'Amiens*, *op. cit.*, p. 78.
25 E. Sparvoli, *Proust costrutture melanconico*, *op. cit.*, p. 95.

LE CORPS CONNAISSANT

« L'art accomplira ce que le corps ébauche=la réunion – La participation d'un passé et d'un présent sera un cas particulier de participation du multiple à ma vie –[26] » : dans son cours sur le problème de la parole, Merleau-Ponty s'arrêta longtemps sur Proust, qui fut l'une de ses sources d'inspiration les plus importantes, la « fréquentation » d'une vie entière, comme le dit si bien Anne Simon[27]. Dans cette note, le philosophe insiste sur le rapport de l'écriture au sensible, ou plutôt sur la nature scripturale du sensible, car le silence des choses « appelle notre parole pour qu'elles ne se perdent pas en elles-mêmes[28] ». Si le monde existe pour être écrit, il s'écrit premièrement dans notre corps, et c'est cette relation de notre corps au monde que Proust cherche à restituer dans sa parole. Anne Simon parle de la « transformation quasi charnelle de la durée existentielle en langage romanesque, en un mouvement d'intériorisation réciproque », qui fascine Merleau-Ponty et fait de l'œuvre proustienne un « soubassement fondateur » pour sa pensée philosophique[29].

Pour Proust, en effet, rien n'est connaissable en dehors du corps, et l'acte de percevoir n'est jamais un acte singulier, au sens où l'objet rencontré serait séparé du sujet comme entité définissable en dehors de lui. Connaître ne se conçoit pas comme un acte définitoire et pour ainsi dire "désincarné". On connaît avec son corps, sans lequel il n'y aurait pas pensée ni compréhension du monde. « L'expérience sensible relevant déjà elle-même du spirituel, l'écriture apparaît dès lors comme un approfondissement du travail sensoriel[30] ». L'importance de la dimension perceptive dans le style proustien s'explique par la nécessité de cette « contiguïté mentale », qui permet au narrateur, et au lecteur, d'accéder

26 M. Merleau-Ponty, *Le problème de la parole*, Notes de cours au Collège de France (1953-1954), cours inédit, volume XII des archives conservées à la Bibliothèque Nationale de France. Partiellement édité par Frank Robert, « Écriture et Vérité », *Revue Internationale de Philosophie*, n. 244, 2008/2, p. 149-166, cit. p. 153.

27 A. Simon, *Traffics de Proust*, Paris, Hermann, 2016, p. 40.

28 M. Merlau-Ponty, *Le problème de la parole*, *op. cit.*, p. 152.

29 A. Simon, *Traffics de Proust*, cit., p. 41.

30 A. Simon, *Proust ou le réel retrouvé. Le sensible et son expression dans* À la recherche du temps perdu, *op. cit.* p. 43.

au réel de sa propre expérience, dans toute sa portée poly-sensorielle[31]. Pour se situer dans un temps et dans un espace, le narrateur de la *Recherche* n'a pas d'autre repère que son propre corps.

L'ESPACE DU CORPS

Dans les premières pages du roman, la relation intime – corporelle – du dormeur éveillé à son propre passé (au Temps) se dit presque exclusivement par des locutions spatiales. Cette observation semblerait revenir à un truisme, car maintes locutions temporelles s'expriment à travers des locutions spatiales[32]. Toutefois, ce choix linguistique de la part de Proust nous intéresse ici pour ce qu'il révèle relativement au rôle du corps dans la "connaissance" du temps. La langue qui tente dans ces pages de reprendre le "fil" du temps ne le peut en effet que dans l'énonciation de l'espace, car sans localisation, il n'y a pas, littéralement, d'individualité : « comme j'ignorais où je me trouvais, je ne savais même pas au premier instant qui j'étais », affirme le narrateur du premier chapitre de Combray[33]. Dans l'incertitude du demi-sommeil, ses pensées elles-mêmes prennent « un tour particulier[34] », et cette expression périphrastique exprime à elle seule, par un raccourci magnifique, le mouvement circulaire du flux temporel et spatial auquel Proust tente ici de donner voix. Dans ces « mondes désorbités », en effet, « les choses, les pays, les années » tournent, les murs « tourbillonnent », « fil[ent] » en des directions imprévues, car le corps, « sa mémoire[35] », bouge. Chacun se souvient d'ailleurs qu'« [u]n homme qui dort tient *en cercle autour de lui* le fil des heures,

31 I. Crosman Karalus, « Synaesthetic metaphors symbolic of mental contiguity », in *Metaphoric Narration : the structure and function of metaphors in* À la Recherche du Temps Perdu, Chapel Hill, North Carolina Studies in the Romance Languages and Literatures, 1978, p. 109-119, cit. p. 111.

32 J.-P. Boons, « L'espace comme métaphore du temps », in *Mélanges offerts à Nicolas Ruwet*, éd. L. Tasmowski-De Rijck et Anne Zribi-Hertz, Communication and Cognition, Gent, 1991, p. 163-173.

33 *CS*, p. 5.

34 *CS*, p. 3.

35 *CS*, p. 5 et 6.

l'ordre des années et des mondes[36] ». Si l'esprit hésite « au seuil des temps et des formes[37] », le corps, lui, sait, connaît, situe et ordonne. Le corps est un artiste, comme Proust l'avait dit dans une variante de ces mêmes pages :

> Parfois c'était un seul de ces lieux où je ne me trouvais pas, dont venait me visiter quelque réminiscence, comme une sensation de jour tombant d'en haut par une lucarne, ou bien d'être adossé au bruit et à l'humidité d'une courette [contre laquelle je couchais quand j'étais petit dans la sombre maison de mes grands-parents qui depuis a fait place à un square] ; rêverie confuse du corps, *heure d'art de la matière, embryon de vie esthétique de l'organisme* qui lui aussi, comme l'esprit, n'est pas en rapport qu'avec le présent et reste agité par l'inutile passé [...] [Comme ces animaux qui, l'hiver, dans un pays du nord, écartent] de la tête en dormant la mouche imaginaire de la Provence natale qui ne revient plus voltiger que dans leurs rêves[38].

Si cette heure de réminiscence onirique est un « embryon de vie esthétique de l'organisme », c'est que le corps est un agent créateur au même titre que l'esprit, le Temps étant sa création la plus réussie. Le temps tel qu'il est littéralement déployé dans l'espace par le corps désorbité du héros, *ce* temps que le narrateur poursuit dans l'écriture de *ce* corps, n'a en effet jamais existé en cette forme : il est la création d'un corps qui se souvient. En effet, le corps seul peut transformer un moment du passé en un futur toujours actuel, comme dans la remembrance de la chambre de Tansonville, que le dormeur éveillé revoit en même temps que la chambre de Combray où il rentrait enfant après la promenade : « et la chambre où *je me serai endormi* au lieu de m'habiller pour le dîner, *de loin je l'aperçois*, quand nous rentrons, traversée par les feux de la lampe, seul phare dans la nuit ». Ce passé est paradoxal, qui peut se dire uniquement dans les temps verbaux du présent et du futur[39].

Tout ce passe comme si l'écriture était la “transcription” d'un corps vivant, dont l'esprit a bu un peu du sang, assouvissant ainsi le désir de « ces ombres qui demandent dans l'Odyssée à Ulysse de leur faire boire un peu de sang pour les mener à la vie », dont Proust parlait à Bibesco en 1902, en pleine période ruskinienne[40]. Pour le dire avec les

---

36 *CS*, p. 5.
37 *CS*, p. 6.
38 *CS*, *Notes et Variantes*, p. 1090.
39 *CS*, p. 7.
40 M. Proust, Lettre à Bibesco, [1902], in *Corr.*, t. 2, p. 196.

mots de Julia Kristeva, « [s]simultanément à l'*incorporation imaginative du monde*, à cette absorption de l'ontologique, Proust donne son corps à la littérature, et, à travers elle, au monde[41] ».

Dans la *Prisonnière*, c'est en effet encore une fois le corps engourdi de sommeil du narrateur qui se laisse pénétrer par l'épaisseur du réel, ce corps qui va résonner comme un « violon intérieur », dont « les cordes sont serrées ou détendues par de simples différences de la température, de la lumière extérieures[42] ». Sans ce violon, aucune musique ne serait possible, mais aucun réel non plus, car c'est seulement en relation avec notre corps que le réel peut se situer :

> En notre être, *instrument* que l'uniformité de l'habitude a rendu silencieux, le chant naît de ces écarts, de ces variations, source de toute musique : le temps qu'il fait certains jours nous fait aussitôt passer d'une note à une autre. Nous retrouvons l'air oublié dont nous aurions pu deviner la nécessité mathématique et que pendant les premiers instants nous chantons sans le connaître. Seules ces *modifications internes, bien que venues du dehors*, renouvelaient pour moi le monde extérieur[43].

Le corps est donc dans la *Recherche* un "agent connaissant" au même titre que l'esprit, ou plutôt l'existence de ces deux entités séparées du corps et de l'esprit ne se conçoit pas dans l'esthétique proustienne, où nombre de «*prédicats somatiques* [...] témoignent du passage dans un autre univers, celui de la *phusis*[44] ». Le langage lui-même apparaît comme « une dimension de la chair[45] », ce qui donne au corps un rôle prééminent dans l'accès à cette « vérité » à la recherche de laquelle Proust était parti[46], et que le lecteur lui-même est invité à trouver, dans son propre corps. Pour Proust le réel n'est en effet pas concevable en dehors d'une "*aperception*" totale, et c'est en passant par les sens, que le temps peut en effet acquérir *un* sens : signifier dans un corps, et dire en une langue.

---

41 J. Kristeva, *Le temps sensible*, *op. cit.*, p. 341.

42 *P*, p. 535.

43 *Ibidem*.

44 J.-C. Coquet, « Préface. Comment traduire l'expérience ? », *op. cit.*, p. 19.

45 A. Simon, *Traffics de Proust*, *op. cit.*, p. 67.

46 M. Proust, Lettre à Jacques Rivière, 7 février 1914, in *Marcel Proust et Jacques Rivière. Correspondance* (1914-1922), éd. P. Kolb, Plon, Paris 1955, p. 2.

BIBLIOGRAPHIE

SUR PROUST

AGOSTI, Stefano, *Realtà e metafora. Indagini sulla* Recherche, Milano, Feltrinelli, 1997.

Architectures de la vie privée : maisons et mentalités (XVIIe-XIXe), éd. Monique Eleb-Vidal et Anne Debarre-Blanchard, Bruxelles/Paris, Hazan, 1999.

AUBERT, Nathalie, *La Traduction du sensible*, Oxford, European Humanities Research Centre, 2002.

BAROIS, Edith, « Les conversations dans *Le côté de Guermantes*. Techniques et vision », *Bulletin de la Société des amis de Marcel Proust et de Combray*, 21, 1971, p. 1131-1146.

BARRÈS, Maurice, [« Procès des intellectuels »], *Le Journal*, 1er février 1898.

BEM, Jeanne, « Le juif et l'homosexuel dans *À la recherche du temps perdu* : fonctionnements textuels », *Littérature*, nº 37, 1980, *Le détail et son inconscient*, p. 100-112.

BENHAÏM, André, *Panims. Visages de Proust*, Villeneuve d'Ascq, Presses Universitaires du Septentrion, 2006.

BERETTA ANGUISSOLA, Alberto, *Proust : guida alla "Recherche"*, Roma, Carocci, 2018.

BILLERMANN, Roderich, *Die « métaphore » bei Marcel Proust*, München, Wilhelm Fink Verlag, 2000.

BIVORT, Olivier, "Obscurité de la langue, clarté de la poésie", in *La Littérature symboliste et la Langue*, éd. O. Bivort, Paris, Classiques Garnier, 2012, p. 75-88.

BIZUB, Edward, *Paul Sollier, le psychothérapeute de Proust*, in *Le Cercle de Marcel Prosut II*, éd. J.-Y. Tadié, Paris, Champion, 2015, p. 173-187.

BLOCH-DANO, Evelyne, *Madame Proust*, Paris, Grasset et Fasquelle, 2004.

BOONS, Jean-Paul, « L'espace comme métaphore du temps », in *Mélanges offerts à Nicolas Ruwet, L. Tasmowski*, éd. L. Tasmoski De Rijck et A. Zribi-Hertz, Gent, Communication and Cognition, 1991, p. 163-173.

BOWIE, Malcolm, *Proust among the stars*, New York, Columbia University Press, 1999.

BREEUR, Roland, *Singularité et sujet. Une lecture phénoménologique de Proust*, Grenoble, Éditions Jérôme Millon, 2000.

BRUN, Bernard, « Brouillons et brouillages, Proust et l'antisémitisme », *Littérature*, n° 70, 1988, *Médiations du social. Recherches actuelles*, p. 110-128.

BUCHET ROGERS, Nathalie, « Proust hypotexte de théories linguistiques ou passé/pavés glissants : le scandale de la métaphore chez Proust », *Bulletin Marcel Proust*, 49, 1999, p. 147-165.

CANDAU, Joël, « L'odeur médiane du couvre-lit de tante Léonie », *Voir (barré)*, 28-29, 2004, in numéro spécial : *Les aspects culturels de la vision et les autres modalités perceptives. II : Le goût et l'odorat*, p. 72-87.

CHAUDIER, Stéphane, « "Comme", morphème de poéticité », *Bulletin d'Informations Proustiennes*, 35, 2005, numéro spécial : *Proust et le* style, p. 105-115.

CHAUDIER, Stéphane, « Marcel Proust et la langue littéraire vers 1920 », in *La langue littéraire. Une histoire de la prose en France de Gustave Flaubert à Claude Simon*, éd. G. Philippe et G. Piat, Paris, Fayard, 2009, p. 411-449.

CHAUDIER, Stéphane, *Proust et le langage religieux. La cathédrale profane*, Paris, Champion, 2004.

CHAURAND, Jacques, « Quelques réflexions sur le vocabulaire de Françoise dans l'œuvre de Marcel Proust », *Cahiers de lexicologie*, 39, 1981, 2, p. 25-34.

COIGNARD, Anne, « Les "demi-réveils" proustiens. S'abîmer dans la concrétude de sa propre conscience », *KAIROS*, 27, 2006, p. 143-171.

COMPAGNON, Antoine, « Le Narrateur en procès », in *Marcel Proust 2. Nouvelles directions de la recherche proustienne*, Rencontres de Cerisy-la-Salle, 2-9 juillet 1997, éd. B. Brun, Paris/Caen, Minard, 2000, p. 309-334.

COMPAGNON, Antoine, *Morales de Proust*, cours professé au Collège de France par Antoine Compagnon (2007/2008).

COMPAGNON, Antoine, *Proust entre deux siècles*, Paris, Seuil, 1989.

CONTINI, Annamaria, « Proust : la Metafora e il sapere », *Rivista di Estetica*, 37, 1991, p. 73-98.

COQUET, Jean-Claude, « Préface. Comment traduire l'expérience ? », in *Traduire* À la recherche du temps perdu, éd. G. Henrot Sostero et F. Lautel-Ribstein, *Revue d'études proustiennes*, 1, 2015, p. 15-22.

CROSMAN KARALUS, Inge, « Synaesthetic metaphors symbolic of mental contiguity », in *Metaphoric Narration : the structure and function of metaphors in* À la recherche du temps perdu, Chapel Hill, North Carolina Studies in the Romance Languages and Literatures, 1978, p. 109-119.

Dalrymple Henderson, Linda, *The Fourth Dimension and Non-Euclidean Geometry in Modern Art* (1983), Revised Edition, Cambridge (MA), The MIT Press, 2013.

Davies, Lydia, « Loaf or Hot-Water Bottle. Closely translating Proust », *Yale Review*, 92, 2004, 2, p. 51-70.

Deleuze, Gilles, *Critique et Clinique*, Paris, Éditions de Minuit, 1993.

Dictionnaire Marcel Proust, éd. A. Bouillaguet et B. G. Rogers, Paris, Champion, 2014.

Die Korrespondenz der Sinne. Wahrnehmungsästhestische und intermediale Aspekte in dem Werk von Proust, éd. U. Felten, Leipzig, Wilhelm Fink, 2008.

Dizionario della diversità. Le parole dell'immigrazione, del razzismo e della xenofobia, éd. Guido Bolaffi, Sandro Gindro et Tullio Tentori, Milano, Liberal Libri / Edizioni Universitarie Online, 1998.

Dreyfus, Robert, *Souvenirs sur Marcel Proust accompagnés de lettres inédites*, Paris, Grasset, 2001.

Duval, Sophie, *L'ironie proustienne : La Vision stéréoscopique*, Paris, Champion, 2004.

Evans, Christine Ann, « The fate of speaking : realist dialogue in the anti-realist narrative of *À la recherche du temps perdu* », *Modern Language Studies*, 19, Autumn 1989, p. 75-81.

Ferré, André, « Marcel Proust et la linguistique », *Vie et Langage*, 157, avril 1965, p. 183-191.

Ferré, André, « Marcel Proust et la linguistique » (2e partie), *Vie et Langage*, 158, mai 1965, p. 250-255.

Finn, Michael R., *Proust the body and Literary Form*, Cambridge, Cambridge University Press, 1999.

Fraisse, Luc, « Le big-bang du style de Proust », in *La correspondance de Proust. Son statut dans l'œuvre. L'histoire de son édition*, Paris, Annales Littéraires de l'Université du Franche-Comté, 1998, p. 66-72.

Fraisse, Luc, « Méthode de composition. Marcel Proust lecteur d'Edgar Poe », *Marcel Proust 1.* À la recherche du temps perdu *des personnages aux structures*, éd. P.-E. Robert, Paris, Minard, 1992, p. 35-82.

Fraisse, Luc, « Proust : philosophie du pastiche et pastiche de la philosophie », in *Revue d'Histoire Littéraire de la France*, 112, 2012, p. 63-75.

Fraisse, Luc, « Proust et la Grande Guerre : les discussions souterraines avec Joseph Reinach », in *Revue d'Histoire Littéraire de la France*, 114, 2014, in *Michel Butor ou l'écriture polytechnicienne*, Colloque annuel de la Société d'Histoire Littéraire de la France, 13-14 décembre 2013, p. 689-728.

Fraisse, Luc, *La petite musique du style. Prout et ses sources littéraires*, Paris, Classiques Garnier, 2011.

FRAISSE, Luc, *Proust au miroir de sa correspondance*, Paris, SEDES, 1996.

FREED-THALL, Hannah, « "Prestige of a momentary diamond" : economies of distinction in Proust », in *New Literary History*, vol. 43, n° 1, 2012, p. 159-178.

GABASTON, Liza, « Thomas Hardy et George Eliot. L'architecture narrative et les nuance de la physionomie », in *Le langage du corps dans* À la recherche du temps perdu, Paris, Champion, 2011, p. 78-84.

GABASTON, Liza, « Un apprentissage corporel », in *Le langage du corps dans* À la recherche du temps perdu, Paris, Champion, 2011, p. 281-307.

GAILLARD, Françoise, « Les Célibataires de l'art. Le découragement de Marcel ou le "contre Goncourt" de Proust », in *Les frères Goncourt : art et écriture*, éd. J.-L. Cabanès, Bordeaux, Presses Universitaires de Bordeaux, 1997, p. 323-337.

GAMBLE, Cynthia, *Proust as interpreter of Ruskin. The seven Lamps of Translation*, Birmingham (AL), Summa Publications, 2002.

GAZZOLO, Tommaso, « Proust e la "morte della fata". L'"Affare Dreyfus" nella *Recherche* », *Intersezioni*, gennaio 2013, p. 139-152.

GENETTE, Gérard, « Proust palimpseste » in *Figures I*, Paris, Seuil, 1966, p. 39-67.

GENETTE, Gérard, « Proust et le langage indirect », in *Figures II*, Paris, Seuil, 1969, p. 223-293.

GENETTE Gérard, « Métonymie chez Proust », in *Figures III*, Paris, Plon, 1972, p. 41-63.

GENETTE, Gérard, « Combray-Venise-Combray », in *Figures IV*, Paris, Seuil, 1999, p. 263-282.

GENETTE, Gérard, *Palimpsestes. La littérature au second degré*, Paris, Seuil, 1982.

GIRETTI, Maurizio, *Storia dell'antigiudaismo e dell'antisemitismo*, Milano, Bruno Mondatori, 2002.

GOURDEAU-WILSON, Gabrielle, « L'immangeable repas proustien », *Bulletin de la Société des Amis de Marcel Proust*, n. 36, 1986, p. 477-486.

GRASSO, Giuseppe, *La scrittura come meditazione filosofica*, Rende, Solfanelli, 2010.

GUINDANI, Sara, « "Je ne savais pas voir". Malentendu, connaissance et reconnaissance chez Proust », in Antoine Compagnon, *Proust, la mémoire et la littérature*, in *Séminaire 2006-2007* au Collège de France, éd. A. Compagnon, Paris, Odile Jacob, 2009, p. 157-176.

GUINDANI, Sara, *Lo stereoscopio di Proust. Fotografia, pittura e fantasmagoria nella* Recherche, Milano, Mimesis, 2005.

HAMER, Kathryn, « From Brouillon to Roman : Proust's Observation of Spoken Language as an Element of *À la Recherche du Temps Perdu* », *Essays in French Literature*, November 1981, p. 29-41.

HARTT, Jordan, « Proust's narrator : travels in the space-time *continuum* ».

HASSINE, Juliette, « L'Écriture du discours antisémite dans la *Recherche* et ses sources bibliques et gréco-romaines », *Bulletin d'Informations Proustiennes*, 21, 1990, p. 83-100.

HASSINE, Juliette, « Virginia Woolf et Marcel Proust. Remarques sur le style », *Marcel Proust 4. Proust au tournant des siècles*, éd. B. Brun et J. Hassine, Paris/Caen, Minard, 2004, p. 187-197.

HASSINE, Juliette, *Essai sur Proust et Baudelaire*, Paris, Nizet, 1979.

HENROT SOSTERO, Geneviève, « Déviances discursives : portrait de Charlus en haut-parleur », *Bulletin d'Informations Proustiennes*, 32, 2001/2002, p. 121-136.

HOUSTON, John Porter, *The shape and style of Proust's Novel*, Detroit, Wayne State University Press, 1982.

HUGUES, Edward J., *Proust, Class, and Nation*, Oxford, Oxford University Press, 2011.

IFRI, Pascal Alain, *Céline et Proust : correspondances proustiennes dans l'œuvre de L.-F. Céline*, Birmingham (AL), Summa Publications, 1996.

JORDAN, Jack, « Proust's narrator : travels in the space-time *continuum* », in *Au seuil de la modernité*, éd. N. Harkness et M. Schmid, Oxford / Bern / Berlin / Bruxelles / Frankfut am Main / New York / Wien, Peter Lang, 2011, p. 151-164.

JULLIEN, Dominique, « The way by Lydia's », *Traduire* À la recherche du temps perdu, éd. G. Henrot Sostero et F. Lautel-Ribstein, *Revue d'études proustiennes*, 1, 2015, p. 69-81.

KARLIN, Daniel, *Proust's Englis*h, Oxford, Oxford University, 2007.

KATO, Yasué, « La leçon impressionniste d'Elstir et la vision du Héros. Genèse du Port de Carquethuit », *Bulletin d'Informations Proustiennes*, 28, 1997, p. 43-54.

KATO, Yasué, « Les citations des peintres réels dans les épisodes d'Elstir », *Bulletin d'Informations Proustiennes*, 26, 1995, p. 103-118.

KAZUYOSHI, Yoshikawa, « Vision et style dans les marines d'Elstir », *Bulletin d'Informations Proustiennes*, 35, 2005, p. 93-103.

KRISTEVA, Julia, *Le Temps sensible*, Paris, Gallimard, 1994.

La Littérature symboliste et la Langue, éd. Olivier Bivort, Paris, Classiques Garnier, 2012.

LABARTHE, Patrick, « Vinteuil ou le paradoxe de l'individuel en art », in *Revue d'Histoire Littéraire de la France*, vol. 101, n° 1, 2001, p. 123-134.

LAUTEL-RIBSTEIN, Florence, « Motivations, profilages et thématisations dans la traduction de *Du côté de chez Swann* en anglais », in *Traduire* À la recherche du temps perdu, éd. G. Henrot Sostero et F. Lautel-Ribstein, *Revue d'études proustiennes*, 1, 2015, p. 409-423.

LAUTEL-RIBSTEIN, Florence, « Nébuleuses sémiotiques et auras sémantiques », in *Traduire* À la recherche du temps perdu, éd. G. HENROT-SOSTERO et F. LAUTEL-RIBSTEIN, *Revue d'études proustiennes*, 1, 2015, p. 405-408.

LAVAGETTO, Mario, *Chambre 43. Un lapsus de Proust* (1991), Paris, Belin, 1996.

LE BIDOIS, Robert, « Le langage parlé des personnages de Proust », *Le Français Moderne*, juin-juillet 1939, 3, p. 197-218.

LEONARD, Diane R., « La langue du silence. Inscriptions ruskiniennes dans la *Recherche* », *Marcel Proust 2. Nouvelles directions de la recherche proustienne*, éd. Bernard Brun, *Revue des Lettre Modernes*, Paris/Caen, Minard, 2000, p. 141-157.

LEONARD, Diane R., « Proust in the Fourth Dimension », *Au seuil de la modernité*, éd. N. Harkness et M. Schmid, Oxford / Bern / Berlin / Bruxelles / Frankfut am Main / New York / Wien, Peter Lang, 2011, p. 165-178.

LERICHE, Françoise, « 1913 : la réécriture du concert Saint-Euverte sur les placards de *Du Côté de chez Swann* », *Genesis*, n. 36, 2013, « *Proust* 1913 », éd. N. Mauriac Dyer, p. 113-133.

LERICHE, Françoise, « Rééditer Proust au vingt et unième siècle. Intertexte, intratexte, avant-texte », *Genesis*, n. 36, 2013, « *Proust* 1913 », éd. N. Mauriac Dyer, p. 25-35.

LEVINE-KEATING, Helane, *Lydia Davis's Proust : the writer as translator, the translator as writer*, *Quarksdaily*, November 25th, 2013.

LUCKHURST, Nicola, *Science and Structure in Proust's* À la recherche du temps perdu, Oxford, Oxford University Press, 2000.

LYDON, Mary, « Skirting the issue : Mallarmé, Proust, and the Symbolism », *Yale French Studies*, n. 74, 1988, « Phantom Proxies : Symbolism and the Rhetoric of History », éd. K. Newmark, p. 157-181.

MANSFIELD, Lester, « Proust et Baudelaire », dans *Le Comique de Marcel Proust*, Paris, Nizet, 1953, p. 189-214.

MARANINI, Lorenza, « Senso e valore degli aggettivi "congiunti" nello stile di Proust », *Studi Francesi*, 13, 1961, p. 40-62.

MARKS, Lawrence E., « Bright Sneezes and Dark Coughs, Loud Sunlight and Soft Moonlight », *Journal of Experimental Psychology : Human Perception and Performance*, n. 8, 1982, p. 177-193.

MARKS, Lawrence E., « On perceptual metaphors », *Metaphor and Symbol*, n. 11, 1996, p. 39-66.

MASAFUMI, Oguro, « L'énigme du lieu : enjeux de la représentation d'un dormeur éveillé », in *Swann le centenaire*, Rencontres de Cerisy-la-Salle, 27 juin-4 juillet 2012, éd. A. Compagnon, Y. Kazuyoshi et M. Vernet, Paris, Hermann, 2013, p. 325-339.

MATORÉ, Georges, « Autour d'un personnage de la *Recherche du temps perdu* :

Madame Verdurin. Étude lexicologique », in *Mélanges de Linguistique et de Philologie Romanes*, éd. G. Matoré, Paris, Klincksieck, 1970, p. 223-224.

MATORÉ, Georges, « Proust linguiste », in *Festschrift Walther Von Wartburg zum 80. Geburtstag*, Tübingen, Niemayer, 1968, p. 279-292.

MATORÉ, Georges, *Autour d'un personnage de la* Recherche du temps perdu : *Mme Verdurin. Étude lexicologique*, in *Mélanges de Linguistique et de Philologie Romanes*, éd. G. Matoré, Klincksieck, Paris 1970, p. 213-224.

MAURIAC DYER, Nathalie, « "Minor tongues" in Proust's drafts and the problem of editing », in *Variants. The Journal of European Society for Textual Scholarship*, n° 9, « Texts without borders. Multilinguism and Textual Scholarship », éd. Caroline Macé et Dirk Van Hulle, 2012, p. 149-162.

MERLEAU-PONTY, Maurice, *Le Problème de la parole*, Notes de cours au Collège de France (1953-1954), cours inédit, volume XII des archives conservées à la Bibliothèque Nationale de France, partiellement édité par F. ROBERT, « Écriture et Vérité », *Revue Internationale de Philosophie*, n. 244, 2008, p. 149-166.

MILLY Jean, « Proust traducteur de Ruskin », in *Acclimater l'autre : la traduction littéraire et son contexte culturel*, Budapest, Balassi, 1997, p. 81-90.

MILLY, Jean, « "Ces évocations tournoyantes et confuses" dans les placards de la collection Bodmer », in *In Memoriam Jo Yoshida. Études de langue et littérature françaises*, numéro spécial consacré à la mémoire du Professeur Yoshida, Kyoto, Société des études de langue et littérature françaises de l'université de Kyoto, 2006, p. 245-252.

MILLY, Jean, « Nouvelles recherches stylistiques sur la phrase de Proust », in *Proust et le texte producteur*, éd. J. D. Erikson I. Pagès, Ontario, University of Guelph, 1978.

MILLY, Jean, « Préface », in Marcel Proust, *Du côté de chez Swann*, éd. J. Milly, Paris, Garnier Flammarion, 1987, p. 7-36.

MILLY, Jean, « Proust et Henri de Régnier : modes proustiens de l'intertextualité », in *Revue d'histoire littéraire de la France*, « Marcel Proust », [*Numéro spécial : Marcel Proust*] janvier-février 2000, p. 27-44.

MILLY, Jean, « Un parcours stylistique proustien », *Bulletin d'Informations Proustiennes*, 35, 2005, numéro spécial : *Proust et le style*, p. 49-65.

MILLY, Jean, *La phrase de Proust : des phrases de Bergotte aux phrases de Vuinteuil*, Paris, Larousse, 1975 (Genève-Paris Slatkine Reprints).

MILLY, Jean, *La phrase de Proust dans* À la Recherche du Temps Perdu, Service de reproduction des thèses, Université de Lille III, 1974.

MONNING-HORNUNG, Juliette, *Proust et la peinture*, Genève, Droz, 1951.

MURAKAMI, Yuji, *L'Affaire Dreyfus dans l'œuvre de Proust*, Thèse présentée et soutenue le 29 février 2011, sous la direction de Antoine Compagnon, Université Paris-Sorbonne.

NIFOSI, Chiara, « Proust e Ruskin : il complesso ipotesto della coscienza », *L'Analisi Linguistica e Letteraria*, 2012, 1, p. 31-52.

NORDLINGER, Marie, *Proust and Ruskin*, in *Marcel Proust. An exhibition of manuscripts, books, pictures and photographs*, Exhibition Catalogue, Manchester, Withworth Art Gallery.

LEJEUNE, Philippe, « Les carafes de la Vivonne », in *Recherche de Proust*, Paris, Seuil, 1980, p. 163-196.

PERSICE NOGUEIRA, Luciana, « Proust et sa vision de Ruskin : rétrospections et passage entre les "deux côtés" », *Cahiers de l'Association Internationale des Études Françaises*, n. 66, mai 2014, p. 279-305.

PHILIPPE, Gilles, *French Style. L'accent français de la prose anglaise*, Bruxelles, Les Impressions Nouvelles, 2016.

PHILIPPE, Gilles, *Sujet, verbe, complément. Le moment grammatical de la littérature française*, Paris, Gallimard, 2002.

PIAT, Julien et PHILIPPE, Gilles, *La langue littéraire. Une histoire de la prose en France de Gustave Flaubert à Claude Simon*, Paris, Fayard, 2009.

PIERRON, Sylvie, « Comme Elstir Chardin », Préface à Marcel PROUST, *Chardin et Rembrandt*, Paris, Altamira, 1999, p. 31-53.

PIERRON, Sylvie, « Rapport au style », *Bulletin d'Informations Proustiennes*, 35, 2005, numéro spécial : *Proust et le style*, p. 117-129.

PIERRON, Sylvie, *Ce beau français un peu individuel. Proust et la langue*, Saint-Denis, Presses Universitaires de Vincennes, 2005.

PIPERNO, Alessando, *Proust antiebreo*, Milano, FrancoAngeli, 2000.

PORTER HOUSTON, John *The shape and style of Proust's Novel*, Wayne State University Press, 1982, p. 117 et 133.

POULET, Georges, *L'espace proustien* (1963), Paris, Gallimard, 1982.

Proust et la philosophie aujourd'hui, Actes du colloque tenu à Gargnano (Brescia) du 28 au 30 septembre 2006, éd. M. Carbone et E. Sparvoli, Pisa, ETS, 2008.

Proust politique. De l'Europe des Goncourt 1919 à l'Europe de 2019, éd. A. Simon, D. Vago et M. Verna, *Quaderni Proustiani*, Hors série, 2020, sous presse.

PROUST Marcel, *À la recherche du temps perdu*, Paris, Gallimard, 1987, éd. critique par J.-Y. Tadié, 4 vol.

PROUST MARCEL, *Contre Sainte*-Beuve, précédé de *Pastiches et Mélanges* et suivi de *Essais et Articles*, éd. P. Clara et Y. Sandre, Paris, Gallimard, 1971.

PROUST Marcel, *Correspondance*, éd. Philip Kolb, Paris, Plon 1970, 21 vol.

Proust, 1913, éd. N. Mauriac Dyer, *Genesis*, n. 36, 2013.

PROUST, Marcel, « Des lettres inédites de Marcel Proust », éd. H. Mondor, *Bulletin Marcel Proust*, 2, 1952.

PROUST, Marcel,*Jean Santeuil*, éd. P. Clara et Y. Sandre Paris, Gallimard, 1971.

PROUST, Marcel, *L'Affaire Lemoine. Pastiches*, éd. génétique et critique par J. Milly, Paris, Armand Colin, 1970 (Genève, Slatkine Reprints, 1994).

PROUST, Marcel, *Les Plaisirs et les Jours*, suivi de *L'Indifférent et autres textes*, éd. Th. Laget, Paris, Gallimard, 1993.

PROUST, Marcel, *Lettres (1879-1922)*, éd. F. Leriche, Paris, Plon, 2004.

PROUST, Marcel, *Préface, traduction et notes à* La Bible d'Amiens *de John Ruskin*, éd. critique par Y.-M. Ergal, Paris, Barillet, 2007.

RABONI, Giovanni, *La conversazione perpetua e altri scritti su Proust*, Parma, Monte Università Parma Editore, 2015.

RACCANELLO, Manuela. *Proust in Italia, Le traduzioni della « Recherche »*, Firenze, Le Lettere Università, 2014.

RICHARD, Pierre, *Proust et le monde sensible*, Paris, Seuil, 1974.

ROBIN, Christian, « Le Retable de la cathédrale », in *Études proustiennes*, III, Paris, Gallimard, 1979, p. 67-93.

ROUDAUT, Jean, « Mallarmé et Proust », *Nouvelle revue française*, n. 490, 1993, p. 47-59.

ROUSSIN, Philippe, et NUNEZ, Laurent, « La terreur dans les lettres : table ronde autour de Proust et de Céline », *La Cause freudienne*, n° 69, septembre 2008.

SAMUELS, Maurice, « Proust, Jews and the arts », in *Proust and the Arts*, éd. Ch. McDonald, F. Proulx, Cambridge, Cambridge University Press, 2015, p. 223-232.

SANDRAS, Michel, *Proust ou l'euphorie de la prose*, Paris, Champion, 2010.

SARFATI, Georges Elia, *Discours ordinaires et identités juives. La représentation des Juifs et du judaïsme dans les dictionnaires et les encyclopédies du Moyen Age au XXe siècle*, Paris, Berg International, 1999.

SAYCE, Robert A., « The Goncourt Pastiche in *Le temps retrouvé* », in *Marcel Proust : a critical panorapma*, éd. L. Price, Urbana, University of Illinois Press, 1973, p. 102-123.

SCHMID, Marion, « Ideology and discourse in Proust : the making of "M. de Charlus pendant le guerre" », *The Modern Language Review*, n. 94, October 1999, p. 961-977.

SCHMID, Marion, « The jewish question in *À la Recherche du Temps Perdu* in the light of the nineteenth-century discourses on race », *Neophilologus*, 83, 1999, p. 33-49.

SCHMID, Marion, *Proust dans la Décadence*, Paris, Champion, 2008.

SCHUHEN, Gregor, « Tasten und Berhüren. Anmerkumgen zu Erinnerung und Erotik in der *Recherche* », in *Die Korrespondenz der Sinne. Wahrnehmungsästhestische und intermediale Aspekte dem Werk von Proust*, éd. U. Felten, Leipzig, Wilhelm Fink, 2008, p. 57-65.

SELBSTMANN, Rolf, *Nomen est Omen. Literaturgeschichte im Zeichen des Namens*, Würzburg, Königshauses & Neumann, 2013.

SERÇA Isabelle, “Vertus de l’hypallage”, in *Swann le centenaire*, Rencontres de Cerisy-la-Salle, 27 juin-4 juillet 2012, éd. A. Compagnon, Y. Kazuyoshi et M. Vernet, Paris, Hermann, 2013, p. 35-53.

SERÇA, Isabelle, « De l’importance de Madame Sazerat dans la délivrance des “grandes lois” : la correction sur les placards Bodmer », in *Genesis : Proust 2013*, éd. N. Mauriac Dyer, n. 36, 2013, p. 37-50.

SERÇA, Isabelle, « Écrire le Temps. Phrase, rythme et ponctuation chez Proust », *Poétique*, n° 153, 2008/1, p. 23-39.

SERÇA, Isabelle, « Éloge de la ponctuation (point de vue contemporain : d’Olivia Rosenthal à Bill Viola) », *Nouvelle Fribourg*, n° 1, juin 2015, URL : http://www.nouvellefribourg.com/universite/eloge-dela-ponctuation-point-de-vue-contemporain-dolivia-rosenthal-abill-viola/

SERÇA, Isabelle, « La note de bas de page “mise en vedette” : Proust traducteur de Ruskin », *La Licorne*, 67, 2004, « L’Espace de la note », éd. J. Dürrenmatt et A. Pfersmann, p. 157-176.

SERÇA, Isabelle, *Les coutures apparentes de la* Recherche. *Proust et la ponctuation*, Paris, Champion, 2010.

SIMON Anne, *Proust ou le réel retrouvé. Le sensible et son expression dans* À la recherche du temps perdu, Paris, PUF, 2000 (rééd. Paris, Champion, 2011).

SIMON, Anne, « Le côté phénoménologique de Proust (Proust et Husserl) », in *Le moment 1900 en philosophie*, éd. Fréderic Worms, Villeneuve d’Asq, Presses Universitaires du Septentrion, 2004, p. 305-313.

SIMON, Anne, « Aurores, clairs de lune et autres couchers de soleil : le paysage proustien entre persistance du cliché et déconstruction du panorama », *Textuel*, 45, 2004, *Marcel Proust. Surprises de la* Recherche, Actes du Colloque tenu à l’Université Paris VII, 27 et 28 mai 2004, éd. R. Coudert et G. Perrier, p. 111-127.

SIMON, Anne, « Phénoménologie et référence : Proust et la redéfinition du réel », *Littérature*, n. 132, 2003, p. 67-82.

SIMON, Anne, « Proust et la superposition descriptive », *Bulletin d’Informations Proustiennes*, 25, 1994, p. 151-166.

SIMON, Anne, *Le monstre et le méchant : Marcel Proust et Jacques-Émile Blanche*, in *Le Cercle de Marcel Prosut II*, éd. J.-Y. Tadié, Paris, Campion, 2015, p. 115-128.

SIMON, Anne, *Proust e la filosofia contemporanea*, Chieti, Solfanelli, 2013.

SIMON, Anne, *Traffics de Proust*, Paris, Hermann, 2016.

SONNENFELD, Albert, « Marcel Proust : Antisemite ? », *The French Review*, 62, 1988, p. 275-282.

SPARVOLI, Eleonora, *Contro il corpo. Proust e il romanzo immateriale*, Milano, Franco Angeli, 1997.

SPARVOLI, Eleonora, *Proust costruttore melanconico. L’irrealizzabile progetto della* Recherche, Roma, Carocci, 2016.

SPRINKER, Michael, *History and Ideology in Proust :* À la recherche du temps perdu *and the Third French Republic*, London, Verso, 1998 (Cambridge, Cambridge University Press, 1994).

SQUARZINA, Anna Isabella, « *Struggle for lifer* : un néologisme lutte pour la vie. De *Jean Santeuil* à *Sodome et Gomorrhe* », in *Neologica*, n° 5, 2011, p. 145-159.

Swann le centenaire, Rencontres de Cerisy-la-Salle, 27 juin-4 juillet 2012, éd. A. Compagnon, Y. Kazuyoshi et M. Vernet, Paris, Hermann, 2013, p. 325-339.

TADIÉ, Jean-Yves, *Marcel Proust. Biographie*, Paris, Gallimard, 1996, 2 vol.

TON-THAT, Than-Vân, « De la "chose vue" à la fiction romanesque : métamorphose et démystification de l'affaire Dreyfus dans *Jean Santeuil* », *Les Cahiers Naturalistes*, numéro spécial consacré au centenaire de « J'accuse », 72, 1998, p. 151-165.

ULLMANN, Stephen, « Les idées linguistiques de Proust dans *Jean Santeuil* », *Revue de Linguistique Romane*, 31, janvier-juin 1967, p. 134-146.

ULLMANN, Stephen, « Transposition of sensations in Proust's imagery », in *Style in French Novel*, Oxford, Basil Blackwell, 1964, p. 189-209.

VAGO, Davide, « Far memoria dell'incontro », in *Proust e lo spazio*, éd. M. Verna et A. Frigerio, Milano, EduCatt, 2009, p. 85-99.

VAGO, Davide, « Traduire le pneuma : sur la vocalité proustienne », in *Son et traduction dans l'œuvre de Proust*, éd. E. Eells et N. Toth, Paris, Champion, 2018, p. 91-104.

VAGO, Davide, *Proust en couleur*, Paris, Champion, 2012.

VASARRI, Fabio « Proust-Ginzburg. Le registre familer », in *Traduire* À la recherche du temps perdu, éd. G. Henrot Sostero et F. Lautel-Ribstein, *Revue d'études proustiennes*, 1, 2015, p. 629-643.

VENDEUVRE, Isabelle de, « Proust et l'Eglise. Grandeurs d'établissement et pouvoir du verbe », *Revue d'histoire littéraire de la France*, 108, 2008, p. 421-431.

VERNA, Marisa, *Le sens du plaisir. Des synesthésies proustiennes*, Oxford / Bern / Berlin / Bruxelles / Frankfut am Main / New York / Wien, Peter Lang, 2013.

VIDOTTO, Ilaria, *Les comparaisons en comme dans* À la recherche du temps perdu. *Étude stylistique*, Thèse dirigée par les Professeurs Maria Chiara Gnocchi et Luc Fraisse (co-tutelle entre l'Università degli Studi di Bologna et l'Université de Haute-Alsace), soutenue à l'Université de Bologne, le 20 avril 2018, p. 285-286.

WADA, Akio, « Proust et la Normandie baudelairienne », *Bulletin Marcel Proust*, 54, 2004, p. 115-125.

WADA, Eri, « L'évolution stylistique de Marcel Proust à travers la traduction des ouvrages de John Ruskin : son emploi des images », in *Equinoxe*, n° 14, 1997, « Gustave Flaubert », p. 106-133.

WATT, Adam, « "Un assemblage composite" : perception and grafting in *Du côté de chez Swann* », *Proust and the visual*, éd. N. Aubert, Cardiff, University of Wales Press, 2013, p. 27-46.

WATT, Adam, « "Un dialogue de sourds" : Proust et ses premiers traducteurs britanniques (Scott Moncrieff, Schiff) », *Fabula / Les colloques, Proust : dialogues critiques*, URL : http://www.fabula.org/colloques/document2183.php, page consultée le 11 décembre 2018.

WATT, Adam, « The sign of the Swan in Proust's *À la recherche du temps perdu*" », *French Studies*, 59, 2016, p. 326-337.

WHITWORTH Art Gallery, *Marcel Proust. An exhibition of manuscripts, books, pictures and photographs*, Exhibition Catalogue, Manchester, Withworth Art Gallery, 1956.

WILMET, Marc, « Marcel Proust : du côté de la grammaire », *Le Français Moderne*, 1972, 2, p. 127-146.

WILSON, Claudine, « Marcel Proust as a lover of language », *The French Quarterly*, 10, June 1928, p. 57-70.

WISE, Pyra, « Proust et la "langue poilue" », in *Proust écrivain de la Première Guerre mondiale*, éd. Ph. Chardin et N. Mauriac Dyer, avec la collaboration de Y. Murakami, Dijon, Éditions universitaires de Dijon, 2014, p. 51-66.

AUTRES OUVRAGES CONSULTÉS

ADAM, Jean-Michel, *Le style dans la langue. Une reconvention de la stylistique*, Lausanne, Delachauxet Niestlé, 1997.

ARISTOTE, *Rhétorique*, III, éd. M. Dufour et A. Wartelle, Paris, Les Belles Lettres, 2011.

AYRES-BENNETT, Wendy, « Les ailes du temps et la plume du "remarqueur" : la tradition puriste au XIXe siècle », *Romantisme*, n° 86, 1994, numéro spécial : *Langue et idéologie*, p. 33-46.

BARILIER, Etienne, *Ils liront dans mon âme. Les écrivains face à Dreyfus*, Carouge/Genève, Éditions Zoe, 2008.

BAUDELAIRE, Charles, *Œuvres Complètes*, éd. Claude Roy et Michel Jamet, Paris, Laffont, 1980.

BERMAN, Antoine, *Pour une critique des traductions. John Donne*, Paris, Gallimard, 1995.

BERNARDELLI, Giuseppe, « L'"École Décadente". Aspetti del costume letterario parigino di fine Ottocento », *Contributi dell'Istituto di filologia moderna. Serie francese*, t. 8, 1975, p. 262-299.

BERNARDELLI, Giuseppe, *Simbolismo francese : storia di un concetto*, Milano, Cisalpino-Goliardica, 1978.

CANDAU, Joël, et WATHELET, Olivier, « Les catégories d'odeur en sont-elles vraiment ? », *Langages*, 181, 2011, 1, p. 37-52.

CÉLINE, Louis-Ferdinand, « Ma grande attaque contre le Verbe », in *Le style contre les idées : Rabelais, Zola, Sartre et les autres*, Paris, Éditions Complexe, 1987.

CIGADA Sergio, *Charles Baudelaire : anthropologie et poétique*, in *Études sur le Symbolisme*, éd. G. Bernardelli et M. Verna, trad. it. G. Grata, EduCatt, Milano 2011, p. 1-42.

CIGADA, Sergio, « Introduction à *Les déliquescences. Poèmes Décadents d'Adoré Floupette* », in *Études sur le Symbolisme*, éd. G. Bernardelli et M. Verna, trad. it. G. Grata, EduCatt, Milano 2011, p. 43-61.

CONTINI, Gianfranco, « Una Lettura su Michelangelo » (1937), in *Esercizi di lettura*, Torino, Einaudi, 1974, p. 242-258.

COURTELINE, Georges, *Les gaîtés de l'escadron*, Édition contemporaine Paris, Flammarion, 1971.

DÄLLENBACH, Lucien, *Le récit spéculaire. Essais sur la mise en abyme*, Paris, Seuil, 1977.

DELEUZE, Gilles, *Critique et clinique*, Paris, Éditions de Minuit, 1993.

DOMBI, Erzebét, « On the semantic basis of Synaestesia », *Revue Roumaine de Linguistique*, 16, 1971, p. 47-52.

Encyclopédie ou dictionnaire raisonné des sciences, des arts et des métiers, Version électronique.

GRÉSILLON, Almuth, *Éléments de critique génétique*, Paris, PUF, 1994.

GROUPE MU, *Rhétorique générale*, Paris, Larousse, 1970.

HOUGH, Graham, *Style and stylistic*, London, Routledge & K. Paul, 1969.

JENNY, Laurent, « Le Style » (2011), in *Méthodes et problèmes. Cours d'initiation aux méthodes et problèmes de littérature française moderne*, éd. Laurent Jenny, Département de Français Moderne, Université de Genève, en ligne : https://www.unige.ch/lettres/framo/enseignements/methodes/pdf/14-Le_Style.pdf, consulté le 18 octobre 2018.

JESPERSEN, Otto, *The Philosophy of Grammar* (London, 1924), Chicago, University of Chicago Press, 1992.

MALLARMÉ, Stéphane, « Variations sur un sujet. Le Mystère, dans les Lettres », *La revue Blanche*, 1er septembre 1896, p. 214-218 ; aujourd'hui in *Œuvres complètes* (« La syntaxe »), éd. critique par B. Marchal, Paris, Gallimard, 2003, t. 2, p. 229-234.

MALLARMÉ, Stéphane, *Les mots anglais*, in *Œuvres complètes*, éd. critique par B. Marchal, Paris, Gallimard, 2003, t. 2, p. 939-1100.

MALLARMÉ, Stéphane, *Œuvres complètes*, éd. critique par B. Marchal, Paris, Gallimard, 1998, 2003, 2 t.

MANCAȘ, Michaela, « La synesthésie dans la création artistique de Mihail Eminescu, T. Arghezi et M. Sadoveanu », *Cahiers de linguistique théorique et appliquée*, 1, 1962, p. 57-82.

MARKS, Lawrence E., *The unity of the senses : Interrelations among the modalities*, New York, Academic Press, 2014.

MAZZEO, Marco, *Storia mentale della sinestesia*, Macerata, Quodlibet, 2005.

MERLEAU-PONTY Maurice, *Résumés de cours. Collège de France 1952-1960*, Paris, Gallimard, 1968.

MESCHONNIC, Henri, *De la langue française : essai sur une clarté obscure*, Paris, Hachette, 1997.

MICHELET, Jules, *La Mer*, Paris, Calman-Lévy, 1892.

MOTTA Uberto, « "Mettre de l'ordre dans la vie". L'expérience de Gianfranco Contini », *Nouvelle Fribourg*, 1, juin 2015. URL : http://www.nouvellefribourg.com/universite/mettre-de-lordre-dans-la-vie-lexperience-de-gianfranco-contini/.

PAISSA, Paola, « Des synesthésies pour dire l'ecoute. Analyse contrastive d'un corpus de presse spécialisée : la haute fidélité en français et italien », *L'Analisi Linguistica e Letteraria*, 2002, 1-2, p. 85-175.

PAISSA, Paola, *Analisi contrastiva delle sinestesie lessicalizzate nel codice italiano e francese*, Brescia, La Scuola, 1995.

PAISSA, Paola, *La sinestesia. Storia e analisi del concetto*, Brescia, La Scuola, 1995.

PHILIPPE, Gilles, *Le français, dernière des langues : histoire d'un procès littéraire*, Paris, PUF, 2010.

PRAZAN, Michaël, *L'écriture Génocidaire. L'antisémitisme, en style et en discours, de l'Affaire Dreyfus au 11 septembre 2001*, Paris, Calman-Lévy, 2005.

RÉGNIER, Henri de, *Nos rencontres*, cit. in *Deux pièces symbolistes*. QUILLARD, Pierre, *La fille aux mains coupées*, et C. Van Lerberghe, *Les Flaireurs*, éd. Jeremy Whistle, Exeter, University of Exeter, 1976.

RICŒUR, Paul, *Sur la traduction*, Paris, Bayard, 2004.

RIVAROL, Antoine de, *De l'Universalité de la langue Française*, Sujet proposé par l'Académie de Berlin, 1797, Paris, Cocheris, 1797.

RUSKIN, John, *La Bible d'Amiens*, traduction, notes et préface par M. Proust, Paris, Mercure de France, 1904.

RUSKIN, John, *Les peintres modernes. Le paysage*, traduction et annotations par Émile Cammaerts, Paris, Laurent, 1928.

RUSKIN, John, *Sésame et les Lys. Des Trésors des Rois. Des Jardins des Reines*, traduction, notes et préface par M. Proust, Paris, Mercure de France, 1906.

RUSKIN, John, *St. Mark's rest*, in *The Works of John Ruskin*, éd. Edward Tyas Cook et Alexander Wedderburn, London, George Allen, 39 vol., 1903-12, vol. 24.

RUSKIN, John, *The Lamp of Memory*, I, in *The Seven Lamps of Architecture*, London, Smith Elder & Co., 1849.

STEINER, George *Extraterritorialité. Essai sur la littérature et la révolution du langage*, trad. P.-E. Dauzat, Paris, Hachette, 2002 [*Extraterritorial. Papers on language and the language revolution*, New York, Athenaeum, 1971].

TESNIÈRE, Lucien, *Éléments de syntaxe structurale*, Paris, Klincksieck, 1966[2].

WEY, Francis, *Remarques sur la langue française au dix-neuvième siècle, sur le style et la composition littéraire*, Paris, Firmin Didot, 1845.

TRADUCTIONS DE LA *RECHERCHE* COMMENTÉES DANS L'OUVRAGE

PROUST, Marcel, *Dalla parte di Swann*, in *Alla ricerca del tempo perduto*, éd. Luciano De Maria, Alberto Beretta Anguissola et Daria Galateria, trad. Giovanni Raboni, Milano, Mondadori, [1983], 1998, édition électronique 2013.

PROUST, Marcel, *Dalla parte di Swann*, in *Alla ricerca del tempo perduto*, éd. Giovanni Bogliolo, trad. Maria Teresa Nessi Somaini, Milano, Rizzoli, 1985-1994, édition électronique 2012.

PROUST, Marcel, *Dalla parte di Swann*, in Alla *ricerca del tempo perduto*, éd. Paolo Pinto et Giuseppe Grasso, trad. P. Pinto, Roma, Newton Compton, 1990, édition électronique 2011.

PROUST, Marcel, *Swann's Way*, trad. Lydia Davis, New York, Penguin Books, 2002.

PROUST, Marcel, *Swann's Way. Remembrance of things past*, trad. C. K. Scott Moncrieff, New York, Henry Holt & Company, 1922, édition électronique Gutenberg Books, 2009.

INDEX DES NOMS

INDEX DES NOTIONS

TABLE DES MATIÈRES

DEUXIÈME PARTIE

POUR UNE LANGUE SENSIBLE

IMPRIM'VERT®

Achevé d'imprimer par Corlet Numéric,
Z.A. Charles Tellier, Condé-en-Normandie (Calvados), en avril 2020
N° d'impression : 165579 - dépôt légal : avril 2020
Imprimé en France